KB163576

약탈 문화재의 세계사 1

돌아온 세계문화유산

일러두기
· 본문에 고딕 숫자의 첨자는 참고문헌 미주 번호이다.
· 사진출처는 책의 뒷부분에 일괄 정리했다.
· *는 (주)표기로 해당면에 기입했다.

약탈 문화재의 세계사
1

김경임 지음

돌아온 세계문화유산

홍익출판사

차례

1995년 6월 로마에서 유네스코의 후원 하에 '도난 및 불법 문화재에 관한 유니드로와 협약'의 채택을 위한 외교관 회의가 개최되었다.*

당시는 1970년 유네스코 불법 문화재 반환협약이 성립된 이래 문화재 반환문제는 국제사회의 단골 이슈로 자리를 잡았을 때였다.**

바로 이 무렵 제3세계에서는 탈식민화 운동의 여파로, 또한 미국과 유럽에서는 나치청산의 일환으로 국제사회에서 문화재 보호와 약탈문화재 반환에 관한 의식이 유례없이 고조되고 있었다. 이러한 분위기에서 로마에 본부를 둔 국제사법私法통일 기구인 유니드로와는 각국의 상이한 법체계로 인한 문화재 반환의 애로점을 완화하기 위해 1970년 유네스코 협약에 이은 불법 문화재 반환 국제협약 제2탄을 야심차게 준비해왔다.

그러나 약탈 문화재 반환에 관해 선후진국을 망라한 국제사회의 공감에도 불구하고, '문화재 반환'이란 용어는 금기어였다. 1970년 유네스코 협약이나 1995년 유니드로와 협약의 정식명칭에는 "반환"이라

---

* UNIDROIT; Convention on Stolen or Illegally Exported Cultural Objects
** 이 협약의 정식명칭은 '문화재 불법 반출과 반입 및 소유권 양도의 금지와 예방 수단에 관한 협약' Convention on the Means of Prohibiting and Preventing the Illicit Import, Export and Transfer of Ownership of Cultural Property 1970

돌아온 세계문화유산

는 용어가 들어가지 못하고 애매하고 긴 협약의 제목이 협약의 본질을 은폐하고 있다.

　내용면에서도 사실상 1970년 유네스코 협약은 1960년대 세계경제의 부흥에 따라 미국과 서구의 여러 박물관들이 열광적으로 문화재를 구입한 결과, 세계 유적지에서 도굴이 횡행했던 사태에 대한 구제책으로 나온 협약으로서 1970년 이전의 불법에 대해서는 소급효遡及效가 없다. 따라서 이 협약은 제국주의와 식민주의 시대에 문화재를 대거 약탈당했던 한국과 같은 나라에 대해서는 하등의 도움이 되지 않는다. 오히려 1970년 이후 도난당한 문화재는 반환해야 한다는 규정 때문에 과거 약탈국을 보호해주는 측면이 크다. 그렇기 때문에 두 번째의 문화재 관련 국제협약으로서 유니드로와 협약의 성립은 문화재 피약탈국에 큰 희망으로 다가왔으며, 한국 정부도 대규모 대표단을 파견했다.

　당시 파리 유네스코 한국대표부에 근무하고 있던 필자는 한국대표단의 일원으로 로마회의에 참석하게 되었다. 그러나 회의 개회식 날, 이 협약의 성격이 분명하게 드러났다. 이 협약은 도난 또는 소유권이 확실치 않은 문화재를 구입한 박물관이나 갤러리를 상대로 반환소송을 제기하는 경우를 주안점으로 하고 있으며, 특히 선의의 구매자에 대한 보상문제가 주요 핵심이었다. 게다가 유네스코 협약과 마찬가지로 소급효가 없기 때문에 1995년 이전에 도난 또는 약탈된 문화재는 논외였다.

　"이것은 부자국가 그들만의 잔치가 아닌가? 왜 한국과 같은 문화재 피약탈국들이 이 잔치에 끼어서 문화재 부국들의 거래를 위한 이 협약을 축하해야 하는가?"

필자의 울분 섞인 항의에 이 협약을 준비해온 국제 전문가 그룹의
일원이며 유네스코에서 문화재 문제를 오랜 기간 담당해왔던 프로트
박사 Dr. Lyndel V. Prott는 다음과 같이 필자를 위로했다.

"물론 이들 국제협약이 소급효가 없기 때문에 제국주의 시대 약탈된
문화재에 대해 곧바로 적용되지는 않지만, 우리는 '불법 문화재 반환'
이라는 두 협약의 정신과 원칙에 주목해야 할 것이다. 이들 협약은 문
화재 피약탈국들에게는 당장은 그림의 떡일지 모르나 협약의 정신과
원칙은 앞으로 국제사회에서 과거사 문제를 해결하는 데 강력한 수단
과 지침이 될 것임은 확실하다."

3주의 회의가 끝나고 협약은 채택되었다. 우리 정부도 채택에 서명
했다.* 이제 유네스코 협약체결 47년이 지났고, 유니드로와 협약체결
32년이 지났다. 프로트 박사의 예견대로 불법 문화재 반환은 국제사
회의 원칙이 되었고, 기본적인 도덕과 윤리가 되었다. 그것은 문화재
약탈을 단순히 금지하는 차원뿐 아니라 약탈 문화재를 반환해야 한다
는 실천적인 차원으로서, 약탈이라는 불법행위에 대한 심판과 사죄,

---

* 아직 협약에 비준하지는 않았다.

돌아온 세계문화유산

보상, 원상복구를 포함하고 있다. 오늘날 불법 문화재 반환원칙은 과거 불의한 역사에 대한 심판이며 상처받은 역사에 대한 원상복구인 점에서 역사적 정의의 회복에 불가결한 수단으로 간주되고 있다.

어느 시대, 어느 사회에서나 과거 역사에 대한 심판은 가장 중요한 과제이지만, 또한 고통스러운 문제이다. 그러나 그 심판을 통과하지 않고서 역사는 더 나은 미래로 나아갈 수 없다. 최근 미국과 여러 나라에서 행해진 수백 건의 문화재 반환 사례는 국제법에 의거한 것이기 보다는 윤리적, 정의적 차원에서 이루어졌다. 과거 모든 세기가 문화재 약탈의 시대였다면 오늘날 21세기는 뚜렷이 문화재 반환의 시대로 나아가고 있으며, 불법 문화재 반환은 국제사회의 윤리규범으로 정착되고 있다.

과거 역사에서 일본의 침략전쟁과 특히 일제 강점기 동안 문화재를 조직적으로 약탈당했던 한국도 국제사회의 대세가 된 문화재 반환시대를 맞아 구체적, 실효적 대처방안을 마련해야 할 때가 되었다. 우리에게 약탈 문화재 반환문제는 1960년대 치열하게 전개했던 한일 국교정상회담의 미완의 유산이자 저항이며 한국외교에 남겨진 엄중한 과제이다. 5백년 전 냉정한 현실 정치가이자 정치사상가 마키아벨리는 이렇게 말한 바 있다.

"시간은 모든 진리의 아버지이다. … 시간의 경과가 가져다주는 늦은 지혜에 만족하지 말고 맹렬한 기세로 변화의 시간을 적극적으로 만들어 가라."*

  과거사 해결의 한 관문으로서 문화재 반환문제의 중요성을 환기하고 오늘날 국제적 경향을 소개하기 위해 필자는 최근 이루어진 불법 문화재 반환의 세계적인 사례를 모아보았다. 문제를 이해하기 위해서는 우선 많은 얘기를 들어보는 것이 중요하다는 뜻에서 이 책에서는 문화재 반환의 법적, 정치적 메커니즘 설명에 앞서 문화재 개개의 사연을 상세히 소개하였다. 또한 독서 흐름을 깨지 않기 위해 중요한 대목에 일일이 주석을 달지는 못했으나, 최근 국제사회에서 이루어진 논거를 바탕으로 글을 구성했음을 아울러 밝힌다.

  비록 문화재 문제가 우리 현실에서 당장의 뜨거운 이슈는 아니지만 약탈 문화재 반환문제는 우리 역사가 미래로 나아가기 위해 반드시 거쳐야 하는 시금석이라는 점에 공감을 표하며 그런 의미에서 지금 이 글을 읽는 독자 여러분께 감사드린다.

---

* 《로마사 논고 Discourses on Livy》

돌아온 세계문화유산

CHAPTER 01

정의의 이름으로
- 나치 약탈 문화재 반환의 원칙 성립

나치 약탈 문화재 환수를 논의한 1998년 워싱턴회의 개막식에서 연설하는
매들린 올브라이트 당시 미국 국무장관.

이제, 그 죽은 과거는 생생히 살아 있는 듯하다.
사라진 날들의 그 희미한 추억을 따라 내려가
나는 이 찬란한 순간에 추적할 수 있으리니
아련히 멀어져가는 다정한 얼굴과 신의 모습을 한 그대를

그리고 돌연, 비밀스러운 어떤 샘이 열리고
모르는 사이에 수수께끼가 풀린 것을
그리고 나는 영원히 봉인된 것 같았던 것을
크고 분명한 글자로 색인된 듯이 읽을 수 있다.

나는 그 마법의 글과 아름다운 생각을 알고 있다.
나의 명징한 시간에 나를 채워준 그 노래,
나의 몸을 전율케 하고 음악에 취하게 한
그 영혼의 포도주는 모두 그대의 것임을, 모두 그대의 것임을

그대는 이미 수많은 찬사를 받아왔기에, 나는 그대를 찬미할 수 없고,
그대를 진실하게 그려낼 채색된 생각이 없다.
그러나 나는 그 말을 쓰고 느낄 수 있다.
최고의 나는 최소의 그대임을

_클로드 맥케이(Claude McKay, 1889~1948), 〈문화유산〉(Heritage)

20세기와 함께 사라져가는 것들

1995년 5월, 제2차 세계대전에서 유럽의 종전V-E 50주년을 기념하는 성대한 행사가 유럽과 미국 주요 도시에서 열렸다. 여러 기념식에 참석한 세계의 지도자들은 한결같이 '악에 대한 정의의 승리'라는 종전의 메시지를 전하며 세계의 화해와 단합을 호소했다.

20세기의 막이 내리는 즈음 열린 종전 50주년을 고하는 일련의 스펙터클한 기념식은 인류 역사의 최대 사건으로 기록될 나치즘과 공산주의가 일어났다가 사라진 20세기를 회고하며 미진한 20세기 청산을 촉구하는 계기를 제공했다. 이미 저무는 20세기에 대한 회상은 여러 각도에서 이루어졌다. 1990년 소련의 해체가 임박했을 무렵, 발 빠르게도 미국 정치학자 프랜시스 후쿠야마Francis Fukuyama는《역사의 종언》The End of History을 출판하여 자유민주주의의 행진을 가로막은 세력의 궁극적 소멸을 단언했는가 하면, 프랑스 철학자 자크 데리다Jacques Derrida는 공산주의가 몰락한 무렵인 1993년 출판된《마르크스의 유령들》Specters of Marx에서 마르크스 교훈의 희망과 절망을 안고 사라져가는 한 시대를 애도했다.

이 무렵 미국과 유럽의 박물관, 미술관과 예술품 시장에는 나치 희생자들이 소유했던 임자 잃은 나치 약탈 예술품들이 홀로코스트의 유령과 같이 출몰하여 떠돌았다. 그것은 청산되지 못한 채 20세기와 함께 사라져가는 홀로코스트의 기억을 본격적으로 되살렸다. 한 시대가 끝난 자리에 완전히 죽어 없어지지 못하고 소리 없이 울부짖으며 떠도는 전 시대의 유령은 심판되지 않고 사라진 과거를 기억하고 애도하며 사죄하라고 요구했다.

나치 청산을 위한 1998년 워싱턴회의

종전 직후부터 홀로코스트의 처참한 증언과 기록이 무수히 나왔고, 그에 대한 조사와 재판이 뒤따랐지만, 그 절대악은 범죄의 현장이었던 유럽에서 철저하게 심판받지 않고 너무나도 쉽게 잊혔다. 냉전에 함몰된 동서 양 진영에서 20세기의 비극은 나치와 이오시프 스탈린Joseph Stalin의 범죄를 비교하는 진영논리로 서로 다른 분열된 기억으로 존재했으며, 여기에 히로시마 원자폭탄에 대한 새로운 기억이 추가되었다.

1960년대 후반, 서유럽의 젊은 세대는 20세기의 죄악에 대한 침묵과 망각에 반발했다. 그들은 기대했던 당연한 정의를 사산시키던 냉전 기성세대에 대한 분노와 저항을 폭발했다. 그들의 저항은 베트남 반전운동을 불붙였으며, 분노는 더 멀리, 더 깊이 세계 역사 속으로 하강했다. 먼 옛날에 저질러졌던 인종주의와 노예제도, 식민주의 폭력에 대한 억압된 기억의 물꼬가 터지면서 인류 역사상 청산되지 못한 죄악에 대한 기억과 사죄, 심판과 배상을 통해 역사적 정의의 실현을 외치는 거센 요구가 수면 위로 떠오르기 시작했다.

이러한 시대적 상황에서 1970년 겨울 폴란드 바르샤바의 나치 희생 유대인 추모비 앞에서 맨땅에 꿇어앉은 빌리 브란트Willy Brandt 서독 총리의 사진은 미국, 독일, 프랑스 등 서방의 주요 국가에서 홀로코스트에 대한 본격적인 사죄와 심판의 정치가 시작되는 신호탄이 되었다. 1978년, 지미 카터Jimmy Carter 대통령 정부 아래에서 홀로코스트 생존자이자 인권운동가인 엘리 위젤Elie Wiesel은 홀로코스트 기념사업을 추진했다. 15년이 지난 1993년 클린턴 정부는 워싱턴 기념탑 옆에 홀로코스트 희생자 기념관Holocaust Memorial Museum을 설립했고, 달라이 라마Dalai Lama가 첫 방문자로 입장했다.

홀로코스트는 인류 역사상 최대 살인사건일 뿐 아니라 최대 강도사건이었다. 약탈된 유대인 재산과 강제 노역자에 대한 미지불 임금, 약탈된 유대인 소유 문화재 등 나치 약탈의 거대한 규모가 밝혀지면서 홀로코스트 심판의 방향이 잡혔다.[1]

희생된 목숨을 되살릴 수는 없다 해도 탈취된 재산에 대한 보상과 환수 방안이 미국을 중심으로 논의되기 시작했다. 그것은 돈의 문제가 아니라 기억과 정의의 문제였다. '정의를 찾아서Search for Justice'라는 이름으로 준비된 일련의 회의를 거쳐 1998년 12월, 워싱턴에서 미국 국무부와 홀로코스트기념관 공동 주관으로 워싱턴회의Washington Conference가 열렸다. 44개국이 참가한 이 회의에서는 홀로코스트 피해

자들에 대한 물질적 보상과 함께 나치 약탈 문화재 환수가 최우선순위로 논의되었다.[2]

특별히 나치 약탈 문화재 환수는 뒤늦은 홀로코스트 정의실현에서 큰 주목을 받았다. 그것은 원상회복이라는 점에서 아우슈비츠로 행진했던 희생자와 정반대로 아우슈비츠에서 귀환한다는 상징성을 보여줌으로써 홀로코스트 희생자들에게 사후 보상이 아니라 사후 승리를 약속하는 것이었다. 사실상 나치의 유대인 예술품 약탈은 유대인의 재산과 문화, 인격을 탈취한 범죄다. 그 약탈은 나치즘의 결과가 아니라 첫걸음이었고 제노사이드genocide의 전주곡이었다. 그렇기 때문에 나치 약탈 유대인 예술품의 온전한 회복은 금전적 배상이 할 수 없는 희생자들의 역사와 문화, 유린된 인간적 존엄성을 회복할 수 있는 조치로 간주되었다. 그래서 임자 없이 떠도는 나치 약탈 예술품은 '홀로코스트의 마지막 포로'라는 인식 아래 과거 청산을 위해, 그리고 정의로운 미래를 열기 위해 반드시 귀환시켜야 한다는 분위기가 지배했다.[3]

워싱턴 원칙 – 문화재의 과거 내력 공개

워싱턴회의 주최 측의 요청으로 회의를 몇 달 앞둔 1998년 6월, 미국 박물관관장협회AAMD, Association of American Museum Directors는 당시 뉴욕 메트로폴리탄박물관장 필립 드 몬테벨로Philippe de Montebello의 주도하에 나치 약탈 문화재 환수를 위한 가이드라인을 마련했다. 이 가이드라인을 한마디로 요약한다면, 박물관들은 소장품의 과거 내력 provenance을 조사하고 공개해야 한다는 것이다. 이에 따라 1998년 12월 개최된 워싱턴회의에서는 나치 약탈 문화재를 확인하고 원소유자를 찾기 위해 문화재의 관련 기록과 정보가 공개되어야 한다는 요지의 워싱턴 원칙이 성립되었다.[4]

소장품의 과거 내력이란 문화재 조성경위, 역대 소유자, 반출 및 취득경위에 관한 일련의 기록으로, 모든 문화재 분쟁소유권 분쟁, 진품 여부 분쟁, 가격 분쟁에서 핵심 요소가 된다. '과거 내력 공개'라는, 미국 박물관협회가 제시한 가이드라인에 영국, 프랑스, 독일, 네덜란드 등 주요 유럽 국가들은 처음에는 거부의사를 표했다. 미국이 정한 기준을 유럽 문화계에 부과하는 데 대한 유럽 국가들의 저항감이 컸기 때문이다.

그러나 더 깊은 이유는 그러한 기준이 실현될 경우, 그것이 나치 약탈 문화재의 반환을 촉발하는 데 그치지 않고 모든 불법 문화재의 반환 움직임으로 확장될 것이 불을 보듯 뻔한 일이었기 때문이다. 그렇게 되면 초석을 이루는 박물관들은 공동화되어 기반이 뒤흔들릴 것이라고 서구문명의 국가들은 반발했다. 이러한 서구문명의 우려를 감안한 미국이 "각 국가는 자신의 법체계 내에서 적절히 처리한다"라는 타협안을 제시한 끝에 유럽 국가들은 결국 이 원칙을 수용했다.

소장품의 과거 내력을 공개해야 한다는 워싱턴회의 원칙은 1999년 유럽의회Council of Europe와 세계박물관협회ICOM에서 추인받고 명실상부하게 나치 약탈 예술품 반환의 세계적 기준이 되었다. 물론 워싱턴회의 원칙은 나치 약탈 유대인 예술품에 한정되었으며 법적인 강제조치가 없는 도덕적 선언에 불과하다. 게다가 각국 정부와 박물관, 미술관들이 알아서 국내적으로 적용하는 것일 뿐이다.

그러나 세계 문화재 시장의 핵심 주역인 미국, 영국, 프랑스, 독일, 스위스, 네덜란드, 러시아와 중남미 국가 등 세계 44개국이 정의와 도덕의 차원에서 공인한 워싱턴회의 원칙은 유럽 국가들이 우려한 대로 나치 약탈 문화재 반환의 경우뿐 아니라 모든 문화재 반환의 준거로 발전해나갈 것은 의심할 여지가 없다. 그것은 시간문제일 뿐이다. 워싱턴 원칙을 구상하면서 미국박물관관장협회 회장 몬테벨로는 다음과 같이 말한 바 있다.

"판도라 상자는 열렸다. 나치 약탈 문화재 반환 문제에 대한 반발이나 냉담, 침묵은 이제 더는 통할 수 없다. 이것은 전체 문화재 소장자들의 심리상태를 급격하게 변화시켰다. 이제 박물관, 화랑, 딜러들은 자기 소장품의 과거 내력을 엄중하게 심사하지 않을 수 없을 것이다."[5]

문화재의 내력을 공개해야 한다는 워싱턴회의 원칙은 문화재 반환 문제에서 마법의 용어magic words가 되어 혁명적 변화를 몰고 왔다. 이제 박물관들이 과거에 누려왔던 '무죄추정의 원칙', 즉 불법 문화재로 밝혀지기 전까지는 문제가 없다는 견해는 더 발붙일 수 없게 되었다. 박물관 등 문화재 소장자들은 먼저 문화재 내력을 공개하여 합법적 소유를 증명해야 한다. 이 원칙으로 문화재의 불법성을 입증하는 거

증책임은 청구자로부터 소장자에게 넘어왔음은 이후 일련의 문화재 반환사례에서 입증되었다.[6]

미국 주도의 문화재 반환시대

워싱턴회의를 기제로 나치 약탈 문화재뿐 아니라 불법적으로 탈취된 문화재 반환은 세계적으로 무시할 수 없는 원칙과 대세가 되고 있다. 이미 미국에서는 1990년 후반부터 나치 약탈 유대인 예술품의 반환은 물론, 내력이 의심스러운 문화재가 반환된 사례가 부지기수였다. 미국 세관의 몰수, 미국 법정의 판결 또는 미국 정치인들의 적극적인 교섭으로 소유권 내력이 의심스러운 다수 문화재가 원소유국에 환수된 것이다.

여기에서 반드시 지적되어야 할 점은 영미법 체계Common Law, 관습법에서 "도난물은 영원히 도난물이며, 누구도 도난물의 소유권을 취득할 수 없다A thief can't pass good title on stolen goods"라는 법원칙이다. 도난물이라 해도 선의의 구매자를 두텁게 보호하는 유럽과 일본의 대륙법 체계와 달리 영미의 관습법 체계에서 불법 문화재는 영원한 도난물이다. 이러한 도난물은 소유권 이전이 합법적으로 인정되지 않음으로써 계속해서 원소유자로부터 소유권에 대한 도전을 받기 마련이다.

미국, 문화재 반환시대를 열고 선도하다

오늘날 문화재 반환에 적용되는 국제법이 미미한 상황에서 1998년 워싱턴회의를 개최한 미국은 21세기 문화재 반환의 시대를 여는 데 중추적 역할을 했다. 국내법에 의거하여 또는 정의의 이름으로 그리고 역사적·윤리적·도덕적 차원에서 행정부와 사법부를 통해 불법 문화재의 반환을 가차 없이 실현하고 있는 미국의 관행은 유럽 국가들과 국제기구의 모범이 되면서 미국은 오늘날 문화재 반환시대를 선도하고 있다. 이같이 미국이 선도하고 주도하는 문화재 반환시대의 배경은 여러 각도에서 설명될 수 있다.

원래 미국은 제2차 세계대전 직후 냉전 상황에서 서구 진영의 리더이자 자유무역주의의 챔피언으로서 또한 부유한 박물관들의 강력한 로비에 영향을 받아 제3세계의 문화재 반환 요구에 냉담하고 부정적인 태도를 견지해왔다. 그러나 1990년대 소련이 붕괴된 후 국제사회의 유일한 강대국으로서 미국은 역사적 정의를 회복하여 국제사회의 새로운 질서를 창출해야 하는 글로벌 리더십을 떠안았다. 국제사회가 직면한 테러, 마약, 불법이민, 환경 등의 문제에서 중남미, 아프리카, 중동, 중국 등 제3세계 국가들의 협조를 구하는 대신 미국은 이들 국가들의 열렬한 관심사인 문화재 반환 문제에 좀 더 전향적 태도를 취할 필요성에 직면하게 된 것이다.[7]

그러나 무엇보다도 미국은 제2차 세계대전 이후 거대한 경제력을 바탕으로 세계 문화재 시장의 제일 큰손이자 세계 최대 문화재 시장으로 부상했다. 그런 만큼, 미국은 문화재 시장의 계속적인 발전과 확장을 위해서는 약탈 문화재를 비롯하여 불법 문화재를 범죄화하고, 약탈 문화재 반환 원칙을 확고하게 세움으로써 세계 문화재 시장을 정화하고 주도하여 미국 중심의 국제 문화계 신질서를 형성할 필요성을 크게 인식했다.

또한 미국에서는 1970년대 이래 신진 고고학자들이 문화재 분야에 대거 진출했다. 박물관 종사자들이 개개 문화재의 시각적·미적·예술적 가치를 추구한다면, 이들 고고학자들은 역사와 문명의 근원을 밝히는 지식으로서 문화재의 가치를 추구한다. 이들은 문화재와 그것이 기원한 원장소의 맥락 관계를 중요시하여 문화재의 원장소 반환 필요성을 강력히 제기해왔다. 여기에 미국은 최근 이라크전쟁으로 고대 이라크 유물이 불법 유출되고 흩어져 메소포타미아문명의 유적이 파괴되는 원인을 제공했던 만큼, 중동전쟁의 경험과 그에 대한 반성에서 문화재의 원장소 반환에 남다르게 전향적인 태도를 보이게 되었다.

이와 함께 유럽에 대한 미국의 오래된 비판적 시각을 눈여겨보아야 한다. 미국 내에는 제1, 2차 세계대전으로 유럽의 2천 년 서구 기독교 문명을 파탄시켜 계몽의 대륙을 암흑의 대륙으로 만들어놓고도 식민지에서 약탈한 외국 문화재를 대거 소장하며 문화대국으로 행세하는 위선적인 유럽의 주요 국가들에 대한 반발과 징계 분위기가 퍼져 있는 것도 사실이다. 또한 과거 계몽주의의 미명 아래 식민지 문화재를 마구 긁어모았던 대형 박물관들에 대한 미국 신진학자들의 거부감도

빼놓을 수 없는 이유다.

한때 제국주의와 식민주의의 핵심 부역자였던 이들 박물관들은 여전히 불법 취득한 문화재를 다수 움켜쥐고 있다. 그러면서도 오늘날 탈식민주의 시대를 맞아 재빨리 '인류 보편의 박물관Universal Museum'이라는 새로운 간판을 갈아달고 인류를 위한 문화재 관리자임을 내세워 약탈 문화재 반환에 저항하지만, 그들의 본질이 여전히 서구 지배의 계몽주의 논리에 머물러 있음은 비판받아 마땅하다.

20세기 청산문제가 본격적으로 대두된 1990년대 후반부터 문화재 반환 문제는 새로운 위상을 획득했다. 그것은 소유권 다툼의 문제가 아니라 역사적 정의의 문제이며, 보편적 도덕의 문제가 되었다. 과거 모든 세기가 문화재 약탈시대였다면 21세기는 뚜렷이 문화재 반환시대로 이행하고 있다고 볼 수 있다. 2007년 미국 10여 개 최고 박물관으로부터 문화재를 반환받은 이탈리아 문화부장관 프란체스코 루텔리Francesco Rutelli는 이렇게 말했다.

"문화재 반환! 그것은 민족주의가 아니다. 인류 보편의 담론이다."

약탈 문화재 반환은 서로 다른 나라와 다른 사회, 다른 민족들에게 저질러진 정신적·물질적 범죄에 대한 원상회복인 만큼 타자의 상처와 고통을 기억하고 치유함으로써 인류의 연대라는 좀 더 큰 윤리적 지평을 열 가능성을 약속하는 것은 아닐까? 오늘날 한 점에 수백만불에서 수억불을 호가하는 문화재가 비일비재한 점에 비추어, 전 세계에 산재한 수많은 귀중한 약탈 문화재를 찾아내 환수하는 일은 앞으로 세계 최대의 보물찾기 사업이 될 것이다. 그것은 국제정치에서 낭만과 감동, 활력을 불러일으키는 요인이 될 것이 틀림없다.

CHAPTER 02

발리의 초상
- 나치 약탈 예술품 반환의 대표적 사례

에곤 실레 〈발리의 초상〉, 나무패널 유채 32×39.8cm, 1912, 레오폴드미술관 소장.

"나, 영원한 어린이, 그들에게 제물을 바쳤다.
내가 가엽게 생각했던 자들에게,
멀리 있기 때문에 나, 예언자를 볼 수 없었던 그들에게
나, 선물을 가져왔고, 그들을 만나기 위해 시선을 보냈고
깜박이며 전율하는 바람을 보냈다.
그들 앞에 길을 펼쳐 보이고 쉽게 달려갔으나, 말하지 않았다.
오래지 않아 누군가는 침묵의 언어를 인식했다.
내면을 응시하지만 아무것도 묻지 않았던 자의 침묵의 언어를"

_에곤 실레(Egon Schiele, 1890~1918), 〈나, 영원한 어린아이〉(I, eternal child)

에곤 실레와 연인 발리-그들의 삶과 예술

그들의 시대 - 벨 에포크의 빈Vienna

요한 슈트라우스의 왈츠의 도시가 제1차 세계대전을 향해 질주할 무렵 합스부르크제국 오스트리아의 수도 빈이었다. 당시는 서구문명이 이루어놓은 경제적·기술적 번영과 더불어 유럽을 휩쓴 모더니즘의 새롭고 급진적인 문화와 예술이 만개하던 아름다운 시대였던 이른바 '벨 에포크Belle Epoch'의 정점에 이르렀던 시기이기도 하다. 고전주의적 우아함과 반항적이며 파격적인 모더니즘이 교차하는 벨 에포크의 대표도시 빈의 화려함 이면에는 또한 합스부르크제국 말기의 완고함이 버티고 있었고, 한 시대의 종말과 새로운 세기의 도래가 빚어내는 갈등의 그림자가 짙게 드리워 있었다.

　레온 트로츠키Leon Trotsky, 블라디미르 레닌Vladimir Il'ich Lenin, 지그문트 프로이트Sigmund Freud가 등장했고 스탈린, 아돌프 히틀러Adolf Hitler가 자기들의 시대를 기다리던 당시 인구 200만의 거대한 도시 빈의 어느 거리에서 1911년 봄, 가난한 젊은 남녀가 만났다. 21세의 아방가르드 화가 에곤 실레Egon Schiele, 1890~1918와 그의 모델이자 연인이 될 17세의 보헤미안 소녀 발부르가 노이첼Walburga Neuzil, 애칭 발리Wally

1. 1913년 7월 오스트리아 북부 그문덴에서 실레와 발리, 아르투르트 뢰슬러 사진첩에서, 빈 박물관 소장.
2. 에곤 실레 〈은둔자들〉, 1912, 캔버스에 유채 178×178cm, 레오폴드미술관 소장. 성직자들의 검은 망토를 걸친 실레와 그의 멘토 클림트(뒤편의 인물).

였다. 이 화려하고 거대한 도시에 어울리지 않는 가냘픈 모습으로 어른거리다 7년 후 제1차 세계대전의 소용돌이 속에서 사라지고 마는 두 젊은이의 죽음은 육중한 파열음을 내며 붕괴한 합스부르크제국의 종말과 우연히도 시기적으로 일치했다.

20세기 오스트리아 모더니즘을 대표하는 표현주의 미술의 챔피언 에곤 실레는 산업화와 도시화의 급진전으로 팽창한 수도 빈 외곽의 작은 마을 툴른에서 가난한 철도역장의 외아들로 태어났다. 어려서부터 그림에 뛰어난 재질을 보인 그는 14세에 부친이 정신병과 매독에 신음하다 죽은 뒤 곧바로 예술의 길로 들어섰다. 감수성이 예민한 어린 천재는 죽음을 고통스럽게 맞이한 부친에 대한 기억과 트라우마를 예술로 끌고 갔다. 인체에 대한 편집증적인 시선으로 그려낸 인간 육체

돌아온 세계문화유산

에 내장된 쾌락과 고통, 죽음은 그의 예술에 찍힌 낙인이었다.

"대단해, 나보다 훨씬 더 나아!"라고 당시 오스트리아에서 최고의 명성을 날리던 화가 구스타프 클림트Gustav Klimt, 1862~1918도 격찬했던 뛰어난 드로잉과 데생 재능을 인정받은 실레는 1905년 15세에 오스트리아 국립미술원에 입학했다. 국립미술원은 그 무렵 실레보다 한 살 위인 히틀러가 진부하고 소박한 그림 솜씨로 두 번이나 낙방했던 곳이었다. 그러나 실레는 보수적인 정규 미술교육에 실망하여 3년 만에 학교를 중퇴했다. 그런 후 그는 당시 보수 기성화단과 결별하고 새로운 아르누보 운동의 리더였던 클림트를 스승으로 삼아 모더니즘의 길을 택했다. 1907년 처음 클림트를 만났고 1908년 전시회에서 클림트의 〈키스〉를 보고 전율했던 실레는 클림트의 에로티즘과 인체의 미학을 본받았다. 그러나 오래지 않아 실레는 클림트의 영향에서도 벗어나 그만의 자유롭고 독자적인 예술을 추구했다.

에곤 실레의 파격적인 에로티즘

초기에 실레는 클림트의 영향을 강하게 받아 장식적이고 화려한 아르누보적 그림을 그렸지만 일찍부터 표면에 나타난 인체의 아름다움보다는 인체가 간직한 성욕이나 성애性愛에 거의 병적으로 집착했다. 그래서 직설적이고 대담한 선과 드로잉으로 음란하다고 할 정도의 강렬한 성적 암시를 보이는 누드화를 통해 전통적인 서구적 미감에 도전하는 자신만의 독특한 에로티즘의 예술세계를 구축해나갔다. 파격과 외설로 비난받던 클림트가 멈춘 지점에서 다시 시작하고 더 멀리

나간 것이다. 1909년 19세의 실레는 클림트의 주선으로 전시회에 참가하여 뭉크, 고갱, 고흐 등 유럽의 거장들과 나란히 출품함으로써 명성이 오스트리아를 넘어가기 시작했다. 하지만 그의 예술이 대중에게 어필하기 까지는 몇 년 더 기다려야 했다.

헝클어진 붉은 머리와 흐트러진 매무새로 에로틱한 포즈를 취하며 실레의 많은 그림에 등장한 발리 역시 빈 외곽의 하층계급 출신이었다. 원래 노동자였지만 잠시 초등학교 교사를 했던 부친을 여의고 빈으로 이주한 발리는 일찍부터 가족의 생계를 책임지며 상점의 점원, 경리직과 같은 싸구려 직업을 전전하다 모델이 되었다. 둘이 처음 어떻게 만났는지는 확실치 않다. 클림트가 스케치를 보여주려고 화실을 방문한 실레에게 자신의 모델이자 정부였을지도 모르는 발리를 소개했을 거라는 설이 있다. 그런가 하면, 적당한 모델을 찾아 빈의 거리나 쇤베르크공원을 배회하던 실레가 어두운 뒷골목이나 인적이 드문 공원에서 발리를 발견했을 거라는 추측도 있다. 번창한 대도시에서 자유를 맛보며 돈벌이에 나섰던 프롤레타리아 여성에게 모델이나 창녀는 종잇장 한 장 정도 차이에 불과했던 시대였다. 공공연한 모델보다는 은밀한 창녀가 더 바람직했던 것이 그 시대 위선적인 부르주아의 도덕이기도 했다.

실레의 예술을 이끈 뮤즈 발리

둘은 처음에는 화가와 모델의 관계였지만 곧 발리는 모델, 연인은 물론 비서 겸 매니저 역할에서 점차 예술을 인도하는 뮤즈가 되어 실레

예술에 깊은 자취를 남긴다. 프로이트가 근친상간의 터부와 상류층 여성들의 억압적인 성을 논했던 당시, 실레는 처음에는 어린 여동생 게르투르드의 나체를 그리다가 차츰 가난한 모델이나 어린 창녀들과 같은 하층계급 소녀들의 깡마른 나체가 취하는 도발적이고 거의 변태적인 포즈를 절제 없는 시선으로 그려냈다.

전통적인 서구적 미에서 벗어나 대담하게 왜곡되거나 과장된 그래픽과 드로잉으로 인체에 내장된 강렬한 성적 본능과 죽음, 인간존재의 쾌락과 고통 자체를 표현한 그의 누드화는 충격적인 파격의 에로티즘을 보였다. 하지만 그의 작품은 잔인하다 할 만큼 모델의 감추어진 모든 것을 들춰내 결국 관람자 자신의 성적 의식과 맞대결시키는 점에서 쉽게 소비되는 포르노와 달랐다. 거기에는 육체에 갇힌 인간의 성과 죽음이 있었다. 그것은 벨 에포크에서 세계대전에 이르는 아름답고 퇴폐적이며 위선적이었던 그 시대에 대한 실레만의 감각이자 표현이었으며 낙인이었다.

동거를 시작한 지 얼마 안 되어 보헤미안 기질의 철없는 두 젊은이는 대도시 빈의 억압적 분위기를 피해 좀 더 저렴한 빈 외곽의 노이렌바흐로 거처를 옮겼다. 자유로운 분위기를 찾아왔지만 작은 마을 노이렌바흐는 오히려 보수의 아성이었다. 결혼하지 않고 동거하는 청년 화가와 어린 모델의 화실은 곧 동네 가출 소녀들의 아지트가 되었다. 가출 소녀들은 에로틱한 그림들을 감상하며 기꺼이 실레의 모델을 자원했다. 얼마 안 되어 실레는 미성년자 약취와 음란물 전시 죄목으로 구속되었으며, 법정에서는 포르노로 간주될 만큼 도발적이고 음란한 실레의 그림에 분격한 판사가 그의 그림을 촛불에 태우는 일도 벌어졌다.

재판 결과 실레는 미성년자에 대한 음란물 전시 죄로 한 달 가까이 구류를 살게 되었다. 짧은 재판과 24일간의 구류는 그리 가혹한 처벌은 아니었겠지만, 젊고 자유분방하며 감수성이 예민한 실레에게 상처를 주었음이 틀림없다. 일찍 부친을 여의고 모친과 누이들 속에서 영원한 어린아이를 자처했던 실레에게 이 구류기간은 고통스러웠으나 값지기도 했다. 이때를 기점으로 실레의 그림은 뚜렷한 전환점을 보이는데, 인체의 에로티즘을 넘어 대상에 대한 실존적 통찰이 느껴진다. 이 기간에 그는 자신을 응시하며 수많은 자화상을 그렸는데, 이들 자화상에는 격렬한 감정과 내면의 고통스러운 심리가 그대로 분출되어 있음을 볼 수 있다. 허물어져가는 그의 시대에 대한 감출 수 없었던 분노의 표현이었다.

1912년 노이렌바흐에서 쫓겨나 빈으로 돌아온 실레는 클림트의 소개로 여러 국제전시회에 출품했고, 1915년부터 빈에서 독자 전시회를 열 만큼 성장했다. 빈 화단의 총아로 떠오른 실레에게 발리는 단순한 모델이 아니었다. 실레가 그만의 새로운 시선을 통해 자신의 예술을 창조했다면, 발리는 이것이 가능토록 하나의 세계를 그에게 열어주었다. 실레의 많은 작품을 위해 지치지 않고 온몸을 다해 꾸준히 적나라한 성적 포즈를 취하며 솔직한 성을 보여준 발리의 놀랄 만한 충성심과 헌신은 실레의 남다른 예술과 자아형성의 길을 터준 마르지 않는 샘이었다.

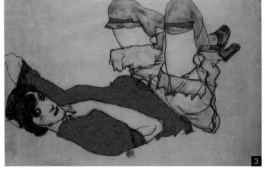

1. 에곤 실레 〈검은 스타킹을 신은 발리〉, 1912, 캔버스에 유채 44.3×29.7cm, 레오폴드미술관 소장.

2. 에곤 실레 〈머리를 숙인 자화상〉, 1912, 패널에 유채 32×39.8cm, 레오폴드미술관 소장.

3. 에곤 실레 〈다리를 올린 붉은 블라우스의 발리〉, 1913, 패널에 유채 80×60cm, 뉴욕 노이에갤러리 소장.

4. 에곤 실레 〈연인들–발리와 함께한 자화상〉, 1914, 패널에 유채 47.4×30.5cm, 레오폴드미술관 소장.

실레와 발리의 결별, 전쟁, 죽음

제1차 세계대전의 전화가 임박했던 1915년 6월, 실레는 그의 스튜디오가 있는 골목 건너편 주택에서 사는 부르주아 집안의 처녀 에디트 하름스Edith Harms와 결혼했다. 전쟁 발발과 군 입대를 앞둔 긴박한 상황에서 전격적인 결정이었다. 화가로서 성공을 목전에 두고 있으나 여전히 가난한 현실과 싸워야 했던 실레는 발리보다는 경제적으로나 신분상 조건이 더 나은 결혼 대상을 골랐던 것이 확실하다. 냉혹한 배신이었다. 실레가 결혼하면서 발리는 실레를 떠났다. 이후 두 사람은 다시 재회하지 못하고 전쟁의 소용돌이 속에서 모두 젊은 나이에 때 이른 죽음을 맞게 된다.

성적 탐닉, 예술적 영감, 집착, 헌신, 배신으로 얼룩진 발리와 함께했던 치열한 5년 세월이 끝난 뒤 실레의 그림은 전환을 보인다. 이후 그의 그림에는 누드의 에로티즘에 더해 죽음과 탄생이라는 인간에 내재한 본질적 주제가 좀 더 깊이 나타나 있다. 이별 직후 실레는 발리를 모델로 한 마지막 작품으로 〈죽음과 아가씨〉Death and Maiden라는 대작을 완성했다. 제1차 세계대전으로 끝나게 되는 아름다운 그의 시대에 대한 회상이자 발리와 나눈 사랑의 종말과 이별의 고통을 죽음에 비유한 이 그림은 발리를 추억하고 발리에게 헌정한 통렬한 그림이었다.

육체적·정신적·예술적 파트너였던 두 사람은 이별 후 어떠한 길을 갔을까? 실레의 갑작스러운 배신에 깊이 상처를 입었을 발리는 이듬해 간호사 훈련을 받고 적십자에 지원하여 간호사로 제1차 세계대전에 참전했다. 가난한 하층계급 출신으로 대도시에서 싸구려 직업을 전전하다 실레의 모델이 되어 수많은 그림에서 대담하고 강렬한 포즈를 취하며 실레의 예술을 인도했던 그녀다운 용감한 모습이고 선택이었다. 이듬해인 1917년 크리스마스이브에 발리는 자원하여 입대했던 달마시아오늘의 크로아티아 군병원에서 성홍열로 사망했다. 23세의 젊은 나이였다.

에곤 실레 〈죽음과 아가씨〉, 캔버스에 유채 150×160cm, 1915, 벨베데르 오스트리아 국립미술관 소장.

발리와 결별한 실레는 부인 에디트와 처제 아델Adel Harms을 모델로 꾸준히 누드를 그리며 명성을 쌓아갔다. 제1차 세계대전 중에는 프라하에서 러시아 전쟁포로를 관리하는 일을 맡으며 그림을 계속했고, 부대의 허락 아래 오스트리아와 독일, 체코 등지에서 전시회를 성공적으로 열며 그의 명성은 오스트리아를 넘어 점차 유럽 예술계로 퍼져나갔다. 1918년 2월 클림트가 사망한 이후 실레는 클림트 유업의 계승자로서 빈 모더니즘 화단을 대표하는 거장의 자리에 올라 명성과 함께 경제적 성공을 거머쥐는 듯했다.

그러나 클림트 사망 몇 달 후, 제1차 세계대전 종료가 임박했던 1918년 10월 동유럽을 휩쓴 스페인 독감으로 임신 6개월의 부인 에

에곤 실레 〈가족〉, 1918, 캔버스에 오일 152.5×162.5cm, 벨베데르미술관 소
장, 실레의 유작이다. 처음에는 아기 그림이 없이 〈웅크리고 앉은 부부〉라는 제목
이었으나, 후에 아기를 추가하여(실레의 여동생 게르트루드Gertrude의 아들인
조카 토니Toni를 모델로 했음) 상상 속의 가족을 완성했지만 이 가족은 몇 달 후
모두 사망한다. 마지막 자화상임을 예감했는지 이전 그의 자화상에서 보이는
고통과 갈망의 모습을 초월한 듯 실레는 슬픈 미소를 띠며 관람자를 마주보고
있다.

디트가 사망한 지 사흘 만에 실레 또한 같은 병으로 사망했다. 병으로
죽어가는 아내의 초상을 그린 것이 마지막 작품이었다. 짧은 생애에
서 이 천재적 화가는 그 시대의 화려한 외면에 가려진 인간의 암울한
상황과 강렬한 내면적 욕망을 느낀 대로 거침없이 묘사한 표현주의
걸작을 다수 생산하여 20세기 예술에서 선과 그래픽, 드로잉의 거장
이라는 위상을 구축했고, 현대예술에서 파블로 피카소Pablo Picasso와
같은 반열에 올랐다.

돌아온 세계문화유산

실레의 대표작 〈발리의 초상〉

28세로 요절한 짧은 생애에서 그는 생전 3천여 점의 드로잉과 300여 점의 그림을 남겼다. 또 그림을 문자화한 듯한 직설적이며 다채로운 수법으로 자기 생각을 표현한 많은 표현주의 시詩 작품을 남겼다. 그의 그림들은 대부분 인간을 그렸으며, 특히 여성의 나체와 초상화가 대부분이다. 화가와 모델의 치열한 관계가 그대로 반영된 그의 그림은 강렬하게, 때로는 불편할 만큼 모델의 성적·정서적·심리적 측면을 표현하여 표현주의 예술의 정수를 보여주고 있다. 그는 또한 자화상을 100여 점 남겼는데, 특히 그가 남긴 솔직하고 대담한 자신의 누드 초상화는 서구 미술사상 유례가 없는 새로운 장르의 남성 누드 자화상이라 할 수 있다.

그의 많은 여성 누드화와 초상화는 발리를 모델로 했으며, 그중 그가

두 그림 속에서 발리와 실레의 어깨 옆에 배치한 꽈리 줄기와 꽈리 열매의 붉은 색은 붉은 머리의 발리를 상징한다. 그들이 꽈리 잎새와 열매로서 운명적으로 연결되어 있음을 암시한다. 둘 다 1912, 나무패널 유채 32×39.8cm, 빈 레오폴드미술관 소장.

노이렌바흐에서 재판을 받은 직후 자신의 초상화와 한 쌍으로 그린 〈발리의 초상〉은 그의 작품을 대표하는 기념비적인 그림으로 꼽힌다. 그의 짧았던 생애에서 가장 긴밀한 관계를 맺었던 발리의 초상이자 그의 연인이었고 예술의 촉매였던 뮤즈를 가장 확실하게 보여주는 초상이기 때문이다.

에로틱 뮤즈, 헌신적인 본래의 아름다움으로 빛나다
애원하는 듯 뚫어지게 응시하는 녹색의 커다란 눈망울, 무슨 말을 꺼낼 듯 한쪽 끝이 약간 올라간 입술에 떠오른 희미한 미소, 슬픔을 머금은 잔잔한 표정이 적막감을 자아낸다. 누워 가슴과 배를 노출하거나 다리를 벌린 외설적인 자세로 관람자를 응시하며 성적 암시를 노골적으로 전하는 발리의 평소 이미지와 동떨어진 모습이다. 헝클어진 붉은 머리는 그대로이지만 흰 칼라가 달린 검은 드레스를 입은 단정한 모습의 발리는 말라버린 꽈리나무 줄기 옆에서 어깨를 약간 앞으로 숙이고 무엇인가 생각하는 사람의 모습을 보여준다. 그림 속의 발리는 수동적 모델이 아니다. 거울 속의 자신을 응시하는 듯, 화가 또는 관람자를 응시하는 듯 눈의 표정이 압권이다. 그 눈은 조용히 탐구하는 눈길로 자신을 뒤돌아보는 모습이기도 하며, 마치 너 자신을 의심해보라고 관람자나 화가를 힐난하는 듯하다.

이 눈길의 불가해한 힘은 레오나르도 다빈치Leonardo da Vinci가 그려낸 모나리자의 미소와 비교될 것이다. 이 때문에 이 그림은 발리에게 현대판 모나리자의 위상을 부여한다. 그림에는 실레의 다른 많은 그림에서 보이는 모델의 에로티즘보다는 모델을 향한 화가의 심리적 시선이 표현되어 있다. 이 그림은 실레가 타인의 존재에 눈뜬 것을 말해주면서 실존하는 타인의 존재를 그린 사실적 초상화다. 늘 하던 에로틱한 포즈의 발리가 아닌 슬프게 미소 짓는 단아한 발리의 모습은 헌신적인 연인으로서 발리 본연의 아름다움을 드러낸 초상이다. 그의 에로틱한 예술을 온몸으로 떠받쳤던 연인의 강력한 아름다움이 빛나는 〈발리의 초상〉은 실레의 걸작 중 걸작으로 평가되고 있다.[1]

〈발리의 초상〉, 소장자들을 전전하다

유대인 화상 레아 본디

실레의 시대는 오스트리아 그림 시장에 큰 변화가 일어나던 시기였다. 후원자, 즉 파트론의 주문과 매입방식을 대신하여 화랑에서 매매하는 일이 점차 보편화되었다. 처음 실레는 충성스러운 파트론이 여럿 있어 초상화 주문을 다수 받았지만, 곧 그의 그림과 드로잉은 갤러리의 관심을 끌며 열렬히 수집되었다.

〈발리의 초상〉은 처음에 빈의 화상 에밀 퇴퍼Emil Toepfer가 소장했다. 그 후 빈의 출판인 리처드 라니Richard Lanyi가 소장했으나 1925년 유대인 레아 본디Lea Bondi Jaray의 소장품이 되었다. 실레의 작품을 다수 취급했던 빈의 화랑 뷔르틀레의 주인이었던 본디는 화랑과 별개로 자신이 개인적으로 소장하기 위해 이 그림을 구입했다.

1938년 오스트리아를 병합한 나치 독일은 유대인 배척정책, 즉 '아리안 촉진법령속칭 'Aryanisation', 독일 사회에서 유대인을 추방하는 1938년 11월 법령'에 따라 유대인들의 사업을 몰수했다. 그 와중에 본디는 나치당원으로서 화랑을 경영했던 프리드리히 벨츠Friedrich Welz에게 화랑 뷔르틀레를 헐값에 인도했다.

나치의 〈발리의 초상〉 약탈

벨츠는 본디의 화랑을 인수하며 본디 아파트에 걸려 있던 〈발리의 초상〉을 요구했다. 본디는 개인 소장품이라는 이유로 거절했지만, 오스트리아 탈출을 앞두고 벨츠의 협박성 요구에 굴복하여 그림을 넘겨주었다. 이듬해 벨츠는 유대인 치과의사로 당시 오스트리아 최대 예술품 수집가였으나 나치수용소에서 부인과 함께 사망한 하인리히 리거 박사Dr. Heinrich Rieger가 소장했던 실레 작품도 다수 약탈했다.

당시 유대인들이 이같이 실레 작품을 다수 소장했던 이유는 유대인들의 아방가르드적 예술관과 진취적 미의식에서 찾을 수 있다. 이러한 유대인들의 진보성향은 당시 서구사회를 휩쓸었던 모던예술의 지원세력으로서 오스트리아의 현대예술을 비롯하여 서구 현대문화 발전에 적극적으로 기여한 것으로 평가되어 마땅하다.

전후 점령군이 착오로 오스트리아 정부에 반환

나치를 탈출하여 망명지 런던에서 화랑을 운영하던 본디는 나치가 패전한 직후인 1946년 빈을 방문하여 행정소원을 내서 나치에게 빼앗긴 빈의 뷔르틀레화랑을 벨츠에게서 돌려받았으나 〈발리의 초상〉은 회수하지 못했다. 벨츠는 전후 이 그림이 몰수되어 벨베데르 오스트리아 국립미술관에 소장되어 있다고만 알려주었다. 그리고 7년이 지난 1953년, 실레 작품을 전문적으로 수집하던 오스트리아의 안과의사 루돌프 레오폴드Ludolf Leopold가 런던으로 본디를 찾아왔다. 일찍부터 실레 작품의 중요성을 알아보고 1940년대 후반부터 본격적으로 실레 작품을 샅샅이 수집해온 레오폴드는 런던에 있을지 모르는 실레의 작품을 찾아내려고 방문한 것이다. 본디는 레오폴드에게 자신이 소장했던 〈발리의 초상〉에 관해 설명하고 벨베데르미술관으로부터 이 그림을 회수할 수 있도록 도와달라고 부탁했다.

한편, 나치 독일에 합병되기 이전 빈에서 노이에갤러리Neue Galery*를 운영하던 유대인 미술사가 오토 칼리르Otto Kallir는 일찍부터 실레 작품에 주목하여 1930년 최초로 실레의 유화 카탈로그를 편집했다. 그는 이 카탈로그에 〈발리의 초상〉을 포함시키고 본디의 소장품으로 기록했다. 유대인이었던 칼리르 역시 나치를 피해 미국으로 이주하여 1939년 뉴욕 맨해튼에서 독일, 오스트리아 표현주의 작품을 전문으로 취급하는 셍테티엔느St. Etienne 화랑을 운영했고 전후에는 나치에 약탈된 유대인 예술품 회수운동에 매진하기도 했다. 그는 또한 독자적으로 실레 전시회를 수차례 개최하며 보수적인 미국사회에 실레를 본격

---

* 화장품회사 에스티 로더의 주인 로널드 로더(Ronald Rauder)가 세운 뉴욕의 노이에갤러리는 오토 칼리르의 빈 노이에갤러리를 기념하여 같은 이름을 쓰고 있다.

루돌프 레오폴드.

적으로 소개했다.

　전쟁 직후 나치 약탈물의 반환을 담당했던 미 점령군은 1945년 6월 벨츠를 체포하고 벨츠가 유대인에게서 약탈하여 점유했던 예술품을 전부 몰수해 오스트리아 문화재청BDA, Bundesdenkmalamt에 넘겼다. 벨츠에게서 몰수한 예술품 중에는 본디 소유였던 〈발리의 초상〉과 함께 또 다른 유대인 리거 박사가 소장했던 실레 작품도 여럿 있었는데, 미 점령군이 실레 그림을 오스트리아 문화재청에 인도했을 때 〈발리의 초상〉은 착오로 리거 소장품으로 잘못 분류되었다.*

　1950년 오스트리아 문화재청은 〈발리의 초상〉을 포함하여 벨츠에게서 몰수한 리거 박사의 모든 실레 작품을 그의 아들 로버트 리거 Robert Rieger에게 반환했다. 1950년 말, 로버트 리거는 이들 미술품을 오스트리아 국립 벨베데르미술관에 매각했는데, 이때 〈발리의 초상〉이 포함되었다. 한편, 칼리르는 로버트 리거에게서 하인리히 리거가 〈발리의 초상〉을 소장한 적이 없으며, 이 그림이 잘못 분류되어 벨베데르미술관에 인수된 사실을 전혀 알지 못했다는 진술서를 확보해놓았다. 즉, 리거 집안에 그림의 소유권이 없었고, 또한 벨베데르미술관

---

*　잘못 분류된 이유는 리거 박사의 소장품 중에 실레 부인 에디트의 초상이 있었는데, 점령군이 〈발리의 초상〉과 혼동했기 때문이라고 한다.

돌아온 세계문화유산

에 합법적으로 매각하지 않았다는 증거였다.

오스트리아의 수집가 루돌프 레오폴드

1954년 레오폴드는 자신의 소장품과 벨베데르미술관 소장의 실레 소
장품을 상호 교환하면서 벨베데르미술관으로부터 〈발리의 초상〉을
획득해 1957년 자기 소유로 등록했다. 1953년, 런던으로 본디를 방
문했을 때 본디에게 이 그림을 환수하도록 도와달라는 부탁을 받았던
레오폴드는 자신이 이 그림의 소유권을 취득하게 된 사실을 본디에
게 알리지 않았다. 이 사실을 몰랐던 본디는 레오폴드가 〈발리의 초
상〉 소유권을 취득한 이후에도 직접 그리고 변호사를 통해 이 그림
을 회수하기 위해 레오폴드의 협조를 요청했다.

1966년부터 본디는 뉴욕의 셍테티엔느화랑 주인 칼리르와 함께 이
그림을 회수하려고 오스트리아의 변호사와 언론인들을 접촉했다. 본
디는 〈발리의 초상〉이 1930년 칼리르의 최초 카탈로그에 자기 소유
로 등록되었던 사실과 레오폴드가 소유권을 주장하는 자신에게 전혀
알리지 않고 그림 소유권을 취득한 점, 하인리히 리거가 〈발리의 초상〉
을 소장한 적이 없었으며, 이 그림이 잘못 분류되어 벨베데르미술관
에 인수된 사실을 전혀 알지 못했다는 로버트 리거의 진술서를 제시
하며 그림 반환에 협조를 요청했다.

오스트리아 변호사들은 당시 나치 약탈 유대인 예술품 반환에 매우
소극적이었던 오스트리아 정부의 태도 때문에 비관적이었다. 그들은
오스트리아가 자랑하는 클림트와 실레 작품은 패전국 오스트리아에

서 대단한 국민적 사랑을 받고 있는 만큼, 오스트리아 정부가 레오폴
드가 소장한 실레 그림 반환에 순순히 동의하지 않을 것이라고 판단
하고 소송만이 유일한 방법이라고 조언했다.

그러나 본디와 칼리르는 소송에서 이긴다는 보장도 없었고, 소송에
서 패할 경우 반환 가능성이 완전히 사라질 것을 우려했다. 무엇보다
당시 1천 달러 정도*로 평가되었던 〈발리의 초상〉을 회수하기 위해 막
대한 소송비용을 마련할 수 없었기 때문에 더는 환수운동을 진척하지
못한 상태에서 본디와 칼리르는 각각 1969년, 1978년에 사망했다.

레오폴드는 1947년부터 패전국 오스트리아의 황폐한 예술시장에
서 오스트리아 표현주의 작가들의 미술품 수집에 뛰어들어 실레를 비
롯해 클림트, 코코슈카 등 오스트리아 표현주의 작품을 폭풍같이 단
기간에 대규모로 수집했다. 1994년 레오폴드의 소장품은 5,400점에
달했고, 시가 5억 달러 정도로 추산되었다. 오스트리아 정부는 오스트
리아의 문화적 위상을 드날린 이들 예술품이 해외로 유출될까 봐 우
려하여 레오폴드 소장품을 보존할 미술관 건립을 추진했다. 레오폴드
는 소장품의 3분의 1을 정부에 헌납하는 대신 오스트리아 중앙은행
의 지원을 받아 신설된 레오폴드미술관에 나머지 소장품을 소장하고
자신은 종신 관장이 되었다. 1994년 8월 레오폴드는 자기 소유로 되
어 있던 〈발리의 초상〉을 레오폴드미술관에 200만 달러에 매각하고

---

* 오늘날 가치로 약 3만 달러에 상당한다.

1997년 레오폴드미술관 소장품으로 등록했다.

〈발리의 초상〉 소장자 일람표

레아 본디〈발리의 초상〉/하인리히 리거실레 작품 다수 ➜ 프리드리히 벨츠 ➜ 미 점
령군1945 ➜ 오스트리아 문화재청1947 ➜ 로버트 리거1950 ➜ 벨베데르미술
관1950 ➜ 루돌프 레오폴드1954 ➜ 레오폴드미술관1997

1973년 레오폴드는 실레의 화보를 출판했다. 여기에는 미술작품
228점과 간추린 실레의 시 작품이 약간 실렸으며 〈발리의 초상〉도
포함되었다. 그러나 그림의 소장자 내력에서 본디의 이름은 빠졌다.
1995년 레오폴드는 실레의 도록을 새로이 출판하며 〈발리의 초상〉의
소장자 내력에 본디와 리거를 새로이 포함시켰다. 본디가 같은 유대
인인 리거에게 그림을 매각한 모양새를 취한 것이다.

〈발리의 초상〉 미국에 들어오다

뉴욕 현대미술관 에곤 실레 전시회 개최
이 무렵 뉴욕 현대미술관MoMA, Museum of Modern Art은 레오폴드미술관
과 합동으로 에곤 실레 전시회 개최에 합의했다. 1997년 10월 8일
부터 1998년 1월 4일까지 '에곤 실레-레오폴드미술관의 컬렉션Egon
Schiele-The Leopold Collection'이라는 제목의 전시회에서 〈발리의 초상〉은

전시회의 간판 격이었다. 이때는 나치 패망 50주년 무렵으로 나치 약탈 예술품의 반환이 실현되지 않은 데 대해 반성하는 인식이 미국과 유럽에서 고조되던 시기였다.

1994년 미국 역사학자 린 니콜라스Lynn H. Nicholas는 점령지에서 자행된 나치의 문화재 약탈의 실상을 고발한《유럽의 강탈》Rape of Europa을 출판했고, 1997년에는 미국 저널리스트 헥터 펠리시아노Hector Feliciano가《잃어버린 박물관 – 세계의 위대한 예술품을 절취하기 위한 나치의 음모》The Lost Museum: The Nazi Conspiracy to Steal the World's Greatest Works of Art라는 나치시대 잃어버린 예술품을 추적한 다큐멘터리를 출판하여, 여전히 미국과 유럽의 유수 미술관들이 나치 약탈 예술품들을 버젓이 소장하고 있다고 폭로했다. 이러한 일련의 책은 나치 범죄를 지속시키는 세계적 미술관들의 비윤리적 행태에 대한 미국과 서구 시민들의 공분을 불러일으켰다.

MoMA의 전시회가 절찬리에 개최되던 중 〈뉴욕타임스〉는 '열광적인 수집가'라는 제하의 기사[2]에서 레오폴드의 수상한 예술품 수집행태를 소개하고, 그의 소장품 중에는 〈발리의 초상〉과 같이 소유권 취득 경위가 불투명한 작품이 다수 있다고 폭로하면서 MoMA에서 전시 중인 이 그림의 의심스러운 내력에 문제를 제기했다.

〈발리의 초상〉, 법적 분쟁에 돌입

뉴욕 검찰의 몰수 명령

〈뉴욕타임스〉 기사가 나간 즉시 본디의 미국 내 상속인들은 〈발리의
초상〉이 나치 약탈물이라고 주장했으나 MoMA로부터 묵살당하자 뉴
욕 주정부를 대표하는 맨해튼 검찰에 고발했다. 당시 뉴욕 주정부 검
사는 로버트 모겐소Robert Morris Morgenthau였다. 그는 미국의 유대인 명
문가 출신으로 미국 정치, 경제, 법조계에 막강한 영향력을 지닌 고참
검사였다. 전시회가 끝난 다음 날 모겐소는 이 그림에 대한 압류영장
을 발부하여 그림이 오스트리아로 돌아가는 것을 막고자 했다. 그러
나 뉴욕 항소법원은 전시를 위해 들여온 외국 예술품의 압류를 금지
하는 뉴욕주의 예술품 압류 면제법규Immunity from Seizure Statute에 의거
하여 압류영장을 기각했다.

뉴욕 예술문화법에 의거하여 뉴욕 항소법원 영장 기각

1988년 제정된 '뉴욕 예술문화법Arts and Cultural Affairs Law-ACAL 12.03항'
에는 세계 문화예술의 중심지로서 뉴욕주의 문화적 위상을 보호하
고 뉴욕의 국제 문화교류를 저해할 요소를 사전에 방지하는 장치로
'압류면제조항Immunity from Seizure Statute'을 두었다. 이 조항은 전시회
에 출품하기 위해 외국 기관에서 대여받은 예술품은 전시기간 중 압
류처분이 금지되며, 자동으로 반환이 보장된다고 규정했기 때문에 압
류면제 조항은 '반환조항'이라고 불리기도 한다. 이러한 법규에 의거

하여 뉴욕 항소법원이 뉴욕 검찰의 압류영장을 기각했기 때문에 〈발리의 초상〉은 당연히 빈의 레오폴드미술관으로 되돌아갈 것으로 예상되었다.

연방 도난물법에 의거 미국 세관이 몰수 조치

그러나 뉴욕주의 압류영장이 기각된 다음 날 미국 연방정부가 개입했다. 연방정부의 행정판사는 이 그림의 미국 반입이 연방도난물법NSPA, National Stolen Property Act을 위반했다는 이유로 그림을 몰수하기 위한 영장을 발부했다. 뉴욕주법뉴욕 예술문화법의 상위법인 연방도난물법을 위반했으므로 연방 행정판사는 뉴욕주 항소법원의 결정을 뒤집고 압류영장을 발부했다. 즉시 미국 세관이 나서서 그림을 압류하고 세관 스스로 뉴욕 지방법원에 그림 반출을 금지하는 소송을 제기했다.

　1934년 제정된 미국의 연방도난물법NSPA은 당초 외국으로부터 도난 자동차나 위조증권 같은 불법 물품의 유입을 저지하려고 제정되었지만 시간이 갈수록 세계 최대 문화재시장인 미국에 유입되는 불법 예술품이나 문화재 저지가 주요 목표가 되었다. 이 법은 도난품 또는 불법으로 취득한 5천 달러 이상의 물품으로 반입자가 도난물인 줄 알면서 미국에 반입한 경우, 형사소추와 함께 반입자에 의한 재수출 금지, 즉 물품 몰수를 규정하고 있다.*

---

*　우리나라 문화재법 제20조와 유사한 내용이다.

미국 세관과 오스트리아 정부레오폴드미술관**의 법적 투쟁**

세관이 압류한 이래 이 그림이 미국의 도난물법을 위반했는지, 즉 나치 약탈물로 불법으로 들여온 예술품인지 또한 미국 법정에 압류에 관한 재판관할권이 있는지를 둘러싸고 12년간 계속된 공판에서 미국 정부세관와 오스트리아 정부 간의 치열한 법적·외교적 공방이 벌어졌다. 이 소송에서 레오폴드미술관과 MoMA는 공동 소송자, 오스트리아 정부는 소송 후원자amicus curai로 참여했다.

2009년 9월, 뉴욕지법은 미국의 재판관할권을 인정하지 않는 레오폴드미술관의 모든 신청을 기각하고 단 하나의 문제점, 즉 레오폴드미술관이 이 그림을 미국에 반입할 때 이 그림이 나치 약탈물인 줄 알았는지를 배심원들의 판정에 맡기도록 결정했다. 이 결정은 〈발리의 초상〉이 사실상 연방도난물법 위반, 즉 약탈물임을 인정하고 단지 미국의 도난물법 위반에 대한 레오폴드 측의 범의가 있었는지, 즉 레오폴드가 약탈물이라는 것을 사전에 인지했는지 묻는 것이었다.

법적 쟁점 – 도난물 여부, 국가의 적법행위, 시효

〈발리의 초상〉은 나치의 약탈물인가

뉴욕지법에서 주요 쟁점은 〈발리의 초상〉이 약탈물이며 따라서 미국 연방도난물법을 위반했느냐는 것이었다. 우선 미국은 〈발리의 초상〉이 본디의 개인 재산인데 나치에 약탈되었다고 본 데 대해 오스트리아 측은 1938년 오스트리아 합병 당시 나치가 유대인의 경제적 활동을 배척하기 위해 유대인 사업을 수용했던 당시 독일법, 속칭 '아리안 촉진법령'에 따라 본디의 갤러리와 함께 〈발리의 초상〉을 몰수한 것은 적법한 조치라고 항변했다. 그러나 법정은 〈발리의 초상〉은 뷔르틀레화랑과 관계없는 본디의 사유재산으로, 그림을 빼앗은 벨츠가 나치 당원이며 당시 본디가 처한 상황에서 벨츠의 요구를 거부할 수 없었던 정황을 들어 개인 재산의 약탈이라고 간주했다.

오스트리아 측은 그림이 환수되었기 때문에 약탈물이 아니며, 이후 이 그림은 적법한 거래를 거쳐 레오폴드미술관의 컬렉션이 되었다고 주장했다. 이에 대해 미국은 미 점령군이나 오스트리아 문화부의 손을 단지 거쳐 갔다 하여 그림이 적법하게 거래된 것은 아니며, 그림이 원소유자인 본디에게 반환될 때까지는 약탈물이므로 〈발리의 초상〉을 미국에 반입한 것은 연방도난물법을 위반한 행위라고 보았다.

레오폴드미술관은 소유권을 적법하게 취득했나

오스트리아 측은 이 그림이 종전 직후 미 점령군에 의해 벨츠에게서 회수되어 오스트리아 문화부에 인도된 다음 소유자에게 반환되었으며, 소유자는 오스트리아 국립 벨베데르미술관에 매각했고, 벨베데르미술관은 이를 다시 레오폴드에게 매각하여 레오폴드가 〈발리의 초상〉을 적법하게 취득했다고 주장했다.

그러나 뉴욕법정은 "도난물은 영원히 도난물이며, 누구도 도난물의 소유권을 취득할 수 없다"라는 영미법 원칙에 따라 벨츠가 이 그림을 적법하게 취득하지 않은 이상, 벨츠 이후의 점유자인 오스트리아 문화부, 벨베데르미술관, 레오폴드, 레오폴드미술관은 벨츠에게서 소유권을 적법하게 취득할 수 없다고 판정했다. 또한 도난물을 구입한 선의의 구매자를 보호하는 대륙법에 따르더라도 원소유자 본디가 레오폴드에게 〈발리의 초상〉이 자기 소유물이라고 거듭 주장하였음을 알면서도 그림의 소유권 내력에 대한 조사 없이 이를 취득한 레오폴드는 선의의 구매자가 아니며, 이 전시회를 주관한 레오폴드미술관 관장 레오폴드는 이 그림이 미국에 반입될 때 약탈물이었음을 알고 있었다고 미국 측은 주장했다.

주권국가의 적법행위에 대한 미국 법정의 재판관할권을 인정할 것인가

오스트리아는 '1955년 미국 및 연합국들과의 조약Austrian State Treaty of 1955'을 맺고 나치하에서 약탈된 개인 재산의 환수에 관한 오스트리아 정부의 의무와 주인을 찾지 못한 재산에 오스트리아 정부의 관리책임이 있다고 지적했다. 그리고 이 조약에 따라 오스트리아 정부는 〈발리의 초상〉을 벨베데르미술관에 이전했으며, 이는 주권국가의 적법행위로 인정되어야 하므로 미국 법정은 재판관할권이 없다고 주장했다.

  뉴욕법정은 '1955년 미국 및 연합국들과의 조약'의 국제적 성격에 비추어 나치 희생자의 재산처리에 관해 오스트리아 정부가 배타적 관할권을 갖는 것은 아니며, 또한 나치 희생자의 재산 반환은 오스트리아가 대외적으로 천명한 정치적·법적·외교적 목표임에 비추어 미국 법정은 오스트리아 정부가 취한 조치를 심의할 수 있다는 견지에서 오스트리아 정부의 적법적 국가행위라도 미국 법정의 재판관할권은 인정된다는 주장을 강조했다. 또한 미국 법정은 도난물이 미국 영토 내에 반입되는 것을 저지하기 위해 사법권을 당연히 행사해야 한다는 태도를 확실히 했다.

소송시효가 만료되지 않았는가

오스트리아는 1947년 미국과 연합국들의 승인하에 '나치 희생자 재산환수법The third Restitution Act'을 제정하고 피해자들의 재산을 환수하기 위해 1년의 소송시효를 규정했다. 오스트리아는 이 규정에 따라 〈발리의 초상〉은 시효가 지났다고 주장했다. 이에 대해 미국 법정은 "소유권에는 시효가 없다"라는 법의 일반원칙과 이러한 원칙을 천명한 오스트리아 민법규정제459항을 환기하고 본디가 소유권을 갖는 한 '나치 희생자 재산환수법'에 의거한 소송시효는 본디의 소유권을 제한할 수 없다고 판정했다.[3]

법정의 최종판결 전 합의 성립

2010년 6월 레오폴드 사망을 계기로 오스트리아는 미국과 법정분쟁을 끝내기로 결정했다. 그가 죽은 지 20일 후인 2010년 7월, 13년을 끌어온 재판의 최종판결을 기다리지 않고 본디 상속인들과 미국 정부 및 레오폴드미술관 3자간에 합의가 성립되었다. 합의 내용은 레오폴드미술관이 〈발리의 초상〉을 빈으로 가져가는 것을 미국 정부가 허락하는 대신 미술관은 본디 상속인들에게 1,900만 달러를 지불한다는 것이었다.

여기에 더하여 이 그림은 뉴욕 유대인박물관Museum of Jewish Heritage 에 3주간 전시하며, "2009년 뉴욕법원은 이 그림이 레아 본디의 개인 재산으로서 1938년 나치당원이며 협력자인 벨츠에게 약탈된 것이라 고 판정했다"라는 설명문을 그림과 함께 상시 게시토록 한다는 조건 이 합의에 포함되었다.

분쟁의 여파 – 나치 약탈 문화재 반환의 신호탄

〈발리의 초상〉 재판은 불법 문화재 반환에 획기적인 사건으로 세계 미술계에 커다란 충격을 주었다. 전시를 위해 들여온 외국 작품이 몰 수된 데다가 전시 예술품 몰수 금지를 규정한 뉴욕주의 실정법에도 불구하고 몰수된 것이었다. 더욱이 뉴욕 검찰청의 몰수영장을 뉴욕 항소법원이 기각한 즉시 연방정부행정판사가 개입하여 연방법 위반도난물 법을 이유로 몰수 판정을 내리고 미국 세관이 나서서 몰수해버린 것이 다. 더하여 미국 세관은 원소유자를 대신하여 외국 정부기관레오폴드미술관 을 상대로 반출금지 소송을 제기했다. 미국 정부의 이러한 강경 조치 는 나치 약탈 예술품 회수의 성공이라는 차원을 넘어 훨씬 더 큰 중요 성을 시사했다.

이 재판은 사실상 외국 기관과 미국 국민 간의 소유권 다툼으로, 소 유권을 인정받은 개인본디의 상속인은 최종 합의 결과 엄청난 경제적 이득 을 취했다. 미국 정부는 10년 이상 수고를 아끼지 않고 검찰, 세관, 법 원이라는 공공재를 이용하여 원소유자 구제에 적극적으로 나섰다. 이는 미국 정부가 나치의 문화재 약탈범죄에 대한 확고한 단죄를 의도한 1998년 워싱턴회의의 주도자로서 약탈 문화재 반환운동의 리더십을 실천에 옮겼음을 국제적으로 과시한 것이었다.

사실상 〈발리의 초상〉은 저명한 박물관에서 전시를 위해 반입한 외국 작품을 몰수한 점에서 문화계의 거센 반발을 불러왔다. 또한 오스트리아 정부기관레오폴드미술관에 대한 재판관할권을 주장하여 외교적·법적 문제가 적지 않았는데도 원소유자의 소유권이 인정된 가장 큰 배경은 이 그림이 미국에 있었기에 가능했다. 이 재판으로 미국은 이제 더는 불법 문화재의 피난처가 될 수 없다는 확고한 결의를 과시했다. 그리고 여기에서 한 발 더 나아가 미국은 모든 정부기관과 공공재를 이용하여 불법 문화재 환수를 추구하는 거점이 될 거라고 예고했다.[4]

오스트리아 정부는 전후 어려운 경제여건에서 실레 작품을 대거 수집하여 오스트리아의 문화적 위상을 보전한 레오폴드의 지대한 공로를 인정하여 레오폴드미술관의 소송을 총력을 다해 지원하였다. 실레 작품의 최대 소장자 레오폴드야말로 나치 속국이 되었다가 패전국으로 전락한 오스트리아의 국가적 위신과 국민적 자존감을 새롭게 고양한 국민적 영웅이 틀림없다. 그러나 레오폴드에 20년 이상 앞서 일찍 이 실레 작품의 중요성과 가치를 누구보다도 먼저 알아보고 실레 작품을 구입하여 소장해온 유대인 원소유자들의 존재와 그들의 공헌에 대해 오스트리아 정부는 한마디도 하지 않았다.

오스트리아 정부가 오스트리아를 빛낸 예술가로서 에곤 실레의 작품에 대단한 집착을 보였다면 레아 본디 또한 그녀 삶의 일부로서 〈발리의 초상〉에 집착했다. 그 그림은 나치 오스트리아에서 추방당하기 전 본디가 빈에서 누렸던 유대인들의 진보적 예술세계와 활기찬 삶에 대한 기억이며 증거였기에 본디는 죽을 때까지 그림 반환을 위해 투쟁했다. 그녀의 삶을 약탈한 오스트리아 정부나 그녀의 그림을 약탈한 레오폴드는 피해자들의 삶에 너무나 무심했다. 약탈당했던 그림을 반환받은 것은 뒤늦게나마 본디의 빼앗긴 삶을 인정한 것이었고, 과거의 복원이자 회복이었다.

　재판 결과를 심각하게 받아들인 오스트리아 정부는 1998년 새로이 나치 약탈 예술품환수법Austrian art restitution law of 1998을 제정하고 국립박물관에 소장된 미술품들의 과거 소유권 내력 조사에 착수했다. 이 재판은 나치 피해국이었다는 점을 내세워 나치시대의 책임을 회피하고 나치 희생자 구제에 매우 소극적이었던 오스트리아 정부가 문화재 반환법 제정, 반환위원회 구성 등 입법과 정책을 통해 나치 약탈 문화재 반환 문제에 전향적이고 적극적인 태도로 완전히 방향을 바꾸는 전환점이 되었다.

CHAPTER 03

아델 블로흐바우어 I
- 사상 최고 가격의 나치 약탈 그림 환수

구스타프 클림트 〈아델 블로흐바우어 I〉, 1907, 캔버스에 금, 은 유채 138×138cm,
뉴욕 노이에갤러리.

"금과 은의 소용돌이는 천상의 세계를 만들고,
자기 앞에 두 손을 비틀어 쥔 그녀는
세기말 타락을 꿈꾸는 자
트로이 멸망을 예언했던 카산드라처럼
다음 세기 일어날 일들을 예고하는가?⋯⋯"

_켄 존슨Ken Johnson, 〈리뷰: 구스타프 클림트와 아델 블로흐바우어 I〉
Review: Gustav Klimt and Adele Bloch–Bauer I

벨 에포크 정점에서 빈의 유대인 문화

서구 역사의 황금기로 불리는 20세기 초, 이른바 '벨 에포크'시대의 대표도시 빈에서 왕궁, 국회, 법원, 박물관이 몰려 있는 가장 화려한 빈 중심가 링슈트라세에는 체코 출신으로 굴지의 유대인 사업가인 페르디난트 블로흐바우어Ferdinand Blochbauer, 1864~1945의 궁궐 스타일 대저택 4층 아파트가 있었다. 아파트 부근에는 음악과 미술의 도시 빈을 상징하는 오스트리아 국립 오페라하우스Vienna State Opera House 와 오스트리아 국립미술원Vienna's Academy of Fine Arts이 있었다.

블로흐바우어의 대저택은 당시 빈 문화예술계의 유명 인사들이 매주 토요일 모이는 사교살롱이었다. 그 안주인은 독학으로 고전문학과 예술에 조예가 깊고 아방가르드 예술과 사회주의 사상에 공감했던 페르디난트의 어린 부인 아델 블로흐바우어Adele Bloch-Bauer, 1881~1925였다.

이 시기 이 저택을 드나들었던 명사들의 면면을 보면, 작곡가이며 국립 오페라하우스 단장 구스타프 말러Gustav Mahler와 그의 부인이며 작곡가인 알마 말러 베르펠Alma Mahler-Werfel, 작곡가 리처드 스트라우스Richard Strauss, 작가 스테판 츠바이크Stefan Zweig, 작가 제이콥 바서만Jakob Wassermann, 화가 구스타프 클림트Gustav Klimt, 오스트리아 국립극

1. 1915년, 36세의 아델 블로흐바우어.
2. 1920년, 남편 페르디난트 블로흐바우어.
3. 블로흐바우어의 빈 저택.

장 감독과 배우들, 사회주의자 정치인 칼 레너Karl Renner. 제2차 세계대전 후 오스트리아 대통령, 줄리우스 탠들러Julius Tandler. 오스트리아 공공의료 창시자 등 오스트리아 역사상 뛰어난 정치, 사회, 문화계의 인물들을 손꼽을 수 있다.

아델은 오스트리아의 거물 경제인으로서 빈 은행연합의 대표이며 오리엔트 철도회사 사장이었던 유대인 모리츠 바우어의 막내딸로 1899년 18세에 자신보다 17세 연상의 유대인 사업가 페르디난트와 결혼했다. 페르디난트는 달콤한 디저트가 대유행이었던 유럽에서 캔디업계를 장악한 오스트리아의 사탕재벌이었다. 유대인들에게 흔한 겹사돈 관습에 따라 페르디난트의 형으로 변호사인 구스타프가 아델의 언니 테레사와 먼저 부부가 됨으로써 2중 인척이 된 두 집안은 남편의 성 블로흐와 부인의 성 바우어를 합쳐 블로흐바우어라는 성을 쓰며 한 가족처럼 가깝게 지냈다. 특히 자녀가 없었던 아델과 페르디난트는 구스타프와 테레사의 세 자녀를 친자식같이 여겼고, 두 가족

　　　　　　　　돌아온 세계문화유산

은 모두 페르디난트의 아파트에서 함께 살았다.

빈 사교계의 중심이었던 아델 살롱에는 오스트리아 명사들이 모였을 뿐 아니라 대저택의 1층과 2층은 클림트를 비롯하여 19세기 오스트리아의 저명한 예술가들의 그림과 조각품, 희귀한 빈 도자기 400여 점, 18세기 앤티크 가구와 양탄자 등 오스트리아의 값비싼 예술품과 골동품이 소장되어 있었다. 이 같은 블로흐바우어의 살롱문화는 중부 유럽에서 부와 지식으로 탄탄하게 상류층을 점하며 서구문화에 합류했던 유대인들이 이뤄낸 풍요로운 유대문화의 증표였고 서구문화, 특히 오스트리아의 융성한 문화에 일조했던 유대인들의 기여와 후원의 상징이었다.

아델의 살롱이 활기를 띠었던 때는 참혹한 제1차 세계대전으로 벨 에포크가 막을 내리던 시기였다. 또한 패전과 더불어 유럽 최고의 역사와 전통을 지닌 합스부르크왕가의 몰락과 오스트리아·헝가리 대제국의 해체가 위기적 분위기를 몰고 와서 수구 정치인들이 득세하며 보수적 인구층이 동요하던 때였다. 이러한 시기 빈에서 혁신적이고 실험적인 예술과 삶을 추구했던 유대 지식인들을 배척하는 반유대주의가 수면 아래에서 격렬하게 꿈틀대고 있었다. 드디어 시대적 분위기는 히틀러 같은 괴물을 호출해냈고, 벨 에포크의 우아함과 모더니즘은 하루아침에 편견과 테러, 집단적 살인과 강탈의 생지옥으로 이어졌다. 바로 이 시기야말로 표면의 눈부신 아름다움에 가려진 누적된 서구문명의 갈등과 모순이 폭발하기 직전의 아슬아슬한 순간이기도 했다.

"모든 예술은 에로틱하다" - 구스타프 클림트

오스트리아 아방가르드 예술의 챔피언 클림트

아델 블로흐바우어 살롱의 단골손님 중에는 오스트리아 아르누보의 선창자이며 20세기 장식예술의 거장 구스타프 클림트가 있었다. 빈의 외곽 마을 바움가르텐에서 영세한 금세공가 부친 아래에서 유년시절을 어렵게 보낸 클림트는 빈 국립미술학원에 입학하여 재능을 인정받고 20대부터 보수적인 전통화법으로 공공건물의 대형벽화를 제작하거나 자신의 공방에서 공예품을 만들어 크게 유행시켰다. 명성을 얻고 경제적으로도 성공을 거두었지만 20대 후반, 유럽의 모더니즘과 접하며 새로운 예술사조에 눈뜨게 된 클림트는 사실주의 경향의 전통화법을 버리고 자신만의 환상적이며 감각적인 아르누보의 화법을 개척해나갔다.

전통예술과 결별한 클림트는 1897년 오스트리아판 아방가르드라 할 수 있는 빈 분리주의파Vienna Secession를 형성하고 그 리더가 되었다. 일찍부터 순수예술의 장식적인 가능성에 주목한 클림트는 미술작업에 본격적으로 금가루, 은가루같이 화려하고 장식적인 재료를 사용하여 산업화에 따라 분리되었던 미술과 공예를 결합한 이른바 '총체예술total work of art'을 추구하며 예술과 실용의 세계를 결합하고자 했다.

전통적인 사실주의를 그만의 감각주의와 상징적인 추상성으로 대체하면서 여성의 에로틱한 누드화를 집중 제작했던 그의 예술은 지나

1. 트레이드마크인 헐렁한 푸른 가운을 입은 48세의 클림트.
2. 1913년 에곤 실레가 그린 푸른 가운을 입은 47세의 클림트.

치게 장식적이며 외설적이라는 측면에서 동시대 주류 화가들의 반발을 불러일으켰다. 하지만 그의 실험적인 전위예술은 오스트리아 현대 예술을 이끌어나가는 동력이었고, 감각적이고 에로틱한 예술은 그 시대 꽃피기 시작한 오스트리아판 표현주의를 시도하던 젊은 예술가들을 인도하는 깃발이었다.

그리스, 비잔틴, 이집트, 아시아 등 광범위한 고대적 모티프를 차용하여 에로틱한 주제를 추상적이고 베일에 가린 듯한 몽환적인 필치로 그려낸 그의 감각적이고 아름다운 작품들은 오스트리아 미술계를 매혹했고 벨 에포크에 세속적으로도 대단히 어필했다. 이 시기는 또한 프로이트가 리비도와 같은 개념으로 성적 충동이나 성적 억압과 같이 전통적인 성의 관념에 도전적인 새로운 이론을 들고 나와 빈에서 활동하던 때였다. 성적 주제를 공공연한 예술의 주제로 삼은 클림트 역시 "모든 예술은 에로틱하다"라는 신조를 밀고 나갔고, 에로티즘은 그의 모든 작품을 관통하는 중심 테마가 되었다. 그의 거침없는 누드화는 당시 정치, 사회적 현실을 억압했던 합스부르크제국 말기의 보수적 시대상황에 대한 비판과 자유스러운 예술의 도시 빈에 군림했던 위선적인 부르주아에 대한 반발의 표출이기도 했다.

　노골적인 성적 암시와 시대에 대한 반항적인 함의에도, 클림트의 그림은 고전적인 아름다움이 흘러넘쳤기 때문에 일찍부터 오스트리아 공공미술관에서도 탐을 내는 작품이었고, 오스트리아가 내놓을 수 있는 최고 예술의 하나였다. 클림트 그림은 종전 후 1960년대에 들어와 평화와 미를 추구하던 히피세대와 1970년대의 환각적인 사이키델릭 시대에도 어필하는 강인한 흡인력을 보여서 이제는 오스트리아의 중요한 문화유산이자 20세기 초를 대표하는 세계적 예술품으로 위상을 굳혔다.

　클림트는 아델의 살롱에 출입할 당시에는 이미 높은 명성을 얻고 경제적으로도 성공한 화단의 중심인물이었다. 클림트의 초상화를 갖는다는 것은 특권층, 특히 새 시대 귀족층의 증표로 간주되었기 때문에 그의 화실에는 초상화를 주문하는 여성들, 대개는 부유한 유대인들이 줄을 섰다. 그렇지만 클림트는 작품에 각별히 선별적이었고 모델들은 스케치를 꼼꼼히 하려는 클림트 앞에서 장시간, 때로는 누드로 포즈를 취해야 했다. 클림트가 초상화를 두 개 이상 그린 모델은 아델이 유일했다. 자신의 모델들과 종종 연인 관계였다는 소문이 무성했던 만큼 클림트와 아델이 연인 사이라는 추측이 나돌기도 했지만 확인되지는 않는다. 실제로 보헤미안적인 자유분방한 생활을 즐겼던 클림트는 사생아를 14명이나 두었다고 한다.

예술에 나타난 비상한 성적 관심과 탐닉에도 불구하고 클림트는 독신으로 살면서 동생 에른스트 클림트의 부인 헬렌 플뢰게의 언니 에밀리 플뢰게Emilie Louise Flöge와 평생 사실혼 관계로 있었다. 에밀리는 클림트 모델들의 의상을 디자인한 것으로 알려진 아방가르드 의상 디자이너였을 뿐 아니라 클림트 작품 〈키스〉의 모델이었다. 클림트는 플뢰게 가족과 해마다 여름이면 오스트리아 북부 아테르 호숫가를 여행하고 이 지역의 풍경화를 다수 남겼다.

〈아델 블로흐바우어 I〉 – 오스트리아의 모나리자

20세기 초 유럽의 자화상

1903년 페르디난트 블로흐바우어는 아델 부모의 결혼기념일에 선물하려고 22세로 꽃같이 피어나는 아델의 초상화 두 점을 클림트에게 의뢰했다. 클림트는 이미 1900년부터 아델을 스케치하기 시작해서 100개 이상 스케치를 끝낸 1903년부터 아델의 모습을 화폭에 옮겨 1907년 아델의 초상화 〈아델 블로흐바우어 I〉을 완성했다. 그림을 제작하는 기간에 클림트는 비잔틴 모자이크로 유명한 이탈리아 북부 도시 라벤나를 여행하면서 6세기에 지은 산 비탈레San Vitale성당에서 테오도라 황후Empress Theodora, 비잔틴 황제 유스티니아 I세(재위 527~565)의 부인의 비잔틴 모자이크 초상화를 보았다. 갖가지 보석으로 화려하게 장식된 테오도라 황후의 초상화에서 깊은 영감을 얻은 클림트는 곧 찬란한 금, 은, 보석을 사용하여 아델을 테오도라와 아주 닮은 모습으로 재현했다. 이 화려한 아델의 초상화 제작 가격은 당시 빈 교외의 훌륭한 별장 한 채 값의 4분의 1 정도인 4천 크라운이었다고 한다.*

비잔틴풍의 아델 초상화는 중세적이면서도 현대적이며, 다빈치의 모나리자와 같이 신비스럽다는 점에서 로맨틱하다. 옥좌와 같이 높고 화려한 의자에 앉은 22세의 아델은 호리호리하고 키가 크며, 갸름한 얼굴에 우아하게 긴 목에는 보석이 촘촘히 박힌 빈식의 모던한 목걸이를 하고 있다. 이마 위에는 높이 쌓인 숱이 많은 검은 머리가 한창때의 젊음을 보여주고 있다. 금팔찌와 은팔찌로 장식한 기다란 두 팔과 가슴에서 깍지 낀 두 손은 아델의 과도한 자의식을 보여준다. 붉은 뺨과 약간 벌린 육감적인 붉은 입술에도 불구하고 창백한 얼굴, 짙은 눈썹 아래 두꺼운 눈꺼풀과 그윽한 검은 눈은 쓸쓸하게 관람자를 응시하고 있다.

모든 부와 특권을 누리면서도 사회적 진출을 거부당한 그 시대 빈의 지적인 상류여성들의 새장에 갇힌 암담한 인생을 암시하거나 예술

---

* 아델 블로흐바우어의 초상화는 당시 가치로 약 1천 달러, 오늘날 가치로 약 3만 5천 달러에 상당한다.

돌아온 세계문화유산

과 지성의 도시 빈에서 감지되는 암울한 미래에 대한 유대인의 불안한 예감이 표현되었는지도 모른다. 화려한 초상에서 느껴지는 한 가닥 멜랑콜리는 초상화를 그리는 동안 아델이 겪었던 슬픔, 즉 부친의 죽음과 출산 직후 사망한 아들, 두 번의 유산에 따른 건강 악화, 일생 아이를 낳을 수 없게 된 데서 오는 실망감 등 개인적인 상실과 슬픔을 보여주는 듯하다.

황금 옷을 입은 여인 – 세속적·종교적 불멸의 아이콘

얼굴과 어깨, 목 아래의 가슴, 두 팔을 제외하고 금박의 배경에 금박의 드레스와 가운에 휘감긴 아델은 훗날 '황금 옷을 입은 여인Woman in Gold'으로 불리게 된다. 전신을 금빛 의상으로 감쌌는데도 아델의 얼굴과 가슴의 맨살은 빛을 발한다. 드레스 위에 걸친 일견 3차원적으로 보이는 휘날리는 가운에는 금줄과 큼직한 사각형과 달걀 모양의 금박 무늬 곳곳에 암호와 같이 아델의 이니셜을 뜻하는 AB가 드문드문 숨어 있고, 드레스 하단의 오른쪽 구석에는 클림트의 사인을 박은 큼직한 사각형 금박 무늬가 있다. 가운 속의 드레스는 금과 은을 박은 모자이크의 기하학적 문양으로 가득 찼다. 삼각형, 피라미드 안에 그려진 이집트풍 눈동자를 가로로 촘촘히 박아 넣은, 몸에 착 들러붙는 드레스와 양쪽으로 길게 갈라진 가운, 드레스 하단의 기다란 직사각형 무늬는 직설적인 성적 암시를 보여주며 모델과 화가의 내밀한 관계를 암시하지만, 소문에도 불구하고 두 사람이 연인이었다는 확증은 없다.

아델의 황금의자는 금박의 소용돌이 문양이 가득 찼고, 의자 뒤의 배경은 무수한 황금별로 꽉 찬 하늘이다. 그림의 크고 작은 황금 가루와 소용돌이 문양은 금의 바다 또는 천상에서 떠도는 듯 환상적인 분위기를 연출하고 꿈속에 흘러가는 화려했던 한 시대의 운명을 연상시킨다.

이것은 아델의 육체적 모습이 아니라 분위기를 그린 것이다. 아델의 사회적 부와 지위는 여왕의 모습이고 찬란함과 신비감에 휘감긴 아델은 거의 종교적 아이콘으로 그려진 여신의 모습이다. 클림트 그림의 미학적 완결판이 될 이 그림에서 아델은 미 자체였고, 찬란함과 황홀함을 추구했던 벨 에포크의 빈적 삶의 모습이었으며, 20세기 초 유럽의 욕망을 대리 표현했다. 이 그림이 '오스트리아의 모나리자'로 받아들여지며 오스트리아 문화유산이자 자존심으로서 오스트리아의 옵세션obsession이 될 수밖에 없었던 이유다.

클림트에 의해 불멸의 아이콘으로 태어난 아델의 초상화는 아델의 생전 빈과 독일, 스위스에서 잠시 전시되어 널리 알려지면서 아델을 세속의 아이콘으로 만들었다. 이것은 클림트의 예술적 야망과 아델이 현실에서 이루지 못한 세속적 야망을 실현해 두 사람 모두에게 축복이 되었다.

아델의 다른 모습−영웅적 유대 여성상 〈유디트〉와 현실의 아델 〈아델 블로흐바우어 II〉

1901년, 〈아델 블로흐바우어 I〉을 그리던 중 클림트는 아델을 모델로 하여 〈유디트〉Judith를 제작했다. 구약성서 외전外典 〈유디트서〉에 나오는 유대의 영웅적 여성으로서 이스라엘을 공격하는 바빌론의 장수 홀로페론Holofernes을 유혹하여 그의 머리를 자른 유디트를 묘사한 그림

1. 〈아델 블로흐바우어 II〉, 1912, 캔버스에 유채 190×120cm, 개인소장.
2. 홀로페론의 머리를 들고 있는 〈유디트〉, 1901, 캔버스에 금, 은박 및 유채 84×42cm. 프레임은 금세공 가였던 클림트의 동생 게오르크 클림트의 작품이다. 빈 벨베데르미술관 소장.

이다. 〈아델 블로흐바우어 I〉보다 더 짙은 황금을 사용하여 피가 뚝뚝 떨어지는 홀로페론의 잘린 머리를 들고 있는 세미 누드의 아델을 묘사한 이 그림은 팜므파탈로서 현대여성상의 창조라 할 것이다.

아델의 첫 번째 초상화를 그리고 5년 후 클림트는 두 번째 아델의 초상화 〈아델 블로흐바우어 II〉를 완성했다. 두 번째 초상화는 금박, 은박을 진하게 사용했던 클림트의 '황금색의 시대'가 끝났음을 보여준다. 두 번째 초상화는 중국풍 문양과 작은 꽃들이 자유롭게 펼쳐져 있는 진홍빛과 녹색의 휘장을 배경으로 보라색의 화려한 카펫을 밟고 서 있는 평범하지만 우아한 실물 크기의 좀 더 현실적인 아델을 묘사했다. 두 사람이 연인관계였다면, 확실히 〈아델 블로흐바우어 II〉에서는 아니었을 것이다. 아델은 초상화 두 편과 〈유디트〉로 영원한 유대인 여성상으로 남게 되었다.

블로흐바우어 소장 클림트 그림 6점, 나치에 약탈되다

클림트 그림의 처분에 대한 아델의 유언

〈아델 블로흐바우어 I〉은 제작 직후 잠깐 유럽의 몇몇 도시에서 전시된 후 계속 블로흐바우어의 아파트에 걸려 있다가 나치에 약탈되어 오스트리아 국립 벨베데르미술관의 소장품이 되었고, 오랜 법정투쟁 끝에 아델의 조카 마리아 알트만에게 반환되었다. 이 과정은 2015년 할리우드 영화 〈황금 옷을 입은 여인〉Woman in Gold에서 상세히 묘사되었다.

아델의 생전 블로흐바우어의 아파트에는 〈아델 블로흐바우어〉 초상화 I과 II 외에 다른 클림트의 그림 5점을 모아놓은 클림트의 전시실이 있었다. 1918년 2월, 54세의 클림트는 스페인 독감에 따른 뇌졸중과 폐렴으로 빈에서 사망했다. 1925년에는 44세의 아델이 갑작스러운 뇌막염으로 사망했다. 죽기 2년 전인 1923년 아델은 남편의 형인 변호사 구스타프 블로흐바우어의 자문을 받아 유언장을 직접 작성

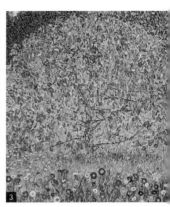

1. 〈너도밤나무숲〉 1902.
2. 〈아테르 호숫가의 성채 III〉 1910.
3. 〈사과나무 I〉 1912.

했는데, 다음과 같은 내용이었다.

"나는 남편 페르디난트에게 그가 죽은 후 내 초상화 2점과 클림트의
풍경화 3점을 오스트리아 국립미술관 벨베데르에 기증해주시기를 부
디 요청합니다."[2]

당시 아델의 저택에 소장된 클림트 그림 7점은 발주자인 남편 페르
디난트가 비용을 댔으므로 소유자는 페르디난트였다. 그 때문에 아델
의 유언장은 클림트의 그림들을 벨베데르에 기증한다는 것이 아니라 소
유자인 페르디난트에게 그의 사후 유증해달라고 단지 부탁한 것이었으
며, 페르디난트는 아델의 부탁을 흔쾌히 수락했다. 페르디난트는 이미

1. 〈아테르 호숫가의 집들〉 1916.
2. 〈아말리 주커칸들의 초상〉 1917~1918.

1936년 아델이 기증을 요청한 클림트 그림 중 〈아테르 호숫가의 성채 III〉[1910]을 오스트리아 국립미술관 벨베데르에 기증한 바 있었다.*

블로흐바우어 소유 클림트 그림,
여러 경로로 흩어졌다가 벨베데르에 소장되다

1938년 3월 12일 오스트리아를 합병한 나치는 즉시 반유대 정책을 집행했다. 합병 사흘 후 나치는 페르디난트 블로흐바우어의 화려한 아파트에 쳐들어가 블로흐바우어 집안의 모든 보석과 예술품을 약탈

---

* 페르디난트 블로흐바우어가 소유한 클림트 그림 7점: 〈아델 블로흐바우어 I〉 1907, 〈아델 블로흐바우어 II〉 1912, 〈아테르 호숫가의 성채 III〉 1910, 〈부켄발트〉 1903, 〈사과나무 I〉 1912, 〈아테르 호숫가의 집들〉 1916, 〈아말리 주커칸들의 초상〉 1917~1918.

했다. 〈아델 블로흐바우어 I〉에서 아델의 목에 두른 보석 목걸이는 나치 선전부장관 괴링의 부인이 차지했다. 아델의 남편 페르디난트는 초기에는 체코로, 나중에는 스위스로 도피했고 망명 중 세금 포탈죄로 아파트와 별장, 사탕공장을 몰수당했다. 그의 방대한 개인소장 그림들과 도자기, 앤티크들은 여러 오스트리아 미술관이나 나치 간부들의 손아귀에 들어갔고 진귀한 도자기 400여 점은 경매에서 흩어졌다. 몇몇 19세기 그림은 린츠에 열기로 예정된 히틀러박물관으로 실려 갔다.

페르디난트 소유의 클림트 그림 6점은 그가 스위스 망명처에서 고용한 오스트리아인 변호사 에릭 휘러의 처분에 맡겨졌다. 나치당원이었던 휘러는 페르디난트 소유의 〈아델 블로흐바우어 I〉을 벨베데르미술관에 기증하고 나머지 클림트 그림 5점은 멋대로 처분했다.* 벨베데르에 기증된 〈아델 블로흐바우어 I〉은 그림 이름이 〈황금 옷을 입은 여인〉으로 바뀌었는데, 그림에서 유대인 이름을 제거하기 위한 꼼수였다.[3]

페르디난트는 1945년 종전 직후 스위스에서 무일푼으로 사망했다. 그는 유언장에서 클림트 그림의 기증에 관해 특별한 언급은 하

---

* 1939년 휘러는 벨베데르에 두 점(〈아델 블로흐바우어 I〉과 〈사과나무 I〉)을 양도하는 대신 페르디난트가 1936년 벨베데르에 기증한 〈아테르 호숫가의 성채 III〉를 돌려받아 클림트의 사생아이자 나치당원이었던 영화감독 구스타프 우시키(Gustav Ucicki)에게 팔았다. 1942년 휘러는 〈부켄발트〉를 빈 시립미술관에 매각했다.
1943년에는 〈아델 블로흐바우어 II〉, 〈아말리 주커칸들의 초상〉을 벨베데르에 매각했고, 〈아테르 호숫가의 집들〉은 자기가 소유했다.
〈아말리 주커칸들의 초상〉은 오래전, 페르디난트가 주커칸들의 가족에게 기증한 것으로 확인되었다. 주커칸들의 딸이 1988년 벨베데르에 기증했다.

지 않았지만 재산이 회수된다면, 전 재산을 나치를 피해 미국과 캐나다로 탈주한 자신의 조카, 즉 형 구스타프와 아델의 언니 테레사 부부의 세 자녀인 마리아 알트만, 루이스 구트만, 로버트 벤틀리에게 유증하겠다는 유언장을 남겼다. 이때부터 세 조카는 페르디난트 재산을 회수하려고 투쟁을 시작했다.

오스트리아의 미흡한 나치 청산 노력

나치시대1938~1945의 예술품 거래 무효화 법 제정

오스트리아는 나치를 열렬히 환영했지만, 나치와 싸운 연합국들은 오스트리아를 나치 최초의 피해자로 규정하고 책임을 혹독하게 묻지 않았기 때문에 오스트리아의 나치 청산은 미온적이고 기만적이었다. 종전 직후인 1946년 5월 오스트리아 정부는 '나치시대1938~1945의 예술품 거래를 무효화하는 법Annulment Act'을 제정했다. 이 법은 나치시대에 약탈된 예술품을 유대인 원소유자들에게 돌려주는 것이지만, 그 대신 오스트리아를 떠나 외국으로 이민을 가는 유대인들이 재산을 반출하는 대가로 중요한 예술품을 오스트리아 정부에 기증해야 한다고 규정했다. 오스트리아의 문화유산을 지킨다는 명분이었다. 유대인들을 차별하고 박해했던 오스트리아의 문화를 보호하기 위해 유대인들의 소유 예술품을 기증해야 한다는 가혹하고 비인간적인 법이 제정된 것이다.

　나치의 첫 번째 희생자로 가장하여 모든 책임을 비껴가려는 오스트리아에 전후 유대인들의 예술품 환수투쟁은 당혹스러운 문제였다. 유대인 소장의 막대한 예술품이 나치독일 못지않게 오스트리아에서 적극적으로 탈취된 사실이 폭로될 수밖에 없었기 때문이다. 그러나 전후 오스트리아 국민은 여전히 나치시대에 대한 반성 없이 유대인들이 막대한 예술품을 탈취당한 것은 부유한 유대인 스스로 초래한 자업자득이라고 믿었고, 민심은 유대인들이 벌이는 약탈재산 회복 투쟁에 반발하고 저항했다. 한마디로 전후 오스트리아에서는 유대인들에게 초래한 막심한 피해에 대한 죄책감보다는 다시는 유대인들이 전과 같은 부를 축적하여 특권층이 되지 못하게 해야 한다는, 평등을 가장한 반유대인 감정이 되살아나고 있었다.

종전 후인 1948년 페르디난트 유족이 고용한 오스트리아 변호인 리네시Dr. Rinesch는 페르디난트가 소유했던 클림트 그림 6점을 1946년 나치 예술품 거래를 무효화하는 법에 따라 모두 회복했다. 그러나 리네시는 페르디난트 유족들과 상의도 하지 않고 돌려받은 클림트 그림 6점을 벨베데르미술관에 양도했다.*

리네시는 아델의 유언을 존중하고 또한 블로흐바우어의 다른 재산에 대한 수출허가를 받으려 그림을 기증했다고 양도증서에 썼다. 이

---

* 첫 번째 변호인 휘러가 벨베데르에 기증한 클림트 그림 4점(〈아델 블로흐바우어 I〉, 〈아델 블로흐바우어 II〉, 〈사과나무 I〉, 〈아말리 주커칸들의 초상〉)과 휘러가 빈 시립미술관에 기증한 〈부켄발트〉, 나치당원인 우시키에게 매각한 〈아테르 호숫가의 성채 III〉, 휘러가 약탈한 〈아테르 호숫가의 집들〉(원래 클림트 그림 7점 중 〈아테르 호숫가의 성채 III〉은 1936년 페르디난트 생존 시 벨베데르에 기증했다가 회수되어 우시키에게 매각됨).

로써 페르디난트 블로흐바우어가 소유했던 클림트 그림 7점은 모두 벨베데르 소유가 되었다.

생전에 아델은 자신의 화려한 초상화를 공공미술관에 남기고 싶어 했고, 당시 아델이 자신의 초상화와 클림트 그림을 벨베데르에 유증한다는 유언장을 작성했다는 소문이 유족들 사이에 알려져 있었기 때문에 유족들은 클림트 그림이 적법하게 벨베데르미술관으로 넘어간 것으로 믿었다. 따라서 그림 회수는 생각지도 못했고 그림은 영원히 벨베데르 소유로 남는 듯했다.

오스트리아 좌파 기자 후베르투스 체르닌의 나치 약탈 예술품 반환 투쟁 지원

그러다가 1997년 에곤 실레의 〈발리의 초상〉이 나치 약탈 예술품으로 뉴욕에서 몰수당하는 사건이 일어났다. 이를 계기로 오스트리아의 좌파 기자 후베르투스 체르닌Hubertus Czernin은 오스트리아 공공미술관에는 여전히 유대인 원소유자에게 반환하지 않은 나치 약탈물들이 다수 있으며, 대표적인 것이 〈아델 블로흐바우어의 초상 I〉이라고 밝히고, 이를 원소유자에게 반환해야 한다고 정부를 압박하기 시작했다. 오스트리아 귀족가문 출신으로 진보성향의 잡지Profil 편집인인 체르닌 백작은 오스트리아에서 청산되지 않은 나치의 흔적을 추적하여 폭로해왔는데, 그는 1986년 유엔 사무총장직을 마치고 오스트리아 대통령 후보가 된 쿠르트 발트하임Kurt Waldheim의 제2차 세계대전 중 나치전력을 폭로한 것으로 미국에도 잘 알려진 기자였다.

돌아온 세계문화유산

예술품 반환에 관한 법 제정

이미 1998년 나치 약탈 예술품에 관한 워싱턴회의 원칙, 즉 출처가 의심스러운 모든 소장품에 대한 정보 및 기록, 과거 내력provenance에 대한 조사 및 공개의무에 합의한 오스트리아 정부는 〈아델 블로흐바우어의 초상 I〉에 관한 체르닌의 폭로기사가 터지자 황급히 1998년 녹색당 주도하에 공공미술관에 소장된 불법 예술품의 반환을 위한 '예술품 반환에 관한 법Austrian art restitution law of 1998'을 제정했다. 이 법은 무엇보다도 1946년 '나치시대1938~1945의 예술품 거래를 무효화하는 법'에서 규정된 수출허가를 받기 위해 오스트리아 정부에 기증한 예술품이 반환대상이 된다고 명시했다.

모든 미술관 소장 예술품의 과거 내력 공개

1998년 〈발리의 초상〉이 미국 법정에서 몰수된 직후 오스트리아는 모든 미술관에 소장된 예술품의 내력을 조사할 수 있도록 정부문서 공개를 단행했다. 체르닌 기자는 문화부 문서를 뒤져서 아델의 유언장을 발견했다. 놀랍게도 유언장의 내용은 아델이 클림트의 그림을 오스트리아 국립미술관 벨베데르에 유증한 것이 아니라 남편 페르디난트에게 기증을 부탁한 것이었음이 밝혀졌다. 체르닌은 훗날 페르디난트가 그림을 기증하지 않았기 때문에 벨베데르에 소장된 클림트 그림 6점은 유증 또는 기증된 것이 아니라 강제로 몰수되었다고 주장했다.

아델의 상속인 마리아 알트만, 반환투쟁 개시

이 무렵 페르디난트의 유일한 생존 조카로 미국 로스앤젤레스에서 거주하던 마리아 알트만은 미국의 유대인 변호사 랜달 쇤베르크E. Randol Schoenberg를 고용하여 오스트리아 정부를 상대로 클림트 그림을 회수하기 위해 본격적인 투쟁에 나섰다. 변호사 쇤베르크는 나치를 피해 로스앤젤스로 망명했던 오스트리아의 저명한 현대음악가 아놀드 쇤베르크의 손자다.

1. 마리아 알트만과 쇤베르크 변호사.
2. 후베르투스 체르닌, 아델의 유언장을 발견한 오스트리아 기자.

아델의 유언장, 법적 효력은?

체르닌과 쇤베르크는 아델이 그림을 유증한 것이 아니라 남편이 죽은 후 유증을 부탁한 것이었으므로 그 유언장은 법적 효력이 없으며, 그림 소유자였던 페르디난트가 부인 아델의 요청을 지킬 법적 의무가 없었다고 주장했다. 무엇보다도 그림들 일부는 페르디난트가 죽

돌아온 세계문화유산

기 전 이미 나치에게 몰수되었으므로 페르디난트는 나머지 그림들을 벨베데르에 유증할 하등의 이유가 없었고 실제로도 유증하지 않았다. 페르디난트 소유의 클림트 그림이 벨베데르에 소장된 경위를 보면, 1939년 페르디난트가 스위스에서 고용한 변호사로서 나치당원이었던 에릭 휘러가 멋대로 처분한 그림 6점은 모두 1946년 '나치 예술품 무효화법Annulment Act'에 따라 일단 페르디난트에게 반환되었지만, 블로흐바우어 재산의 수출허가를 받기 위해 페르디난트의 변호사 리네시가 1948년 다시 벨베데르에 기증한 것이다. 따라서 알트만 측은 1998년 '예술품 반환에 관한 법'에서 명시한 대로 수출허가를 받기 위해 기증되었던 클림트 그림들은 반환되어야 한다고 주장했다.

그럼에도 벨베데르 측은 클림트 그림은 벨베데르의 중요한 소장품의 하나로 국보이자 오스트리아 문화유산인 점을 강조하면서 아델의 유언에 따라 클림트 그림은 벨베데르에 기증되었다는 주장을 고수했다. 이에 대해 알트만 측은 벨베데르가 그림을 적법하게 유증받고 소유권을 취득했다면 어째서 1946년 '나치 예술품 무효화법'에 따라 반환했는지를 묻고, 어쨌든 블로흐바우어 재산의 수출허가를 받기 위해 1948년 오스트리아 정부에 기증된 예술품은 1998년 반환법에 따라 우선 반환대상이라고 지적하며 오스트리아 정부에 그림의 반환을 청구했다. 1999년 알트만 사례를 심사한 오스트리아 정부 자문위원회는 클림트 그림이 강제로 접수된 것이 아니라는 결론을 내렸다.

오스트리아 정부의 부정적 결정을 접한 알트만 측은 오스트리아 법정에 재판을 청구하는 방안을 고려했다. 그렇지만 전후 반유대인 감정이 강했던 오스트리아에서 미로와 같이 복잡한 경로를 따라 국립미술관으로 흘러들어간 클림트 그림들을 회수한다는 것은 지난한 일이었다. 더구나 오스트리아 국내법은 소송목적의 가치에 상응하는 소송비용을 징수했는데, 클림트 그림 6점에 대한 소송비용은 최소 180만 달러로 추산되었다. 오스트리아 정부는 소송비용을 35만 달러로 감해주었으나 여전히 큰 부담이 되었던 알트만 측은 사건을 미국 법정으로 가져가기로 결정하고 2000년 8월 로스앤젤레스 연방지법에 오스트리아 정부를 상대로 소송을 제기했다.

마리아 알트만, 미국 법정에서 재판시작, 법적 쟁점

미국은 외국의 국립미술관에 대한 재판관할권이 있는가?

오스트리아 정부의 태도는 한결같았다. 아델의 유언에 따라 페르디난트로부터 그림을 취한 것은 오스트리아에서 법적으로 유효하며, 벨베데르미술관은 50년간 그림을 적법하게 소장해왔다고 주장했다. 그러나 소송 절차가 개시되자 오스트리아 정부는 그림의 소유권에 대한 다툼보다는 미국의 재판관할권에 이의를 제기했다. 즉, 개인이 외국 정부기관을 상대로 소송을 할 수 없다는 미국의 '외국 정부에 대한 면소특권법FSIA, 1976. Foreign Sovereign Immunities Act'을 들어 알트만이 미국 법정에 제기한 소송의 기각을 신청했다.

이에 대해 알트만 측은 FSIA의 예외조항에 따라 오스트리아 정부

는 면소권이 없다고 주장했는데, FSIA의 외국 정부에 대한 면소권 부여의 예외조항은 다음과 같다.[4]

- 외국의 정부 또는 정부기관의 행위로서
- 국제법을 위반하여 재산을 탈취한 사건
- 미국 내에서 상업활동과 연계되어 있는 경우

2001년 미국 로스앤젤레스 지방법정은 벨베데르미술관이 오스트리아 국립미술관이며, 이 미술관이 클림트 작품을 소장하게 된 것은 나치시대 유대인 약탈이라는 범죄의 결과일 뿐 아니라 1946년 오스트리아 정부가 유대인들의 재산 반출을 허가하는 반대급부로서 중요 예술품의 기증을 규정한 법Annulment Act은 개인 재산의 탈취를 용인하는 법으로 국제법 위반이라고 보았다. 또한 벨베데르미술관은 미국 내에서 도록의 판매, 클림트 전시회의 광고 등 상업적인 활동을 벌였다는 점을 지적하며 오스트리아 정부에 대한 면소특권은 부여되지 않는다고 판결했다.[5]

외국 정부에 대한 면소권

외국 정부에 대한 면소권은 주권평등이라는 차원에서 확립된 국제관행으로 유엔헌장 제2조 제1항에도 규정된 국제관습법상의 원칙이다. 1950년대 이전에는 외국 정부는 어느 나라에서건 절대적인 면소권을 누렸는데, 미국은 세계 최초로 1976년 외국 정부에 대한 면소특권을 성문법FSIA으로 제정했다. 벨베데르 측은 1948년 미국에서 오스트리아 정부의 불법행위에 대한 논의가 많았음에도 절대적인 면소권을 누렸음을 지적하고 1976년 제정된 FSIA가 1940~1950년대에 일어난 예술품의 기증사건에 소급적용되어 오스트리아 정부의 면소특권을 빼앗을 수 없다고 주장했다. 더하여 이 사건은 오스트리아 법을 적용하여 오스트리아 법정에서 판결해야 하며 미국의 재판관할권은 적당하지 않다고 주장했다.

이에 대해 2001년 로스앤젤레스 연방지법은 FSIA는 1976년 이전의 사건에 대한 소급적용이 가능하며, 오스트리아 법원은 과도한 소송비용을 부과할 뿐 아니라 오스트리아 법은 30년의 공소시효가 있으므로 오스트리아 법정에서 진행되는 재판은 원고 측에 부당한 결과를 초래한다고 하면서 이 사건은 아델의 유언장이 발견된 1999년부터 소송시효를 적용하여 미국 법정에서 심의해야 한다고 판결했다.[6]

2003년 이러한 로스앤젤레스 연방지법의 판결은 항소법원인 연방고등법원 제9순회법정U.S. Court of Appeals for the Ninth Circuit에서 그대로 승인되었다.[7] 오스트리아 정부는 즉시 미국 대법원에 항소했으며, 미국 국무부는 오스트리아 정부에 대한 면소특권을 인정할 것을 사법부에 강력히 요청했다. 그렇지만 2004년, 대법원은 6 대 3으로 하급심의 판결을 인정하고 사건을 최초의 법정인 로스앤젤레스 연방지법으로 환송했다.

미국 대법원의 심의는 오로지 FSIA가 소급하여 적용되는가의 문제에 국한되었는데, 대법원은 FSIA의 전문이, "이제부터는 외국 정부에 대한 면소권은 이 법에 규정된 원칙에 따라 미국 법정에서 결정한다"
라고 된 것은 입법자들이 소급규정을 의도한 것이라고 판결했다.[8]

사실상, 미국은 외국정부가 관련된 소송에서 언제나 국무부의 의견을 존중했다. 우방일 경우 국무부는 언제나 면소권을 법원에 요청했고 법원은 국무부의 요청을 들어주었다. 그러던 것이 1952년부터 외국정부의 공적인 행위가 아닌 사적이며 경제활동과 관련된 민사적 소송에는 면소권을 거부하고 오직 외국정부의 공적인 사건에만 면소권을 허용하는 "제한적 면소권"을 적용하기 시작했다. 그렇지만 외국정부의 압력으로 국무부는 면소권 부여가 제한되는 민사 소송의 경우에도 법원에 면소권을 요청했는데, 국무부의 요청이 없으면 법원에서 독자적으로 면소권을 심사했다.

이같이 외국정부에 대한 제한적 면소권 결정이 행정부(국무부)와 법원이 나누어 행사해왔다. 이러한 일관되지 못한 관행을 바로잡고 재판사건에서 행정부의 정치 외교적 개입을 배제하는 의미에서 1976년 제정된 FSIA법은 외국정부에 대한 제한적 면소권의 결정권을 법원에 부여하고 면소권에 대한 예외조항도 정비했던 것이다.

미국 대법원의 판결 – 오스트리아 정부 상대의 소송 허용

2004년 6월 미국 대법원은 외국 정부의 면소특권이란 과거의 사건에 대한 면책특권이 아니라 그 사건으로 야기되는 소송에 대한 면책특권이므로 연방법원은 사건을 심사하여 외국 정부의 면소특권 여부를 결정해야 하며, 1976년 이전의 사건에 대해서도 소급 적용된다고 판정했다. 그러나 알트만 소송에서 미국 대법원의 판결은 단지 FSIA가 소급 적용될 수 있는가에 국한되었고, 실질적으로 벨베데르가 클림트 그림을 알트만에게 반환해야 하느냐에 대한 본안 결정을 한 것은 아니었지만, 오스트리아 정부에 대해 면소권을 불허한 2004년의 이 같은 판결은 이 소송에서 결정적 효과를 가져왔다. FSIA가 소급 적용된다면 알트만은 미국 법정에서 벨베데르를 상대로 나치의 범죄에 대한 소송을 할 수 있으며, 이 경우 알트만의 승소 가능성은 거의 확실하기 때문이었다.

2004년 대법원의 재판이 종결된 직후 2005년 뉴욕법원은 스위스 은행펀드로부터 2,180만 달러라는 거액을 알트만에게 지불하라는 판결을 내렸다. 이 판결은 1939년 페르디난트 블로흐바우어의 재산관리인으로 지정된 스위스 은행이 페르디난트의 사탕공장을 나치에 비밀리에 넘긴 데 대한 배상판결이었다. 이로써 홀로코스트 피해자들을 적극적으로 지원하는 미국 법원의 재판 방향이 뚜렷하게 나타났다. 오스트리아 정부는 미국 법정에서 더는 승소 가능성을 기대할 수 없게 되었다.

사건이 로스앤젤레스 연방지법으로 환송되자 오스트리아 정부는 다시금 미국 재판관할권을 배척하는 소송을 냈지만 기각되었다. 당시 알트만은 89세의 고령이었고 오스트리아 정부는 시간을 끌기 위해 새로이 증인을 보강하는 한편 전략을 바꿨다.

오스트리아 정부는 오스트리아의 모나리자이며 빈 황금기의 아이콘인 〈아델 블로흐바우어 I〉을 오스트리아 정부에 매각하거나 장기

임대하여 아델의 유언이 실현될 수 있도록 해달라고 알트만 측을 집요하게 회유했다. 오스트리아 정부는 매각대금으로 3천만 유로를 제시했다. 이것은 결국 알트만 측이 〈아델 블로흐바우어 I〉을 회수하려는 진정한 이유는 돈 때문이라고 공공연히 암시하는 것인데, 이러한 오스트리아 정부의 태도야말로 히틀러가 '돈밖에 모르는 유대인'이라고 유대인들을 배척했던 반유대 감정의 은근한 표현이었다.

오스트리아 중재심판에서 반환판결

알트만의 도박, 사건을 오스트리아 중재심판에 맡기다

재판이 장기적으로 진행될 경우 원고인 알트만의 사망을 우려한 알트만 측과 미국 법정에서 막대한 소송비용에도 불구하고 최종적으로 패소를 예상한 오스트리아 정부는 2005년 5월 결국 오스트리아에서 여는 중재심판위원회에 이 건을 맡기기로 합의했다. 중재위원 3명은 각각 오스트리아 정부와 알트만 측이 1명씩 지명하고 오스트리아 정부가 지명하는 중립적 학계인사 1명으로 구성되었다. 중재심판은 최종심이며, 이후 소송은 허용되지 않는 방식이었다. 알트만으로서는 하나의 도박이었다.

2005년 10월 중재위원회는 클림트의 그림 5점을 대상으로 심의에 들어갔다.*

중재위원회는 아델의 유언이 법적 구속력이 있느냐는 문제를 심의했다. 위원회는 우선 그림의 소유자는 페르디난트이며, 아델의 유언은 단순한 요청으로서 페르디난트가 이 요청을 지키겠다고 약속한 것은 아델의 요청을 존중한다는 표현일 뿐이라고 보았다. 이어서 위원회는 이들 그림은 페르디난트 사망 전에 나치에 불법적으로 몰수되었기 때문에 페르디난트가 사망했을 때 벨베데르는 자동으로 소유권을 취득한 것은 아니며, 따라서 벨베데르는 이들 그림 5점에 대한 소유권이 없다고 결론을 내렸다.

오스트리아 중재위원회의 반환결정, 오스트리아에 새로운 세대 등장

3개월이 지난 2006년 1월 중재위원회는 벨베데르가 점유한 클림트 그림 5점은 1946년 나치 예술품 무효화법에 따라 수출허가를 받기 위해 양도된 것이므로 1998년 예술품 반환법에 따라 반환해야 한다고 최종으로 판정했다. 1939년 나치에 약탈된 후 67년 만에 반환이 결정된 것이다. 결과가 발표되자 오히려 오스트리아 국민들은 중재위원회의 심의 결과를 환영했다. 오스트리아 문화유산의 상징이었던 클림트의 그림을 잃게 되었지만, 국민들은 나치 범죄를 스스로 단죄한

---

* 〈아델 블로흐바우어 I〉, 〈아델 블로흐바우어 II〉, 〈사과나무 I〉, 〈아테르 호숫가의 집들〉, 〈부켄발트〉. 페르디난트 소장 총 7점의 클림트 그림 중 페르디난트가 1936년 벨베데르에 기증한 〈아테르 호숫가의 성채 III〉과 주커칸들의 가족에게 기증한 〈아말리 주커칸들의 초상〉을 제외한 것이다.

돌아온 세계문화유산

오스트리아 중재위원회의 심판에 자부심을 표했다. 이러한 반응이 나왔다는 것은 오스트리아에서 새로운 전후 세대가 출현했다는 사실을 말해주는 것이다. 사실상 오스트리아 정부에 맞서 싸운 알트만의 투쟁은 나치 청산을 위해 헌신한 체르닌 같은 신세대 기자의 도움이 없었으면 불가능한 일이었다.

오스트리아 문화유산을 반환하라는 중재 결과는 유대인보다 오스트리아 국민들에게 의미하는 바가 크다. 알트만 재판을 통해 오스트리아 기성 지도층은 역사 인식에 대한 심각한 문제점을 드러냈다. 처음부터 오스트리아 정부는 이 사례를 아델 유언장의 해석문제로 보았고 분쟁의 전말에 대한 반추 없이 아델의 유언을 이행하지 않은 유대인의 탐욕에 모든 책임을 전가하며 아델의 유언을 이행하라는 요구로 일관했다.

편리하게도 오스트리아는 자신들이 유대인을 약탈, 추방, 살해하여 나치 범죄의 일부를 담당했다는 사실은 잊어버리고, 나치의 피해국이자 희생자로서 항상 외국 세력에 당하기만 하는 속수무책인 약자로 행세했다. 그래서 중재위원회의 결정이 나자 일부 여론에서는 "우리는 결국 그림을 잃고 말았다. 우리는 또다시 희생자다. 우리는 가난하고 작은 나라에 불과하다. 이번에는 부자이고 강대국인 미국에 당했다"라는 피해의식을 되살리고 모든 문제를 탐욕스러운 유대인에게 전가하는 나치의 반유대 정서의 불씨를 살려보려고 애썼다. 1980년대 나치 전력이 있는 발트하임이 대통령으로 선출되었고, 나치 간부의 아들인 헤이더Joer Haider의 극우 정당이 부끄러움 없이 기세를 떨쳤던 것도 이러한 맥락에서 가능했다.

알트만 소송의 교훈

무엇보다도 오스트리아 정부는 블로흐바우어 집안에 소장된 클림트의 그림을 오스트리아 재산이라는 물건으로 보았을 뿐 그림이 존재하게 된 유대인 가정의 유서 깊은 전통과 문화에는 무심했고, 그들이 일구어낸 역사와 문화를 박탈당해 상처 입은 사람들은 외면했다. 그들은 어떻게 유대인들이 찬란한 오스트리아 문화에 기여했는지에는 침묵으로 일관하며 오스트리아의 문화유산과 자존심만 내세웠기 때문에 사건의 결말은 그들에게 더욱 큰 허탈감을 안겨주었다.

알트만의 소송은 사상 처음으로 외국 정부가 미국의 대법원에서 홀로코스트 반환에 관한 재판을 받게 된 사례로, 미국 법정은 외국 정부나 미술관을 상대로 홀로코스트 반환소송을 판결할 수 있는 세계적으로 유일한 장소임을 확인해주었다. 외국 정부의 면책특권이 거부되고 면소법이 소급적용되면서 이제 미국 국민이 미국에 앉아서 외국 정부의 불법소장품에 대해 소송을 걸어 반환받을 가능성은 불법 미술품을 소장한 외국 정부나 미술관에 심대한 공포심을 심어주기에 충분했다. 이 사건이 종결되면서 나치의 피해국임을 내세워 과거 유대인 재산이나 미술품의 반환에 부정적이었던 폴란드, 체코 등 외국 정부들이 잇달아 청구소송인들과 재판을 거치지 않고 타결에 나섰다. 워싱턴회의를 기제로 나치 약탈 예술품 환수 캠페인이 시작된 1990년대 후반 이후 재판 없이 합의로 환수된 사례는 수천 건을 넘어섰다.[9]

1. 로널드 루더. 세계유대인총회에서 연설하는 루더.
2. 노이에갤러리에 전시된 〈아델 블로흐바우어 I〉.

〈아델 블로흐바우어 I〉 미국의 아이콘으로 다시 태어나다

적어도 〈아델 블로흐바우어 I〉만은 오스트리아에 남겨달라는 오스트리아 정부의 간절한 요청을 뒤로하고 클림트 그림 5점은 대단한 팡파르 속에 2006년 4월 로스앤젤레스에 도착했다. 나치 약탈 예술품 반환 역사상 최대의 성과였다. 그림들은 알트만의 희망에 따라 석 달간 로스앤젤레스 시립미술관에서 전시되었으며 이어서 석 달간 뉴욕의 노이에갤러리에서 전시되었다.

그림 중 〈아델 블로흐바우어 I〉은 2006년 6월 노이에갤러리 주인이며 에스티 로더 화장품 재벌인 로널드 루더에게 1억 3,500만 달러에 매각되었다. 이 금액은 그림 한 점 가격으로는 역사상 최고였다. 오스트리아 유대가문 출신인 루더는 주오스트리아 미국대사를 지냈고, 유대인 예술품 회수 문제에도 열의가 강한 사회적 사업가다. 그가 2001년 뉴욕에 세운 노이에갤러리는 주로 20세기 독일과 오스트리아 미술품을 전시하는데, 특히 에곤 실레의 걸작을 다수 소장한 것으로도 유명하지만 이제는 〈아델 블로흐바우어 I〉이 노이에미술관의 핵심 보물이 되었다. 루더는 소년 시절 이 그림을 빈에서 본 이래 이를 흠모해왔다고 한다.

이 그림은 에스티 로더 화장품의 이미지와도 잘 맞아떨어질 뿐 아니라 이제는 세계 문화예술의 중심도시인 뉴욕의 자유의 여신상 곁에서 뉴욕의 새로운 모나리자로 위상을 가지게 되었다. 또한 할리우드에서는 미국 정부의 전폭적인 후원 아래 이루어진 이 그림의 반환 전말을 다룬 영화 〈황금 옷을 입은 여인〉을 제작했다. 할리우드 영화를 통해 미국 대중문화와 합류하면서 아델 블로흐바우어의 초상화는 21세기 미국의 아이콘으로 다시 태어났다.

클림트의 다른 그림 4점은 경매에서 모두 1억 9,200만 달러에 팔렸으며 그중 〈아델 블로흐바우어 II〉는 2006년 11월 크리스티 경매에서 8,800만 달러에 매각되었다. 〈아델 블로흐바우어 I〉의 가격을 합한다면 알트만이 회수한 클림트 그림 5점의 가격은 모두 3억 2,500만 달러에 달한다. 이들 금액은 알트만과 그의 가족에게 분배되었다. 알트만은 그림이 회수된 5년 후 2011년 로스앤젤레스에서 사망했다. 그는 죽기 전 '마리아 알트만 가족재단'을 세웠는데, 이 재단은 로스앤젤레스 홀로코스트박물관을 비롯하여 공공·자선단체 지원사업을 하고 있다.

알트만 소송을 승리로 이끈 변호사 랜달 쉰베르크는 전체 보상금의 40퍼센트에 달하는 1억 2천만 달러를 변호사 비용으로 받았다. 그는 미국 제일의 문화재 전문 소송 변호사로 이름을 날리며 현재 남가주 대학교 굴드법대USC Gould School of Law에서 문화재법을 가르치고 있다.

CHAPTER 04

고스트 댄스 셔츠 Ghost Dance Shirts
- 원주민 성물의 반환

켈빈그로브박물관에 진열되었던 고스트 댄스 셔츠.

"운디드니에 나를 묻어주오
나의 심장은 희미해지고 내 몸은 늙어가니
땅은 너무 부드러워 내 발이 밟지 못한다오
밤은 춥고, 너무 추워요

젊은 용사들이 용감하게 죽어간
운디드니에 나를 묻어주오
백인들이 우리 땅과 금, 순금을
훔치려고 오고 있소

나를 운디드니에 묻어주오
우리는 명령에 따르지 않을 것이니
여자들이 식량부족으로 죽어가고
우리 아이들은 팔려가오, 모두 팔렸소
눈 속에 새겨진 우리 발자국이 바람에 흩어지면
우리가 예전에 웃고 있던 그곳에는 침묵만이 남을 것이오

_레베카 와일스Rebecca Wiles, 〈운디드니에 나를 묻어주오〉
Bury me at Wounded Knee

인디언의 생존과 평화를 약속하는 영혼의 춤 퍼지다

절망의 시대를 사는 인디언들의 비폭력 저항의 종교의식

1890년 12월 29일, 굵은 눈발이 휘몰아치는 아침 무렵, 라코타 수 Lakota Souix 인디언 보호구역 운디드니의 샛강 어귀. '운디드니Woun-ded Knee. 부상당한 다리'라는 이름이 말해주듯이 인디언 용사의 다리를 부러뜨린 격전지였던 이곳은 오래전부터 백인들과 인디언들의 충돌이 잦았다. 미국 중북부 사우스다코타주 남부의 파인리지 인디언 보호구역 Pine Ridge Reservation 안에 위치한 이곳은 라코타 수 인디언들의 거주지였다.

운디드니의 황량한 들판에서 사람들 한 무리가 눈발 속에서 원을 그리며 느리게 춤을 추고 있었다. 단조로운 북소리에 맞추어 양쪽 발을 번갈아 천천히 들어 올리면서 양손은 새가 날갯짓하듯 휘적거리며 무아지경에 빠진 듯 침묵 속에서 빙글빙글 도는 모습은 보는 사람들에게 현기증과 함께 공포감을 불러일으키기에 충분했다. "유령의 춤고스트 댄스, Ghost Dance!" 멀리서 진을 치고 숨죽이며 춤꾼들을 지켜보던 백인 병사들이 외쳤다.

오래전부터 이 지역의 라코타 수 인디언들은 그들의 땅을 점령하고

1870~1890년까지 사우스다코타주 남부 파인리지 인디언 보호구역 지도.

인디언들을 동화시키려는 미국 정부와 갈등을 빚었다. 인디언들의 땅은 늘어나는 백인 이주민들에게 잠식되었고, 인디언들에게 식량의 원천이었던 물소 떼는 절멸되어갔다. 생존의 위협에 처하게 된 인디언들은 생존구역을 확보하기 위해 미국 정부와 인디언 보호구역에 대한 이주민 침식을 방지하는 조약을 체결했지만Fort Laramie Treaty of 1868 지켜지지 않았고, 오히려 보호구역은 점점 더 침식되어갔다. 여기에 계속된 흉작과 정부의 식량배급 축소조치, 이주민들이 옮긴 성홍열로 생존의 위기감이 팽배했던 라코타 수 인디언 사회에는 불온한 정세가 1년 가까이 계속되었다.

바로 이 무렵 미국 남서부 네바다 지역 사막지대 패유트Paiute인디언으로서 일찍이 백인의 인도로 기독교에 귀의한 인디언 주술사 워보카^{Wovoka}는 메시아 또는 예언자를 자처하며 예수가 인디언의 모습으로 재림하여 인디언들을 구원한다는 메시아 신앙을 퍼뜨렸다. 워보카는 이러한 예언이 종교의식으로서 고스트 댄스로 실현된다고 가르쳤다. 죽은 자들의 영혼을 부르는 이 춤을 통해 죽은 조상들과 친지들의 영혼이 내려와 살아 있는 인디언들과 재결합할 것이며, 또한 인디언들이 생존을 의탁

워보카, 고스트 댄스 전파자.

했던 물소와 동식물들이 되돌아와서 인디언들의 풍요한 생활을 되살릴 거라는 그의 예언과 이를 실현해줄 고스트 댄스는 희망의 메시지가 되어 수많은 인디언 동포와 버팔로 식량을 잃고 절망에 신음하는 인디언들을 사로잡았다.

조상의 영혼을 불러내는 춤이라는 뜻에서 이것은 '영혼의 춤^{Spirit Dance}'으로 불렸으나 점차 이 춤을 두려워한 백인들은 이를 '유령의 춤^{Ghost Dance}'으로 불렀다. 영혼의 춤과 함께 워보카는 백인에 무력으로 저항하기보다 정의로운 인디언의 삶을 살게 되면 질병과 굶주림, 지상의 모든 고통과 악은 백인과 더불어 사라지고 백인의 지배는 종식될 것이라는 평화의 메시지를 전파했다.

태양 주위를 도는 별들의 운항을 상징하며 지도자를 중심으로 인디언 부족원들이 빙빙 돌며 추는 강강술래 형태의 이 춤은 석기시대부터 계승되어온 인디언들의 전통적 춤이지만, 여기에 워보카는 기독교

천년왕국의 신앙을 소개하며, 정의롭고 비폭력적인 삶을 덧붙였다. 그는 이 춤을 통해 모든 인디언, 죽은 자와 산 자가 화합하고 인디언들과 그들의 동식물들이 풍요 속에서 결합하는 평화와 풍요, 사랑과 믿음으로 가득 찬 새로운 세상이 도래할 것이라는 예언을 내보냈다. 이후 고스트 댄스는 백인에 대한 비폭력 저항운동의 군건한 종교적 의식이 되어 들불같이 미국 인디언 사회를 휩쓸었다.

고스트 댄스 셔츠의 영적 힘

고스트 댄스의 마력을 증폭한 것은 이들이 춤출 때 입은 고스트 댄스 의상, 즉 고스트 댄스 셔츠Ghost Dance Shirts였다. 앞가슴에 기다란 새의 깃털과 수술이 장식되고 해와 초승달, 별 무늬가 그려진 목면의 고스트 댄스 셔츠는 조상의 영혼을 불러내는 영적인 힘으로 방탄효과가 있다고 믿어졌다. 이러한 고스트 댄스 셔츠의 영적 힘에 대한 믿음은 모르몬신앙에서 영감을 받았다는 설이 있다. 인디언에게 남다른 관심을 가지고 이들을 개종했던 모르몬교 신자들에게는 자신들의 속옷이 악령으로부터 육체를 보호해준다는 믿음이 있었다고 한다. 그렇지만 고스트 댄스 셔츠에 대한 인디언들의 믿음은 19세기 말 동학전쟁에서 동학군의 부적과 주문이나 청나라 의화단운동Boxer's Rebellion에서 의화단의 무술과 주문이 침략자의 총칼로부터 보호해준다고 믿어졌듯이, 전통사회가 강력한 외침을 받고 필사적 투쟁에 나설 때 두려움을 잊게 하는 자기 최면적 믿음으로 보아야 한다.

사실상 인디언들은 윗옷 없이 맨몸으로 전투에 나가기 때문에 고스

돌아온 세계문화유산

트 댄스 셔츠는 인디언의 전쟁관습과는 관련이 없다. 셔츠에 장식된 깃털과 문양이 인디언들의 신화와 관련이 있거나 메시아를 상징하는 붉은색으로 그려진 것으로 보아 이것은 육체를 보호해주는 전투용 의상이 아니라 두려워하는 영혼을 보호하고 강건케 해주는 종교적 의식의 복장이라 해야 한다.

집단적으로 어지럽게 빙빙 돌면서 유령을 상기시키는 듯 흐느적거리며 추는 무언의 고스트 댄스는 백인 이주민 사회를 동요시켰고 공포를 자아냈다. 샤머니즘적인 인디언 심령술과 영혼불멸의 기독교적 요소가 가미된 고스트 댄스 셔츠 신앙으로 단결된 인디언들이 무아지경에서 추는 고요하고 느리며 엄숙한 이 춤은 한번 시작되면 며칠 동안 쉬지 않고 계속되었다. 죽은 혼을 불러내고 백인들을 사라지게 한다는 종말론적인 이 춤은 이주민들에게는 소름끼치는 무언의 광기를 느끼게 했고, 인디언들의 잔인한 무력공격의 전주곡으로 여겨졌다. 이주민들은 인디언들의 메시아 광기를 진정하기 위해 군인을 파견하여 인디언 지도자를 체포하고 춤을 금지하며 무기를 몰수해달라고 정부에 진정했다.

당시 정부 측 인디언 관리자는 "고스트 댄스에 백인 이주민들이 과도하게 신경 쓰는 것 같다. 예수 재림교회 교인들이 예수의 재림을 맞이하기 위해 승천의상을 준비한다면 이를 저지하려고 미국의 군인들이 동원되겠는가? 이 춤은 인디언들의 오래된 고통의 징후일 뿐이다. 이제까지 이 지역에서 이주민들에 대한 무력공격이 없었던 점으로 보아 군대 파견이나 무기 몰수는 역효과를 가져올 뿐이다. 오히려 정부는 인디언에 대한 약속을 충실히 이행하는 것이 사태 해결에 중요하다"라고 보고했지만 미국 정부는 군대 파견을 결정했다.[1]

운디드니 학살사건 – 인디언의 역사와 문화의 종언

인디언들의 마지막 무력저항

미국 정부는 수 인디언 보호구역에 정착한 백인 이주민들의 요청을 받아들였다. 인디언 보호구역 전체에서 고스트 댄스 열기를 약화하기 위해 고스트 댄스 주동자인 유력 인디언 지도자와 주술사를 체포할 군대를 파견했다. 1890년 12월 15일, 고스트 댄스의 전파자이자 서부 인디언들에게 강력한 영향력을 행사했던 인디언 주술사Sitting Bull 가 스탠딩록 인디언 보호구역 안에서 체포되어 사살되는 과정에서 작은 폭동이 일어나 미군과 인디언 양측에서 사상자가 발생했다. 12월 23일 미군의 보복을 우려한 나머지 인디언 350여 명은 샤이엔강 인디언 보호구역Cheyenne River Indian Reservation의 수 인디언 지도자 빅 푸트Big Foot의 인솔 아래 백기를 들고 사우스다코타 남쪽의 파인리지 보호구역으로 피신하려고 천천히 행진했다. 12월 28일 이들은 길에서 조우한 제7기병대 파견대에 투항하여 군인들의 호송을 받으며 운디드니에 이르러 캠프를 쳤다. 인디언 350명이 있는 캠프 주변을 기병대 500여 명이 포위했다.

다음 날 아침 총, 칼, 도끼 같은 인디언들이 소지한 무기를 몰수하는

돌아온 세계문화유산

Native American Ghost Dance, 작자 미상.

기병대와 이에 저항하는 인디언들 사이에 팽팽한 긴장감이 감돈 가운데 인디언 주술사Yellow Bird가 고스트 댄스를 시작했다. 그는 젊은 인디언들에게 고스트 댄스 셔츠가 있는 한 총에 맞아 죽을 리 없다며 함께 춤을 추도록 선동했다. 둘러싼 군인들이 숨죽이며 지켜보는 앞에서 인디언들은 위협적인 무언의 고스트 댄스를 추며 소형 곡사포로 중무장한 미군 기병대를 압도했다.

　그러는 사이 군인들의 무기 양도 명령에 저항하던 한 귀머거리 인디언과 기병대원의 몸싸움으로 우발적인 발포가 일어났고, 발포에도 아랑곳하지 않고 눈발 속에서 느리게 춤을 추던 인디언 주술사가 흙한 줌을 집어 공중으로 날렸다. 휘몰아치는 눈발과 흙이 섞여 시야가 흐려지게 되자 극도로 예민해 있던 기병대에 사격명령이 떨어졌다. 미군들의 발포에도 계속해서 무언의 춤을 추는 인디언들에게 기병대는 무차별 사격을 시작했다.

춤 현장에서 인디언 남녀노소 100여 명이 사살되었고, 쏟아지는 총탄을 피해 부녀자들과 어린이들이 담요를 뒤집어쓰고 눈 내리는 벌판에서 협곡으로 도망쳤다. 기병대는 이들을 몇 킬로미터나 추격하며 사살했다. 150여 명일설에는 300명 이상이 사망했고 수십 명이 부상했는데, 이 중 부녀자와 어린이가 50여 명 희생되었다. 미군 사상자도 50여 명 나왔는데, 대부분 미군들의 오발에 따른 것이라고 했다. 이 운디드니전투는 공식적으로는 미국 정부에 대한 인디언들의 마지막 무력저항으로 간주되었다. 이후 인디언들은 더욱 북쪽으로 이동했고, 이로써 미국의 이른바 '인디언전쟁Indian Wars'은 끝났으며, 사실상 미국 내에서 인디언들의 전통사회와 문화도 종언을 고했다.[2]

인디언 제노사이드, 운디드니 학살사건

운디드니 학살사건 사흘 후 눈보라가 멈추자 기병대는 신문기자, 사진사, 전리품 수집가들과 함께 인부를 동원하여 학살 현장으로 되돌아와 협곡에 구덩이를 파고 얼어붙은 시체들을 매장했다. 운디드니 학살사건이 언론에 보도되자 미국 동부지역을 중심으로 군대의 민간인 학살에 대한 국민적 분노와 비난이 들끓으면서, 인디언을 보호하기 위해 식량을 충분히 배급하고 인디언 토지 접수에 대한 온전한 경제적 보상을 이행하라는 시민들의 요구가 빗발쳤다. 그러나 또한 백인의 안전을 도모하고 문명을 보호하기 위해 인디언들의 사이비종교는 박멸되어야 한다는 여론도 만만치 않았다.

희생자 유족들의 청원으로 1930~1990년 사이에 네 차례에 걸쳐

돌아온 세계문화유산

미국 의회에서 청
문회가 열려 사건
의 성격을 전투가
아닌 '민간인 학살'
로 규정했지만 미
국 정부의 사죄, 보
상, 국가 기념물 건
립은 이루어지지

운디드니 학살 직후 현장사진, 미국 국회도서관 소장.

않았다.

사건 발생 13년 후인 1903년에 이르러 운디드니 인디언 희생자 유
가족은 학살현장의 집단무덤 옆에 기념비를 세웠다. 기념비에는 다음
과 같은 추모사가 새겨졌다.

"수 인디언 지도자 빅 푸트는 최후까지 평화를 지키려 했다. 그는 백인
들과 인디언들을 위해 선하고 용감한 행동을 많이 했다. 죄 없는 많은
부녀자와 어린이도 이곳에서 죽었다."

운디드니 학살사건의 기억과 회고―미국의 전설과 역사에 합류

1930년 미국 시인 존 니하트John G. Neihardt는 운디드니 사건의 생존
자 블랙 엘크를 면담하고 인디언 사회에 구전되어오던 운디드니 학살
사건과 함께 처절하게 사라진 인디언의 역사와 문화, 그들의 꿈과 희
망에 관해 블랙 엘크의 회고를 구술한 《블랙 엘크는 말한다》Black Elk

블랙 엘크(사진 맨 오른쪽)를 인터뷰하는 미국 시인이자 작가인 니하트(사진 맨 왼쪽), 가운데는 인디언 인권운동가 스탠딩 배어.

Speaks, 1932를 출판했다. 이 회고록은 미국 인디언의 고통스러운 저항사로 미국 지식인 사회에 큰 반향을 일으켰다.*

1960년 다코타 지역의 저명한 화가 오스카 하우Oscar Howe는 '운디드니 학살'이라는 제목의 대형 그림을 그려 사건을 생생하게 시각화했고, 1970년 미국 작가 디 브라운Dee Brown은《나를 운디드니에 묻어주오》Bury My Heart at Wounded Knee라는 대중 역사서를 출판하여 운디드니 학살사건을 미국의 전설, 미국 역사의 일부로 만드는 데 결정적인 공헌을 했다. 이러한 그림과 책은 평화적이고 우호적인 인디언들에게 전쟁을 도발하여 그들을 영토에서 축출하고 그들의 문화, 종교, 생활

---

* 한국에서는《한 인디언 예언자가 말하는 그들의 영혼과 멸망사-검은고라니는 말한다》라는 제목으로 번역되어 2002년 초판이 발행되었다(김정환 옮김, 두레출판사).

돌아온 세계문화유산

방식을 파괴함으로써 종국적으로는 인디언의 생존을 박멸한 미국 서부 역사를 통렬히 비판했다.

운디드니, 인디언의 성지가 되다

1965년 미국 정부는 운디드니 현장을 국가 역사유적지로 지정했다. 그러나 이미 운디드니는 인디언 학살현장이자 인디언 최후의 저항지로서 미국 인디언들의 성지가 되었고, 전설이 되었으며, 미국 대중문화의 모티프로 차용되어 1960년대 인권 및 반전, 환경운동의 탄생에 직접 영감을 주었다. 1960년대 베트남전쟁에서 '미 라이 민간인 학살'

오스카 하우 〈운드니드 학살〉, 1960, 종이에 구아슈 수채, 아이젠하워 도서박물관 소장.

빅 푸트 기념 행진 사진.

은 미국판 제노사이드로서 운디드니의 데자뷔로 인식되기도 했다.

1986년부터 매년 12월 22일~12월 29일 운디드니 희생자 후예들과 사우스다코타 인근의 여러 부족의 인디언들, 일반 미국인들과 외국인들 수백 명은 1890년 12월 22일 수 인디언들이 지도자 빅 푸트를 따라 샤이엔강 인디언 보호구역에서부터 파인리지 인디언 보호구역 내의 운디드니에 이르렀던 300킬로미터의 행진을 말을 타거나 걸어서 시연하는 '빅 푸트 기념 행진Big Foot Memorial Ride'을 개최해왔다. '역사의 기억과 상처의 치유'를 목표로 내건 이 행진은 젊은이들의 참가를 독려하기 위해 2011년부터는 이름을 '미래세대 행진Future Generation Ride'으로 바꾸어 개최하고 있다. 이는 100년이 지난 오늘에도 사건을 기억하고 기념·치유하기 위한 미국 사회의 몸부림이 계속되고 있음을 보여준다.

운디드니 학살사건 이후 인디언 사회에서 고스트 댄스 운동은 사라졌다. 백인들의 적대감을 초래할 수 있다는 인디언들의 우려가 컸고, 이 종교운동을 처음부터 거부했던 나바호 같은 인디언들도 다수 있었기 때문이다. 또한 원주민 전통신앙을 야만시하여 불법화하려는 미국 주류사회의 분위기도 여전하기 때문이다. 그러나 인디언 주술사, 고스트 댄서, 운디드니 생존자들의 후예는 이 춤을 조용히 계승하여 이 운동은 인디언 사회에서 이제는 지하 종교운동으로 명맥을 유지하고 있다.

　1973년 인디언에 대한 미국 정부의 의무 불이행을 항의하는 200여 명의 라코타 인디언과 이들을 지지하는 미국 시민단체들이 운디드니 학살현장을 점거하고 70일간 경찰과 무장대치한 '운디드니 사건'이 일어났다. 이 사건이 전개되는 중에 운디드니 생존자 후예들 몇 명이 대중 앞에서 고스트 댄스를 공식적으로 시연한 바 있다.

운디드니 고스트 댄스 셔츠의 출현

스코틀랜드 켈빈그로브박물관에 전시

1992년 체로키 인디언 후예인 미국 변호사 존 얼Jhon Earl은 영국 여행 중 스코틀랜드 글래스고의 켈빈그로브박물관Kelvingrove Museum 한구석의 유리전시관 안에 전시된 고스트 댄스 셔츠를 발견했다. '1890년 운디드니 학살 희생자가 입었던 고스트 댄스 셔츠'라는 설명문과 함께 전시된 이 고스트 댄스 셔츠는 누렇게 변질된 목면 셔츠로, 목 부분에는 까마귀, 부엉이, 독수리 깃털의 장식이 있었고, 셔츠의 가슴 부분에는 총알구멍 몇 개와 희미한 핏자국이 그대로 남아 있었다.

셔츠의 출처에 대해 박물관 측은 1892년 버팔로 빌 코디Buffalo Bill Cody가 운영했던 대서부 순회 관광쇼Wild West Traveling Show에 고스트 댄스를 추는 인디언 23명과 함께 통역으로 따라온 조지 크래저Jeorge Crager가 글래스고 시립산업박물관에 기증한 것이라고 밝혔다. 크래저는 어려서 라코타 인디언 보호구역에 거주하여 인디언 언어를 익혔고, 뉴욕의 한 신문사 기자로 1890년 운디드니 학살 사흘 후 현장을 방문했는데, 유물 수집가이기도 한 그는 학살현장에 있던 얼어붙은 시신에서 셔츠를 벗겨냈음이 틀림없었던 것으로 보인다.

당시 유럽에서는 아메리칸 인디언들의 이색적인 얼굴과 강건한 몸매, 현란한 의상을 보여주며 미국 백인들이 벌이는 위험천만하고 드라마틱한 서부개척 모험담을 소개하는 서부쇼가 크게 히트하면서 인디언들의 전통 물품이 꽤나 인기가 있었다. 글래스고를 방문한 크래저는 인디언들의 물건 수십 점을 글래스고시에 매각하거나 기증했다고 하는데, 그중에 고스트 댄스 셔츠가 있었던 것이다. 이렇게 해서 고스트 댄스 셔츠는 1992년 존 얼이 발견할 때까지 글래스고 켈빈그로브박물관에 100년간 소장되어 있었다.

전 세계 박물관에 고스트 댄스 셔츠가 몇 점 소장되어 있지만 운디드니 희생자가 입었던 셔츠는 이것이 유일하다. 처음 셔츠를 발견한 존 얼은 "나는 박물관이 합법적으로 수집한 물품을 전시하는 데 반대하지 않는다. 그러나 운디드니의 희생자에게서 훔쳐낸 이 옷은 되돌려주어야 한다고 굳게 믿는다"라고 말했다. 그는 귀국해서 운디드니

돌아온 세계문화유산

희생자 유가족 연합과 접촉했고, 유가족 연합은 켈빈그로브박물관에 반환을 요청했다.

유가족들은 이 셔츠가 전투가 아닌 민간인 학살 희생자에게서 취했으므로 전리품이 아닌 도난물이며, 학살 당시 미국법은 라코타 인디언들의 재산보호를 규정하고 있으므로 학살된 인디언들에게서 취한 이 셔츠는 도난물이라고 지적하고 반환을 요구했다. 또한 1990년 제정된 '아메리카 원주민 무덤 보호 및 송환법NAGPRA, The Native American Graves Protection and Repatriation Act, 1990'은 이러한 물품의 무조건 반환을 규정하고 있다고 설명했다.

처음에 켈빈그로브박물관은 유족들의 반환 요청을 거부했다. 박물관은 선의의 취득자이며, 셔츠는 공공박물관의 소장품으로서 영국 또는 유럽의 유일한 고스트 댄스 셔츠이므로 박물관은 소장품의 역사를 설명할 의무가 있다고 주장했다. 그러나 그보다는 되돌려줄 경우, 인디언들의 전통의식에 따라 죽은 자의 영혼의 안식을 위해 셔츠가 매장될까 봐 우려했다.

고스트 댄스 셔츠 반환을 위한 협의

글래스고 시민들의 찬반투표 결과 반환결정

1995년 글래스고를 방문한 라코타 인디언 대표는 셔츠에 축복기도를 행한 후 셔츠의 역사적 중요성에 비추어 인디언들에게 반드시 되돌려달라고 요청했다. 유족들의 진지함에 깊이 감명을 받은 글래스고 시의회 예술문화 위원장 리즈 카메론Liz Cameron은 "그들은 스코틀랜드 역사와 문화, 주민들에게 깊은 존경심을 표했다. 우리도 그들에게 상응하는 경의를 표해야 한다"라는 반응을 표하고 셔츠 반환 문제를 시의회의 심의에 회부했다. 시의회는 시민들로 자문위원회를 설치하고 찬반투표를 실시했다. 총 104명 중 8명의 반대를 제외한 대다수 글래스고 시민대표가 찬성한 결과 셔츠 반환이 결정되었다. 그런데 글래스고 시의회 심의과정에서는 특이한 역사적 사실이 새로이 조명을 받았다.

운디드니에서 학살당한 라코타 인디언들의 운명과 18~19세기 영국인들에 의해 스코틀랜드 고원에서 강제로 축출된 스코틀랜드 사람들의 운명에는 연결점이 있었다. 그때 스코틀랜드 고원에서 축출된 스코틀랜드 사람들 다수가 미국으로 건너갔다. 운디드니에서 라코타 인디언들을 공격하여 살육한 제7기병대에는 스코틀랜드 군인들도 포함되어 있었다고 하니, 스코틀랜드 사람들은 희생자이자 가해자였던 것이다. 오늘날 스코틀랜드 사람들이 영국에 자신들의 정체성을 부르짖으며 영국왕의 대관식 돌Scone's Stone을 회복하는 즈음, 고스트 댄스 셔츠는 스코틀랜드 사람들이 잊어버렸던 역사의 한 장을 불러낸 결과가 되었다.*

셔츠의 반환을 심의에 붙인 글래스고박물관장 마크 오닐Mark O'neil

---

* 스코틀랜드왕 대관식에 사용되었던 바위. 1926년 영국이 스코틀랜드를 정복했을 때 이를 약탈하여 영국왕의 대관식에 사용했으나 1996년 스코틀랜드에 반환했다.

돌아온 세계문화유산

은 "이 셔츠가 운디드니 학살의 유일한 유품이며, 유족들이 그 역사를 기억하기 위해 셔츠를 요구한다면 결론은 자명하다. 그러나 역사에 대한 윤리적 판단은 언제까지 거슬러 올라가는가? 이 셔츠의 역사에는 글래스고박물관에 소장되었던 100년도 포함된다. 그러므로 우리에게도 이 셔츠를 소장할 권리가 있다. 그러나 시민들은 그 권리를 행사하지 않아도 된다"라면서 "이 반환은 다른 문화의 유물을 수집하는 박물관들에 대한 위협이다. 박물관은 서구문화와 서구정신의 상징인 만큼 우리는 서로 문화를 존중하는 방안을 찾아야 한다. 이 반환은 다른 유품 또는 다른 박물관의 선례가 되어서는 안 된다"라고 못 박았다.

영국 박물관계에서 진보적 인물로 통하는 오닐은 2004년 세계 5대 박물관이 발표한 인류 보편 박물관 선언Universal Museum Declaration을 반박하며, 과거 박물관의 수집활동이 문화재의 역사적 문맥이나 교육적인 면보다는 제국주의적인 측면이 컸다고 비판한 바 있다. 그러나 여기에서 글래스고박물관이 고스트 댄스 셔츠를 소장할 권리가 있다는 오닐의 코멘트는 분명히 올바른 지적은 아니다. 그 셔츠는 소유자인 인디언의 동의하에 얻은 것이 아니다. 분명히 죽은 자의 몸에서 벗겨낸 것으로 추정되는 그 셔츠는 강탈 이상의 범죄적 결과다. 따라서 켈빈그로브박물관에 이 셔츠를 기증한 자는 셔츠를 불법적으로 취득했고 그로부터 셔츠를 기증받은 박물관은 적법한 소유권을 취득한 것이 아니다.

미국 스미소니언박물관은 운디드니 학살현장에서 미군이 수집했다는 고스트 댄스 셔츠 몇 점을 포함한 유물을 19점 기증받았다. 학살사건 관련 여부는 불명확했지만, 1998년 9월 스미소니언박물관은 이들 유물을 라코타 수 인디언 단체에 전부 반환했다. 스미소니언 측은 이들 유물은 알링턴국립묘지 무명용사 무덤의 유물과 같이 상징적 중요성이 막대하다고 평했다. 그렇지만 스미소니언 측은 이 셔츠를 반환한 계기는 인디언의 신앙과 관련된 물품의 반환의무를 규정한 1990년 'NAGPRA 법_{아메리카 원주민 무덤 보호 및 송환법}' 규정에 의거한 것이 아니라, 이들 셔츠를 적법하게 취득했다고 입증할 수 없었기 때문이라고 설명했다.[3] 제아무리 박물관이 소유권자로부터 적법하게 셔츠를 취득했다 해도 오늘날 유체의 일부로 간주되는 죽은 자가 입었던 옷을 소장하거나 전시하는 것은 윤리적 차원에서 더는 허용되지 않으며, 유체와 마찬가지로 반드시 원소유주에게 반환되어야 하는 것으로 간주된다.

1995년 10월, 운디드니 학살현장의 집단무덤 앞에서 스코틀랜드 전통복장을 한 글래스고시 대표자 10여 명과 인디언 전통복장을 한 희생자 유족 29명이 합동으로 기도를 드린 후 셔츠 반환식이 거행되었다. 사우스다코타 주정부는 라코타 인디언박물관이 건립될 때까지 이 셔츠를 보존·전시하기로 했다. 유족 대표는 "끔찍한 사건은 종식을 고하고 셔츠 주인은 안식을 찾아 이제 치유가 시작될 수 있다"라고 말했다. 유족 대표이자 희생자의 증손녀 르 보^{Marcella Le Beau}는 직접 만든 고스트 댄스 복제본을 글래스고시에 기증했다. 이에 대해 글래스고 대표는 "이제 인디언은 우리 역사의 일부가 되었다"라고 화답했다.

토착민의 유해와 성물의 반환은 소장자의 윤리적·법적 의무

토착민 문화재의 국제적 인정

최근 문화재 분야에서 두드러진 현상은 토착민 문화재가 반환된다는
것이다. 사실상 토착민 문제는 오랫동안 국제사회와 국제법 영역에서
비켜나 있었다. 그러던 것이 1957년 국제노동기구[ILO]에서 성립된 '원
주민과 토착인구에 관한 협약 Indigenous and Tribal Populations Convention,
1957' 1989년 개정판의 "정부는 땅과 관련된 문화적·정신적 가치의
특별한 중요성을 존중해야 한다"라는 구절에서 원주민의 문화재 문제
가 국제적 차원에서 처음으로 언급되었다.

1995년 불법 문화재 반환에 관한 유니드로와 협약은 "원주민이 전
통적·의례적으로 사용하는 성물의 반출이 원주민의 이익을 심각히
해할 때 그 성물의 반환을 요청할 수 있다"라고 규정했다. 2007년 유
엔총회 결의문은 원주민의 문화적·지적 재산권에 대한 권리를 규정
했다. 오늘날 국제법적으로 원주민 유체와 성물의 반환은 당연한 것
으로 간주되어 박물관은 원주민들의 유해와 종교적·의례적 물품에
관해 합법적 또는 불법적 취득을 구분하지 않고 반환 방법을 고려해
야만 한다.

미국과 영국의 경우 - 법적 근거 마련

아메리카 원주민들의 유해와 매장 부장품을 과학적으로 조사하기 위
해 종종 인디언들의 무덤을 발굴하여 인디언들과 갈등을 빚어왔던 미

국에서는 1990년 '아메리카 원주민 무덤 보호 및 송환법'이 제정되었다. 인권의 일부로서 원주민들의 문화와 종교 향유권을 인정한 이 법은 원주민의 유체와 성물을 소장한 박물관이 소장품 목록을 작성하여 원주민 사회에 통보하라고 규정하여 원주민들의 유체와 성물의 회복권을 포괄적으로 인정했다. 이것은 세계 최초의 원주민 문화재 보호법인데, 오늘날 원주민 문화재 반환의 법적 · 윤리적 근거를 마련한 법이라 할 수 있다.

1990년대 초, 영국의 여러 병원에서 어린이 장기를 불법적으로 보관해오던 관행이 폭로되자 2004년 영국 의회는 연구, 교육, 전시 목적으로 인체 조직의 처분 · 이용 · 전시를 금지하는 '인체조직법Human Tissue Act, 2004'을 제정했다. 이 법의 제정으로 영국은 식민지 시대부터 연구목적으로 대학이나 박물관에서 보관해왔던 오스트레일리아와 뉴질랜드 원주민들의 유체를 반환하기 시작했고, 유체 반환은 점차 원주민 문화재의 반환으로 이어지고 있다. 영국의 국립박물관은 원칙적으로 소장품의 처분을 금지하나 인체의 일부와 같이 소장하기에 비윤리적인 물품에 한해서는 입법에 따라 처분을 허용하고 있다. 이에 따라 인체 유해의 반환은 박물관 소장 문화재 반환의 물꼬를 트는 중요한 계기가 되었고, 오늘날 나치 약탈 문화재와 함께 반드시 반환되어야 하는 문화재 반환원칙의 상징이 되었다.

프랑스의 경우 – 세계적 흐름에 어긋나는 완고한 관행과 정책
프랑스에서는 공공기관에 소장된 공유재산은 원칙적으로 처분이 불가능하다. 왕의 영토는 절대적으로 처분 불가라는 1566년 무렵 칙령edict of Moulin의 전통에 따라 한번 공공소유물이 되면 영원한 공공재로 국가는 그 소유권을 포기할 수 없다. 이러한 전통이 프랑스 박물관의 소장품을 절대로 처분할 수 없도록 하는 전통을 이루어왔다. 그렇지만 현실적으로 박물관의 소장품이 윤리적·법적 차원에서 정당화될 수 없는 경우에는 행정

토이모코.

명령으로 처분이 가능하다. 그렇다 해도 프랑스에서는 문화재 반환에 대한 박물관과 행정부의 무조건 반발이 관행인 점에 비추어 문화재는 입법에 따라서만 반환되는 것이 관례가 되었다. 프랑스 인종박물관에 100년 전시되었던 남아프리카 여성 사라 바트만의 유체로 악명 높았던 이른바 '호텐토스비너스'가 1992년 만델라 대통령의 치열한 외교적 노력으로 귀환이 결정되었지만, 실제로 귀환된 것은 프랑스 국회의 입법을 위해 10년간 기다린 후인 2002년이었다.

2007년 프랑스 북부 도시 루앙 시의회는 곧 개관하게 될 루앙 시립박물관에 소장된 토이모코toimoko의 반환을 결정했다. 뉴질랜드 원주민 마오리족의 문신된 미라 머리를 뜻하는 토이모코는 마오리 부족의 위대한 무사 또는 조상의 유체로서 신성시되고 있다. 이러한 유체는 19세기 유럽인들이 대량 수입하여 유럽의 의료기관이나 박물관에 매

각한 것인데, 그중 일부를 1875년 한 프랑스 수집가가 루앙시에 기증한 것이다. 프랑스에는 루앙 외에도 토이모코를 소장한 박물관이 여러 곳 있다. 세계적으로 원주민 인권 및 원주민 성물과 문화재 회복 권리가 인정되면서 1992년 뉴질랜드 정부는 원주민 마오리족을 대신하여 토이모코 반환운동을 시작하였다. 그 후 유럽 각국의 박물관들이 자발적으로 반환을 시작하여 토이모코가 300여 점 반환되었다.

이러한 추세에 따라 유체반환의 윤리적 측면에서 루앙 시의회는 모두 17점의 토이모코 반환을 결정했지만, 그 즉시 프랑스 문화부는 루앙박물관의 반환결정을 불허했다. 공공의 귀중한 과학적 물품을 함부로 처분할 수 없다는 이유였다. 프랑스 행정법원도 정부의 반환불가 결정을 지지했다. 그러나 유체의 비윤리적인 소장에 대한 비판 여론을 무시할 수 없었던 프랑스 의회는 위원회를 구성하여 반환 여부를 심의하였고, 그 결과 2010년 입법에 따라 루앙시의 모든 토이모코를 반환했다.

프랑스에서는 또한 2013년 3월~2014년 12월에 걸쳐 네 차례 아메리카 인디언 호피Hopi족의 마스크 70여 점을 경매에서 매각했다. 애리조나 지역 원주민으로서 '평화의 민족'이라는 뜻의 호피족에게 호피 마스크는 조상의 영혼을 상징하는 성물이다. 경매가 발표되자 호피족 대표, 미국 박물관협회 대표, 주프랑스 미국대사, 홀로코스트 약탈 문화재 반환위원회, 프랑스 원주민 인권보호단체가 일제히 경매를 비난하고 이의 중단을 프랑스 법원에 제소했다.

그러나 프랑스 정부와 지방법원, 고등법원에서는 경매에 법적 하자가

　　　　　　　　돌아온 세계문화유산

호피 마스크 파리 경매현장 사진.

없다고 보았다. 프랑스 측은 미국 인디언 단체가 프랑스에서 법적 소송의 주체로 인정되지 않는다는 점과 원주민들의 인권과 문화적·종교적 권리를 보호하는 2007년 유엔총회 결의안은 법적 구속력이 없으며, 인디언의 문화재를 보호하는 1990년 미국법^{NAGPRA}은 프랑스에서 통용되지 않는다는 점을 내세웠다. 게다가 호피 마스크는 인체의 일부가 아니며, 마스크의 신성한 가치를 인정할 수 없다는 이유로 프랑스 정부는 경매를 적극적으로 옹호했다. 경매 반대자들의 항의 속에서 프랑스 경찰의 호위를 받으며 강행된 호피 마스크 경매는 대성황을 이루었고, 70여 점이 120만 달러에 전부 낙찰되었다. 경매를 반대하는 단체와 변호사들은 마스크 일부를 구입하여 호피족에게 반환하기도 했다.

이로써 프랑스는 원주민 문화재 시장의 자유지대가 되었다. 프랑스 정부는 경매에 나온 호피족 마스크 일부는 취득경위^{provenance}가 불명확했지만 경매를 지원했다. 원주민 문화재의 반환을 규정한 미국 국내법NAGPRA의 효력은 프랑스 법정에서 고려되지 않았다. 미국으로서는 미국 원주민 보호구역 내에 존재하는 원주민의 성물을 보호하는 '고고학자료 보호법Archeological Resources Protection Act of 1979'에 의거하여 이같이 경매에 나온 원주민 성물을 원주민 보호구역에서 유출된 도난물로 규정하여 프랑스 정부의 조치에 강력히 대처할 수도 있지만 도난을 입증해야 하는 부담이 있다.

여기에서 나치 약탈 문화재 반환 원칙을 지렛대로 삼아 국제적으로 불법 문화재 반환 이슈를 선도하는 미국의 태도와 이에 동조하는 세계적 흐름에 결코 부응하지 않으려는 프랑스의 완강한 태도를 볼 수 있다. 이것은 국제사회와 충돌을 각오하더라도 자국의 문화재 시장과 박물관을 보호하려는 단호한 조치다. 프랑스로서는 원주민 문화재 반환을 지지하는 세계 여론에 추종하는 경우, 프랑스 전역의 박물관에 소장된 원주민 문화재에 미칠 반환물결을 우려하지 않을 수 없다. 그러나 문화재 반환의 인도적·윤리적 당위성이라는 최근의 세계적 조류를 거스르며 원주민 문화재 반환을 비롯하여 모든 박물관 소장품의 반환 절대 불가라는 프랑스 정부의 완고한 태도가 언제까지 계속될지는 두고 보아야 할 것이다.

CHAPTER 05

시바의 청동상 나타라자
- 불법 반출된 문화재의 반환

10세기 인도 타밀나두의 나타라자 청동상 68.3×56.5cm,
로스앤젤레스 주립박물관 소장.

"......

아름다운 선율을 밟는 그대의 춤 동작에 구속과 자유는
무한한 시간 속에서 조화를 이루도다
나는 그대의 무한함에 놀라고
반항적인 우주의 원자는 그대 춤의 마력 안에서
아름답게 길들여지니
우주의 깨어 있음은 그대 춤의 생명력 때문
그대의 환희는 선율과 박자의 무한한 시간을 통해
고통과 쾌락의 조화를 이루어낸다
그대가 추는 우주의 춤을 통해
나, 인간은 그대의 조화로운 소용돌이 속으로 들어가니
은둔자여, 아름답고 평화롭고 외경스러운 그대여!
그대의 영원한 화음과 춤으로
그대는 생과 사의 순환을 가져온다
나는 그대에게 가려니,
그대 춤의 무한함을 내 영혼에 쏟아부어 주소서"

_라빈드나라드 타고르, 〈그대의 거침없는 춤과 음악을 통해 나의 모든 구속을 풀어주오〉, Anna-
Teresa Tymieniecka 편집, "The Imagery of Nataraja in Tagore's Songs and
Verses", Life Truth in its Various Perspectives

위대한 시바신의 고장 타밀나두

인도 최고의 문화재 나타라자상과 청동상 5개 발굴되다

1951년 봄, 인도 동남부 해안 타밀나두주의 수십 가구가 모여 사는 조용한 고대 마을 시바푸람에서 논을 갈던 한 농부가 땅속에 묻힌 청동상 6점을 발견했다. 타밀나두는 고래로부터 힌두 3대 신의 하나인 '위대한 시바신Lord Siva'을 집중적으로 섬겨온 고장인데, 이 작은 마을 시바푸람에도 7세기 이래 시바신을 모셔온 유서 깊은 시바구루나타스와미 신전Sivagurunathaswamy Temple이 있다.

발굴된 청동상 6점은 9~13세기 이 지역을 다스렸던 촐라왕조Chola Dinasty 시대에 제작된 시바신과 그의 가족을 조각한 청동 작품이었다. 인도에서는 전란 시 신상을 보호하기 위해 땅에 묻는 관습이 있는데, 이 신

타밀나두 지도.

상은 아마도 14세기 델리를 점령한 무슬림의 남인도 진격을 우려해서 매장된 것으로 추측되었다.

'상서로운'이라는 뜻의 시바Siva는 수천 년 전 인도의 신화시대에 태어난 힌두신으로 인도 전역과 네팔, 스리랑카, 파키스탄 등 인접지역에 걸쳐 널리 숭배되어왔다. '창조와 파괴의 신' 또는 '변화의 신'으로서 시바는 여러 모습으로 묘사되지만, 가장 유명한 시바의 모습은 '춤추는 제왕', 즉 나타라자Nataraja. nata는 춤, raja는 왕을 뜻한다상이다. 나타라자상은 4세기부터 인도에서 석상과 청동상으로 제작되어 9세기에는 춤과 음악을 주관하는 대중적인 신상으로 자리 잡았다. 이때 발굴된 청동상 6점 중 하나인 시바상 역시 춤추는 나타라자상이다. 나타라자 청동상은 20세기 초 프랑스 조각가 오귀스트 로댕Auguste Rodin과 인도 시인 라빈드라나드 타고르Rabindranath Tagore, 영국 철학자 올더스 헉슬리Aldous Huxley 등 저명인사들의 소개로 이미 1960년대에는 대표적인 인도예술의 아이콘으로 세계적으로 잘 알려져 있었다.

농부는 청동상 발굴 사실을 관청에 신고했고, 인도 매장문화재법 Indian Treasure Trove Act, 1878에 따라 매장 문화재의 처분권을 행사할 수 있었던 타밀나두 정부는 인근 마드라스 국립박물관에서 소장하겠다는 제의를 거부하고 청동상 6점* 모두를 지역의 시바구루나타스와미

---

* 나타라자와 함께 발굴된 다른 청동상 5점은 시바의 가족상(Somaskandar, 시바와 부인, 아들의 상), 시바의 아들 가네샤상(Pillaiyar, 코끼리 모습), 시바신을 노래한 7세기 꼬마 시인상(Tirugnanasambandar, 일명 Child Saint Sambandar), 시바의 부인상 2점이다.

돌아온 세계문화유산

신전에 안치한 뒤 소유권은 타밀나두 주정부에 귀속시켰다. 1953년 10월 장엄한 의식과 함께 신상 6점은 신전에 봉헌되었다.

당시 나타라자상의 권위자였던 마드라스박물관 큐레이터 P. R. 스

1. 시바구루나타스와미 신전.
2. 시바의 가족상, 10세기, 청동 58.4×69.8×35.6cm, 노턴 시몬미술관 소장.
3. 가네샤상, 10세기, 청동 32.7×20.34cm, 노턴 시몬미술관 소장.
4. 7세기 꼬마 시인상, 청동 높이 43.3cm, 워싱턴 프리어갤러리 소장.

리니바산은 1963년《남인도의 청동상》Bronzes in South India이라는 저술에서 이때 발굴된 나타라자상은 10세기 작품으로서 인도에 현전하는 수많은 나타라자 청동상 중에서 가장 이른 시기에 제작되었으며, 제작 기법에서도 최고의 걸작으로 모든 인도 예술품 중 가장 중요하고 가치가 크다고 평가했다. 이에 따라 이 나타라자 청동상은 발굴 즉시 인도 최고의 문화재로 공인되었다.

나타라자상, 뭄바이와 미국으로 밀반출 및 매각

모조품 제작과 빼돌린 진품

1961년 인도를 방문하는 영국 여왕 엘리자베스 2세는 마드라스현재의 첸나이, 타밀나두 주도 방문을 예정하고 있었다. 여기에 대비하여 타밀나두 주정부는 기념책자를 만들기 위해 뭄바이에 거주하는 영국 퇴역관리이자 사진작가였던 랜스 데인Lance Dane을 고용했다. 그는 기념책자 표지에 사용될 나타라자상을 촬영하기 위해 시바푸람 신전을 방문하여 신전 관리인에게 지저분한 나타라자상을 세탁하고 보수하도록 제의했다. 그의 제의를 받아들인 신전은 1954년 6월 타밀나두 지역의 저명한 공예가 라마사미 스타파티Ramasamy Sthapathi에게 이들 청동상의 세탁과 보수를 의뢰했다. 이때 스타파티는 신상 5점의 모조품을 제작했으며, 1956년 모조품 5점과 진품 1점을 신전으로 반환하고 진품 5점을 빼돌려 지역의 소규모 골동 거래상 틸라카 형제를 통해 랜스 데인에게 넘겼다.

진품을 넘겨받은 랜스 데인은 뭄바이에서 나타라자신상을 10년간 보관하면서 1956년 인도 3대 공예품 쇼인 '뭄바이 컬렉션'에 출품하여 공개하기도 했다. 1964년 랜스 데인은 나타라자상을 뭄바이 골동품 수집가 보맨 베람Boman Behram에게 매각했고, 베람은 이 청동상을 자기 소장품으로 등록했다. 1969년 베람은 이 청동상을 뉴욕의 골동상 벤 헬러Ben Heller에게 60만 달러에 팔았다. 나타라자상은 인도에서 뉴욕으로 반출될 때 인도 세관에 뇌물을 주고 무사히 통과되었고 미국 세관에서는 5천 루피약 100달러 가치의 개인의 헌 옷가지로 신고되어 무사히 반입되었다.

1964년 인도를 방문한 영국박물관 연구원 바레트 박사Dr. Douglass Barret는 우연히 뭄바이에서 베람이 소장한 진품 나타라자상을 보았다. 이어서 시바푸람을 방문한 그는 시바구루나타스와미 신전의 나타라자상이 모조품임을 확인했다. 그는 이 사실을 1965년 저서 《초기 졸라왕조의 청동상》이라는 책에서 밝혔다.

나타라자상이 모조품으로 바꿔치기된 사실을 알게 된 인도 정부는 영국 경찰Scotland Yard의 정보협조를 얻어 나타라자상의 밀반출 전모를 파악하고 1969년 수사에 착수했다. 1960년대는 인도의 수많은 골동품이 무능하고 부패한 인도 정부의 묵인 아래 수없이 밀반출되던 때였지만, 인도 정부에서 이처럼 신속하게 조치를 취한 것은 오로지 나타라자의 유명세 덕분이었다. 인도 정부로서는 인도 최고의 문화재 나타라자를 지키는 것은 국가의 자존심을 건 정치적 사건이 되어버린 것이다.

미국에 건너온 나타라자상

나타라자상, 로스앤젤레스 노턴 사이먼 재단에서 구입

1971년 로스앤젤레스의 억만장자 기업가이며 저명한 미술품 수집가인 노턴 사이먼Norton Simon은 여배우 제니퍼 존스와 재혼하고 뭄바이로 신혼여행을 왔다. 제니퍼 존스는 두 번째 남편으로 〈바람과 함께 사라지다〉의 제작자 데이비드 셀즈닉이 사망한 후 한동안 정신치료를 받으며 인도의 명상과 요가에 심취해 있었다. 그 무렵 사이먼은 아들의 자살과 부인의 사망에 더하여 캘리포니아 주지사 예비선거에서 로널드 레이건에게 패배한 후유증으로 심리치료를 받으며 영성문제에 관심을 가지고 있었다. 제니퍼 존스와 만난 이후 인도의 종교에 큰 관심을 갖게 된 사이먼은 인도로 신혼여행을 와서 제니퍼 존스와 함께 여러 신전을 방문해 수많은 신상, 특히 나타라자상을 보았을 것이며 인도의 문화재와 예술작품에 흠뻑 빠졌음이 분명했다.

　뭄바이 신혼여행에서 돌아온 이듬해인 1973년 사이먼은 오랜 기간

신혼여행 중의 노턴 사이먼과 제니퍼 존스.

거래해왔던 뉴욕의 골동상 벤 헬러로부터 나타라자상을 90만 달러에 구입했다. 사이먼이 나타라자상에 지불한 금액은 그때까지 인도 예술품으로는 최고 가격이었다. 여기에 더하여 사이먼은 나타라자상을 말끔히 보수하고자 40만 달러를 더

들여 이 상을 영국으로 보냈다. 사이먼은 이 청동상을 구입할 때 불법 반입된 문화재가 아니라는 보증서를 받았다. 그는 또한 벤 헬러로부터 나타라자상과 함께 시바푸럼 신전에서 빼돌린 진품 청동상 4점을 비롯하여 인도 예술품 수백 점을 사들였다. 이후 나타라자상은 노턴 사이먼 컬렉션 중 최고 보물로 간주되었다.

인도 정부, 나타라자상의 소재 파악

1973년 12월, 사이먼은 자신의 인도 예술품 컬렉션을 미국 동부에 소개하려고 뉴욕 메트로폴리탄박물관MET, Metropolitan Museum of Art과 함께 나타라자상을 필두로 재단이 소장한 인도 예술품을 일괄 전시하는 계획을 추진했다. 이때 전시 팸플릿에서 나타라자상의 미국 소재를 확인한 인도 정부는 즉시 행동에 들어갔다. 우선, 나타라자상이 불법 반출된 문화재임을 근거로 MET의 전시계획을 취소토록 압력을 넣어달라고 미국 국무부에 요청하는 한편, 영국 경찰에 수선 중인 나타라자상을 압류하라고 요청했다. 또한 국내적으로는 나타라자상 반출에 한몫을 한 일련의 관련자들, 즉 처음 수선과 모조품 제작을 맡았던 공예인 스타파티, 이를 넘겨받은 틸라카 형제와 랜스 데인, 이후 이를 사들인 뭄바이 골동상 베람을 구속하고 뉴욕에서 이를 구입한 벤 헬러에게 배상을 요구했다.

당시 MET는 100만 달러를 주고 구입한 기원전 5세기 그리스의 유프로니우스항아리Greek Uphronius Vase가 도굴품이라고 항의하며 반환을 요구하는 이탈리아 정부의 압력에 전전긍긍하던 때였다. 또다

시 밀반출된 나타라자상을 전시함으로써 초래될 박물관의 이미지
추락과 인도 정부와의 분쟁 가능성을 우려했던 MET는 사이먼의 인
도 예술품 전시계획을 전격적으로 취소했다. 그러고는 1972년 때마
침 발효된 유네스코 불법 문화재 반환협약의 정신을 존중한다는 이
유를 내세웠다.

파괴와 창조의 춤을 추는 우주의 무용수 나타라자

종교와 예술의 완전한 합일

인도의 종교예술품 중 가장 잘 알려진 춤추는 나타라자상은 창조와
파괴의 신 시바가 창조 과정을 시작하기 위해 피곤한 우주를 파괴하
는 신성한 춤을 추는 모습이다. 1920년대 스리랑카 출신 철학자이며
인도 예술문화사가 아난다 쿠마라스와미Ananda Coomaraswamy가 처음
'우주의 무용수Cosmic Dancer'라는 말로 나타라자상을 칭하며, 이 상에
종교적·철학적·예술적인 심오한 상징을 부여했다.

불꽃으로 타오르는 원을 떠받치고 있는 연화 받침대 위에서 시바는
춤추고 있다. 원은 우주를, 연화 받침대는 우주의 중심 또는 인간의 마
음을 상징한다. 시바의 손은 네 개다. 왼쪽의 윗손은 불꽃을 만지고 있
는데, 이것은 인간의 생명과 세상이 끝날 때 불에 태워진다는 뜻에서
우주의 파괴를 상징한다. 오른쪽 윗손은 '굉음'을 뜻하는 다마루damaru
라는 모래시계 형태의 드럼을 흔들고 있다. 드럼의 진동소리는 태초

돌아온 세계문화유산

를 시작하는 시간의 탄생과 생명의 숨소리로서 창조행위를 상징한다. 왼쪽 아래 손은 그가 밟고 있는 작은 악마 아파스마라^{Apasmara}를 가리키고 있다. 악마는 무지와 망상을 뜻한다. 손바닥을 약간 들어 올린 아래쪽 오른손은 '무서워 말라'라고 보는 자를 안심시키는 구원의 동작이다.

오른발은 무지를 상징하는 악마의 등을 밟고 있으며 들어 올린 왼발은 궁극적 실재를 방해하는 무지로부터 해방을 의미한다. 왼발이 급격히 들어 올려지면서 몸이 한쪽으로 격렬히 쏠려야 하겠지만 연화 받침대 위를 굳건히 디딘 오른발 덕분에 몸은 평안하게 균형을 취하고 있다. 시바의 다이내믹한 동작과 뛰어난 균형은 생사의 리듬과 통일을 표현하고 있다.

시바는 근엄한 둥근 얼굴에 고요한 기다란 눈을 가졌는데, 이마 위의 세 번째 눈은 사물이 아닌 지혜를 보는 눈이다. 그의 이마와 목, 허리에는 코브라가 초승달처럼 걸쳐져 있다. 보석과 계수나무 잎으로 치장된 그의 땋은 머리는 격렬한 춤으로 휘날리며 불타는 원을 채우고 있는데, 신성한 갠지스강의 흐름을 상징한다. 그의 머릿속에서 꿈틀대는 갠지스강의 정령인 코브라는 갠지스강이 홍수를 만들지 못하게 나타라자의 머리 안에 잡혀 있음을 상징한다.

우주 안에서 춤추는 나타라자는 손이 진동시키는 드럼 소리와 발이 취하는 스텝의 박자에 맞추어 소멸하고 재생하는 시공간의 영원한 순환의 한순간이 얼어붙은 찰나의 모습이다. 그것은 모든 것이 끝나야 새로이 시작된다는 힌두교의 가르침을 상징하는 시바신의 재현이다. 나타라자의 춤은 구도자들이 취하는 108가지 모든 요가 자세와 인도 고전 춤의 원형이다. 춤추는 나타라자상은 춤과 창조는 하나라며 종교와 예술의 완벽한 합일을 보여준다.

나타라자 청동상은 인도의 고도로 발전된 청동 제련술이 정점을 찍은 10~12세기 타밀나두의 촐라왕국에서 대거 출현했다. 나타라자의 균형 잡힌 몸매는 고대 힌두교의 신상제작 지침서에 규정된 인체의 균형과 비례를 정확하게 따랐다. 장인들은 벌꿀과 개미굴에서 취한 고운 흙을 섞어 원형을 뜬 후 그 안에 청동주물을 부어넣는다. 그 순간 그들은 시바신을 향한 명상과 기도의 무아지경 속에서 오직 뜨거운 신심이 인도하는 대로 나타라자를 재현했다.

나타라자상은 1미터 내외의 아담한 크기와 손에 들거나 어깨에 메기 쉬운 원형이라는 점에서 신전 내부에서 숭배되기보다는 신전 밖에서 거행된 힌두교 종교행사에서 사용되었다.

사제의 뒤를 따라 군중이 향수를 뿌리고, 갖가지 꽃줄과 비단으로 장식한 이 상을 메고 기도문과 찬가를 외치며 행진할 때 나타라자상에 내재한 우주의 에너지가 분출하여 종교적 행사를 클라이맥스의 황홀경으로 이끌었다.

나타라자, 우주의 생성을 재현

인도 학자들은 우주를 상징하는 원 안에 별이 촘촘히 박힌 듯한 나타라자의 은하수같이 흐르는 머리는 분명히 천계의 모습과 관련이 있다고 본다. 또한 우주의 생성과 파멸을 상징하는 이 상은 1054년 슈퍼노바의 폭발과 관련이 있다고 믿는다. 1054년 4월부터 관측되어 2년간 계속된 슈퍼노바의 폭발은 중국과 아랍에서는 기록으로 남았지만 인도에서는 나타라자상으로 남았다는 것이다. 학자들은 슈퍼노바 폭발 기간에 인도에서 나타라자상이 무더기로 제작되어 봉헌되었다는 사실에 주목한다.[1]

제네바의 유럽연구소 본관 앞의 나타라자상.

창조의 굉음과 파괴의 불꽃이 간단없이 순환하는 우주 속에서 격렬하지만 균형 잡힌 자세로 춤을 추는 나타라자의 모습은 거역할 수 없는 신적 활동의 분명한 이미지로 다가오며, 현대 물리학의 빅뱅이론을 상기시킨다. 미국 천문학자 칼 세이건Carl Sagan은 이를 두고 이렇게 말한 바 있다.

"우주의 창조와 파괴를 심오한 그리고 생생한 이미지로 묘사한 나타라자상은 현대 천문우주학 사상의 예고다."[2]

입자의 충돌을 시험하여 우주 탄생의 비밀을 밝히려는 프로젝트를 수행하는 제네바의 유럽연구소CERN, the European Center for Research 본관 앞 플라자에는 2004년 인도 정부가 기증한 실물 인간 크기의 나타라자상이 서 있다. 동상의 받침대에는 세계적 물리학자 프리초프 카프라^{Fritjof Capra}의 다음과 같은 인용구가 새겨져 있다.

"수백 년 전 인도 예술가들은 춤추는 시바의 이미지를 아름다운 청동상으로 조각했다. 오늘날 과학자들은 나타라자가 추는 우주의 춤 모습을 재현하기 위해 가장 앞선 과학기술을 차용한다. 나타라자의 춤은 은유적으로 고대의 신화와 종교예술 그리고 현대의 물리학을 통합하고 있다."

나타라자 신상 반환을 위한 인도 정부의 투쟁

소송과 정치적 중재 병행

1973년 인도 정부는 나타라자 신상을 반환받기 위해 소송준비를 완료하고, 로스앤젤레스^{노턴 사이먼 재단 주소지}와 뉴욕^{노턴 사이먼에게 신상을 매각한 벤 헬러의 주소지}, 런던^{수선을 위해 나타라자상이 보관된 곳}에서 소송을 제기했다. 다른 한편, 인도 정부는 당시 주인도 미국대사였던 대니얼 모이니핸^{Daniel Patrick Moynihan}의 중재를 요청했다. 뉴욕주의 민주당 3선 상원의원 출신의 거물 정치인인 모이니핸 대사는 적극적으로 중재에 나섰다. 냉전이 한창이던 당시, 미국은 비동맹 리더였던 인도와 소원한 관계에 있었던 만큼 나타라자상으로 양국 관계가 더 악화되는 것은 절대로 바람직하지 않은 상황이었다. 모이니핸 대사는 막강한 정치적 영향력을 적극적으로 발휘하여 고집불통인 사이먼을 설득했다. 이미 나타라자 상의 높은 명성과 가격 때문에 반환소송은 인도, 미국, 영국 정부가 외교적으로 부딪치는 국제정치적 사건이 되었다.

인도 정부는 뉴욕과 로스앤젤레스 지법에 제기한 민사소송에서 반환요청의 근거를 다음과 같이 제시했다.

1. 인도의 매장문화재법[1878]은 영토 안에서 발견된 문화재를 국가 소유로 규정하므로 이 청동상은 발굴 시부터 소유권이 인도 정부에 있다.
2. 1947년 인도 문화재법은 문화재 반출 시 정부의 허가장을 첨부하라고 규정했는데, 허가장 없이 반출된 나타라자상은 도난 문화재다.
3. 나타라자상은 인도 세관에 뇌물을 주고 불법 반출되었고 미국 세관에 허위신고를 하고 불법으로 반입되었다.
4. 사이먼은 나타라자상이 인도에서 불법으로 반출되어 미국에 불법으로 반입된 사실을 알고도 구입했으므로 선의의 구매자가 아니다.
5. 나타라자상은 종교적 성물이므로, 인도 국민들의 신앙을 위해 신전으로 귀환되어야 한다.

인도 정부는 처음에 소송 당사자를 나타라자상을 소장했던 시바푸람의 시바구루나타스와미 신전과 소유권자인 인도 정부로 지정했으나 후에 시바를 소송 당사자에 포함시켰다. 인도 국내법상 신전에 봉안되어 종교행사에 사용되는 신상은 법적 인격으로 간주되어 소송 당사자가 될 수 있다. 신상은 단순한 동산이 아닌 것이다. 소송에서 시바는 신전의 주인으로서 자신의 반환을 요구하고 인도 정부는 시바의 법적 대리인 역할을 맡았다. 이 소송에서 인도 정부는 나타라자의 반환과 함께 소송비용 150만 달러를 요구했고, 반환이 안 되는 경우 400만 달러 배상을 요구했다. 여기에는 반환운동을 위해 인도 정부가 지불한 법적·외교적 비용과 재발방지를 위한 징벌적 보상punitive damage, 정신적 피해보상이 포함되었다. 나타라자상은 살아 있는 신으로 인도 신도들을 위해 신전에 봉헌되어야 하는 신상이 미국에 억류되어 있는 것은 인도인들의 종교적 자유를 침해하는 것이며, 시바신은 자신의 불법 억류에 대해 정신적 피해보상을 요구한 것이다.

처음에 사이먼은 다음과 같은 이유로 인도 정부의 소유권을 인정하지 않았다.

1. 구입 시 벤 헬러로부터 적법한 반입이라는 보증서를 받은 자신은 선의의 구매자다.
2. 이 청동상은 타밀나두 신전이 세탁과 수리 명분으로 스스로 빼돌린 다음 인도 딜러에게 매각한 것이다.
3. 인도 정부는 이 상이 10년간 뭄바이에 머무르며 1956년에는 인도 3대 전시회인 뭄바이 컬렉션에 출품되어 공개적으로 전시되었고, 이후 1965년에는 뭄바이 컬렉터 봄 베람의 소장품으로 등

돌아온 세계문화유산

록된 사실을 충분히 알고 있었을 것이다.

4. 이 상이 인도 세관에서 무사히 통과된 점에서 사실상 인도 정부
   는 반출을 허용한 것이다.

5. 인도 정부는 이 상이 인도 정부의 손을 떠났음을 충분히 인지했
   지만 아무런 조치를 취하지 않고 있었다. 그러다가 20년이 지나
   이 상이 100만 달러를 호가하자 소유권을 주장하고 있다. 인도
   정부는 도난 문화재를 회복하기 위해 응분의 적절한 노력을 기울
   이지 않았다.

6. 뉴욕과 로스앤젤레스의 공소시효에 비추어 소송은 성립될 수 없다.

그러나 몇 달 후 소송 결과가 불투명한 상황에서 사이먼은 종래주
장을 급선회했다. 그는 〈뉴욕타임스〉와 인터뷰에서 "그렇다. 나는 도
난 문화재를 구입했다. 내가 최근 구입한 1,500만 달러에 달하는 인도
예술품은 거의 밀반출된 것들이다"라고 나타라자가 도난물이라는 사
실을 인정했다. 그리고 그는 나타라자상 반환으로 인도 문화재의 밀
반출 사태가 시정된다면 기꺼이 반환할 용의가 있다고 말하면서 "도
덕적 차원에서 패자가 되고 싶지는 않다"라고 양보의 뜻을 내비쳤다.[3]
그는 비록 형식적으로는 적법한 반입이라는 보증서를 받았지만, 미국
세관에 거짓 신고를 하여 불법적으로 미국에 반입된 나타라자상을 구
입한 행위가 미국의 도난물법SPA, Stolen Property Act 위반에 해당할 수
있기 때문에 소송에서 패배할 가능성을 예감했을 것이다. 막강한 법
률팀을 동원하여 소송에서 이긴다고 해도 자존심 강한 그로서는 불법

으로 건너온 종교적 성물을 취득했다는 도덕적 차원의 비난만은 피하고 싶었을 것이다.

인도 정부와 노턴 사이먼 재단의 합의, 미국 법정의 경향

사이먼의 양보적 태도에 응답하여 인도 정부는 1년간 자발적으로 소송을 중지하고 사이먼 재단과 협상에 들어갔다. 인도 정부로서는 미국에서 소요되는 장기간에 걸친 소송비용이 큰 부담이 되었던 것도 사실이다. 소송이 시작된 3년 후인 1976년, 노턴 사이먼 재단은 나타라자상에 대한 인도 정부의 소유권을 인정하고 반환에 합의함으로써 이 사건은 타결되었다.

그러나 반환의 반대급부로 인도 정부는 노턴 사이먼 재단에 10년간 나타라자상을 보유하며 전시할 권한을 인정했다. 또한 사이먼 재단이 소장한 인도 문화재와 차후 1년 동안 구입하는 해외 소재 인도 문화재에 대해 인도 정부는 반환을 요구하거나 소송을 제기하지 않겠다고 약속했다. 이로써 노턴 사이먼 재단이 불법으로 보유한 수많은 인도 문화재가 합법화되는 결과를 가져왔다. 사이먼 재단은 또한 벤 헬러로부터 인도 문화재 다수와 배상금으로 20만 달러를 받았다.

이 사건은 법적 판결 없이 타결되었지만, 문화재 반환소송에서 미국 법정이 취하는 태도를 감안할 때, 소송이 계속되었다면 다음과 같은 이유에서 인도 정부에 유리한 결말을 가져왔을 것으로 보인다.

1. 1970년대 들어 미국 법정은 매장 문화재에 대한 원천적인 국가

소유를 규정한 외국 국내법의 효력을 인정하는 판례를 여러 차례 남겼음을 볼 때[4] 이 사건에서도 1878년 인도의 매장문화재법에 의거하여 나타라자의 인도 정부 소유권을 인정했을 것이다.

2. 미국의 도난물법SPA은 외국 정부가 소유권을 보유한 문화재가 미국으로 불법 반입되었을 때, 구매자가 불법 반입된 사실을 알고 구입한 경우 이러한 물품을 도난물로 간주하여 세관에서 몰수하도록 규정하고 있다.

3. 미국 법정은 문화재 반환소송에서 원소유국 정부가 도난 문화재를 회복하려고 응분의 노력을 기울였는가? 즉 소송시효가 끝나지 않았는가 하는 문제를 다룰 때 종종 '요구와 거절의 원칙Demand and Refuse Rule'을 채택한다. 도난 문화재를 발견한 원소유자가 그것의 반환을 요청했지만 거절되었을 때부터 공소시효가 시작되며, 아무리 오래전 도난사건이라도 공소시효는 그때부터 시작된다. 따라서 나타라자상의 미국 내 소재를 확인한 즉시 다각적으로 환수조치를 취한 인도 정부는 공소시효의 제한을 받지 않았을 것이다.

수많은 귀중한 문화재가 허술한 관리체제 아래 불법 유출되는 상황에 속수무책이었던 인도 정부가 뒤늦게 미국 법정에서 막강한 노턴 사이먼 재단을 상대로 보물 중의 보물인 나타라자상의 환수를 시도한 것은 무모해 보이기까지 했다. 그러나 이 보물은 돌아왔다. 무엇보다도 나타라자상은 인도의 오래된 종교와 예술을 상징하는 최고 문화재였기 때문에 인도 정부는 국민감정의 전폭적 지원을 배경으로 경직된 법적 판결보다는 유연한 외교적 중재를 통하여 노턴 사이먼의 도덕적 양보를 이끌어냄으로써 타결의 전기를 마련했다.

미국은 이 사건으로 인도와 관계가 악화되는 국제정치적 위험요인을 회피하기 위해서라도 적극적으로 외교적 노력을 경주했다. 특히 중재에 나선 모이니핸 대사는 냉전의 미묘한 국제정치 현장에서 미국과 인도의 우호관계라는 큰 틀에 입각하여 정치인, 대사로서 몸을 사리지 않고 중재에 뛰어들어 당사자들의 상호 양보적 태도를 이끌어냈다. 문화재 반환협상에서 정치적·외교적 중재노력은 필수적이라 할 수 있다. 그러나 여기에는 점차 제3국 문화재 보호에 열의를 쏟는 미국 정부와 당시 미국 법원의 전향적인 자세가 분쟁타결의 기제였음은 분명하다.

나타라자 반환사건은 법정 소송을 중지하고 합의에 이르렀기 때문에 판례로 남지는 않았지만, 오랫동안 문화재 반환의 모범적인 전례로 기록되었다. 당시는 불법 문화재 반환에 관한 유네스코 협약이 발효된 직후였던 만큼, 참고할 만한 국제법이나 국제관례가 없는 상황에서도 양측은 외교적·법적 조치를 적절히 병행하여 원만한 타협에 도달함으로써 양측 모두 원원하는 결과를 얻을 수 있었다.

나타라자상의 환수를 계기로 인도 정부는 인도 문화재의 불법 유출이 줄어들 것으로 기대했다. 그러나 인도 정부가 노턴 사이먼 재단에 1년간 인도 해외 문화재를 마음껏 구입할 길을 터준 것은 당시 인도 문화재 유출의 규모와 미국 시장의 규모를 몰랐기 때문이다. 결과적

돌아온 세계문화유산

으로, 인도 정부는 1년간 제한 없이 인도 문화재가 불법 유출되어 미국 시장으로 반입되는 상황에 속수무책이었고 이 기간에 인도 문화재가 대대적으로 유실되었을 것으로 추정된다. 현재 전 세계의 박물관에는 나타라자 청동상이 약 100여 점 소장되어 있는데, 이 중 미국을 통해 들어온 나타라자상은 불법 유출된 문화재라는 이유로 인도 정부와 소유권 분쟁이 끊이지 않고 있다.

돌아온 나타라자상

노턴 사이먼 재단에 대한 나타라자상의 10년 대여기간이 종료된 1986년 5월, 나타라자상은 고향을 떠난 지 27년 만에 타밀나두에 귀환했다. 반환소송에서 승리한 기쁨과 흥분은 사그라지고 10년의 대여기간에 이미 그 존재는 인도 국민의 기억에서 희미해졌다. 호송을 위해 로스앤젤레스로 날아간 인도 문화재청장 나가라자 라오와 함께 공항에서 간단한 환영식이 있은 후 나타라자상은 원래 있었던 타밀나두 시바푸람의 신전으로 돌아가지 않았다. 귀중한 문화재를 보호하기에 신전 건물은 너무 낡았고 도난이나 재난사고에 취약했다. 1980년대 인도 정부는 이러한 신상들을 보호하기 위해 타밀나두의 한 지역Tiruvarur에 대형 창고와 유사한 신상 센터Icon Centre를 건립하여 신전에 돌아가지 못한 오래된 신상들을 보호하고 있다. 갈 곳 없는 신상들이나 쇠락한 신상들을 위한 일종의 수용소이며 양로원인 셈이다. 나타라자상도 이 센터에 들어갔다가 후에 설비가 좀 더

양호한 타밀나두의 한 신전 지하 수장고로 이전되었다.* 하지만 이곳 역시 창고다.

이제 나타라자상은 종교활동에 더는 참여하지 못하고, 전시도 되지 않는 창고나 지하의 수장고에 감금되어 있다. 그동안 노턴 사이먼은 로스앤젤레스 파사데나박물관을 인수하여 최고 시설의 노턴 사이먼 박물관을 개관했다. 나타라자상과 함께 발굴되어 노턴 사이먼에게 매각된 시바의 가족상Somaskanda이 노턴 사이먼 미술관의 화려한 전시실에서 귀중한 인도 문화재로 이름을 날리며 전시되고 있는 것과 비교할 때, 명성이 압도적인 나타라자가 지금은 이름 없는 수용소에 처박혀 있게 된 현실은 참으로 역설적이다.

인도 최고의 문화재로서 불법으로 유출되었다가 다시 환수되기까지 일대 역정을 거친 나타라자는 이제 그 피곤한 존재를 수용소에 맡기고 역사적·예술적 명성은 점차 잊혀갔다. 그러나 적어도 고향에서의 안식은 찾았다.

---

* 나타라자자상은 현재 설비가 양호한 타밀나두의 카팔레시와라 신전(Kapaleeshwarar Temple)의 수장고에 보관되어 있다고 한다.[5]

돌아온 세계문화유산

CHAPTER 06

터키 땅의 리디아^{Lydia} 보물
- 불법 수집된 문화재 반환

리디아의 크로이소스 유물 중 날개 달린 해마의 순금 브로치.
기원전 6세기 작품, 높이 3~4cm, 무게 14.3g. 우사크 고고박물관 소장.
물고기의 꼬리와 새의 날개를 달고 있는 이 해마는 육해공을 상징한다.
해마의 다리 부분에는 금으로 된 석류 모양의 매듭이 3개 금줄에 매달려 있는데,
세계적으로 이러한 종류의 공예품은 유례가 없다.

"……그대, 오래오래 사시며,
마이다스의 금과 리디안 보물 함께하기를,
트로이와 유프라데스 왕관을 넘어서는 행운이 깃들기를 빌지만,
그대, 변덕스러운 민중들과 법이나 군대에 분노하지 마시라
갈망과 두려움을 제어하는 당신의 위대한 영혼은
어떠한 욕망보다도 고귀한 것이리니……."

_폴리우스 스타티우스Publius Papinius Statius, AD 45~96,
〈숲(Silvae)〉 2.2.(1세기 로마 정치인 폴리우스의 진귀한 예술품 컬렉션에 대한 찬양시 중 일부)

터키지역에 무진장 묻힌 여러 다른 고대문명의 유물

우사크지역에서 도굴된 전설의 부자왕 크로이소스 보물

1970년 터키의 주요 일간지 〈쿠무리에트신문〉 외신부 기자 외즈겐 아카르Oezgen Acar는 영국 〈선데이타임스〉 기자 피터 홉커크Peter Hopkirk의 예고 없는 방문을 받았다. 아카르와 대면한 홉커크는 한 정보를 내놓았다. 최근 터키 서부 헤르무스강일명 팍톨루스강 협곡의 우사크마을 고분군에서 도굴된 것으로 보이는 리디아Lydia 보물, 일명 크로이소스 보물Kroesus treasures. 터키어로는 카룬보물(Karun treasures)이 뉴욕 메트로폴리탄박물관MET 지하 수장고의 철제 캐비닛에 보관되어 있다는 것이었다. 홉커크는 "만약 MET 같은 세계 유수의 박물관이 도굴꾼과 합작했다면, 이것은 아주 중대한 사건이기 때문에 직접 현장을 확인코자 급히 터키를 방문하게 되었다"라고 설명했다.

우사크는 아나톨리아반도 서부의 중심지로 서쪽은 그리스, 동쪽은 페르시아, 남쪽은 이집트와 접해 고대부터 대제국을 연결하는 동서남북의 십자로였다. 이 지역에는 기원전 9세기 발칸지역으로부터 이주해온 인도 유럽어족이 세운 프리지아Phrygia가 있었고 기원전 7세기에는 아나톨리아 원주민으로 트로이전쟁에서 트로이의 동맹국이었던

터키 우사크 지역 지도.

리디아국가의 중심지가 있었다. 리디아는 구약성서에서 '루딤'이라는 이름으로 나오는 지역이다^{예레미야 46:9}. 기원전 6세기 우사크는 리디아가 페르시아의 키루스왕에게 멸망당한 후 키루스왕과 알렉산더대왕, 페르가몬 왕조에 이어 로마제국, 비잔틴제국, 오스만투르크제국에 합병되었던 지역이다. 인류 역사를 통해 굵직굵직한 문명이 이 지역을 관통했다.

그런 만큼 이곳에는 많은 문명이 퇴적되어 남긴 엄청난 유물과 부가 쌓여 있다. 특히 우사크를 지나는 팍톨루스강은 사금으로 유명했는데, 만지는 모든 것을 금으로 바꾸었다는 전설의 주인공 마이다스는 기원전 7세기 이 지역 프리지아왕국의 왕이었다. 또한 역사상 최초로 금화를 주조한 것으로 알려진 전설의 부자왕 크로이소스^{Croesus. 터키어로는 karun}는 리디아의 마지막 왕^{재위 기원전 560~547}이었다. 금화를 처음 주조한 왕답게 대부호로 유명했던 크로이소스왕은 서양 역사에 '크로이소스 같은 부자rich as Croesus'라는 관용구를 남겼고, 톨스토이도 〈부자 크로이소스와 운명〉이라는 단편소설을 썼을 정도다. 금화를 주조하고 통용시켜 무역대국이 되었던 리디아의 중심지 우사크에 리디아의 마지막 왕 크로이소스가 남긴 진귀한 유물이 무진장 묻혀 있었을 것임은 자명했다.

아나톨리아반도의 고대문명에 관심이 많았던 아카르는 이 도굴사건을 추적하기로 결심하고 10년 이상 끈질기게 우사크를 방문하여 현장을 조사한 끝에 도굴사건의 전모를 파악할 수 있었다. 2만 개 이상으로 추산되는 우사크의 청동기시대 고분군이 1965년 처음으로 마을 주민들에게 파헤쳐지기 시작했으며, 금은제 장식품과 항아리, 조각품이 수백점 출토되자 점차 전문 도굴꾼들이 가세하면서 다이너마이트를 사용하여 무덤 벽의 프레스코 벽화를 떼어낼 정도로 대규모 도굴이 벌어졌다.

우사크 도굴품을 구입한 미국 메트로폴리탄박물관

최초 도굴꾼들에게서 유물을 넘겨받은 터키의 거래상에 따르면, 도굴된 유물 363점은 뉴욕과 스위스로 팔렸고, 그중 250여 점이 1966년, 1967년, 1968년 세 차례에 걸쳐 뉴욕의 메트로폴리탄박물관MET에 매각되었는데, 당시 MET의 고대 그리스, 로마예술 부문 큐레이터 디트리히 보스머Ditrich von Bothmer가 직접 뉴욕과 스위스의 중개상과 거래하여 150만 달러에 매입했다는 것이다.

MET는 진귀한 우사크 유물을 입수했는데도 매입을 발표하거나 카탈로그를 만들지 않았고, 물론 전시하지도 않았다. MET에서는 우사크 유물을 구입하기 전 자체 구입위원회의 심사를 거쳤지만, 모든 위원은 유물들이 과거 누군가에게 소장되었던 기록이 전혀 없는 수상한 물품임을 알면서도 출처를 크게 문제 삼지 않고 구입을 결정했다. 당시는 유물의 출처보다 진품 여부가 중요했던 시대였으며, 또한 박물관 세계에서는 "묻지도 말고 답변도 말라Don't ask, don't tell"라는 묻지마 구입관행이 통용되던 시대였다.

구입한 유물의 카탈로그를 만들지 않고 수장고에 은닉했지만, 소문이 새어나갔다. 구입한 지 3년이 지난 1973년 MET는 〈뉴욕타임스〉에 기원전 6세기 그리스 금, 은붙이 유물 219점을 입수했다는 정보를 살짝 흘리고 박물관의 다른 소장품들과 섞어서 잠시 전시했으며, 유물을 구입한 지 18년이 지난 1984년 50점을 '동부 그리스 보물East Greek Treasures'이라는 제목으로 전시했다. 유물에 가짜 라벨을 달아 터키 출처를 숨기려는 꼼수였다. 이 전시의 카탈로그를 입수한 아카르는 도굴꾼들로부터 우사크고분의 도굴품이 확실하다는 확인을 받고 이를 터키 일간지에 보도했으며, 뉴스를 본 터키 정부는 MET에 반환을 요구하기로 결정했다.

터키 정부는 1986년 워싱턴 주재 터키대사를 통해 유물의 공식 반환을 요구했지만 MET로부터 일언지하에 거부당했다. MET가 유물을 구입한 1960년대는 불법 문화재 반환에 관한 유네스코 협약이 성립되기 이전이었다. 1972년 발효된 이 국제협약은 1970년 이후에 반입, 반출된 문화재를 대상으로 하는 '1970년 기준'을 세웠기 때문에 1960년대에 들어온 문화재는 내력이 의심스러운 불법 문화재라 해도 합법적으로 매매가 가능할 때였다.

터키 정부, MET 상대 소송 개시

1987년 터키 정부는 MET 소재지의 맨해튼 연방지법에 유물 반환소송을 제기했다. 터키로서는 무모한 도박이었다. 한 번도 미국의 기관을 상대로 소송을 해본 경험이 없었던 약소국 터키가 미국 최대의 미술관 MET를 상대로 1960년대에 구입한 유물의 반환을 미국 법정에 제기한 것이기 때문이다. 그러나 터키 정부를 대변했던 미국 변호사들에게는 미국 법정이 터키 정부가 내놓은 증거를 공정하게 판결해줄 거라는 믿음이 있었다.

터키 정부는 리디아 유물의 소유권은 터키에 있으며, MET는 선의의 구매자가 아님을 다음과 같이 주장했다.

1. 리디아 유물은 터키 문화유산의 불가분한 귀중한 유산이다.
2. 터키의 1906년 매장문화재법은 터키의 모든 매장유물은 국가 소유라고 천명해 리디아 유물은 처음부터 소유권이 터키에 있고,
3. 도굴된 유물을 반출한 것은 터키 국법 위반이다.
4. MET는 이들 유물들이 도굴된 것임을 알고도 구입했다.

MET는 뉴욕주의 민사소송법에서 선의의 구매자에 3년의 공소시

효를 규정하고 있음을 들어 공소시효 소멸에 따라 터키 정부의 소송을 기각해달라고 법원에 요청했다. 유물이 1960년대에 구입되었고, 1970년대에 전시되었던 점에 비추어 1987년 터키 정부의 뒤늦은 소송은 원소유자로서 발견 및 반환 요구를 위한 합리적이고 '근면한 노력 의무duty of reasonable diligence'를 태만히 한 것이라고 주장했다.

그러나 1990년, 맨해튼 연방지법은 MET의 소송기각 요구를 거부하고 소송을 진행했다. 법원은 과거 문화재 반환소송의 다수 판례에서 유물의 행방이 알려져 원소유자가 반환을 요구한 뒤 요구가 거부된 시점에서 공소시효가 시작된다는 '요구와 거절의 원칙Demand & Refusal Rule'이 공소시효의 기준이라고 확인했다.

MET는 리디아 보물이 우사크 유적지의 일괄 출토품임을 부인하고 터키가 반환을 요청하는 보물 하나하나의 출처를 증명하라고 요구했다. 법원은 도굴꾼들과 중개상들의 증언과 함께 MET 소장 우사크 고분벽화가 다이너마이트로 파손된 도굴현장의 벽과 정확히 일치한 점을 인정하여 MET가 터키에서 도굴된 유물을 일괄 구입했다고 판결했다. 나아가 도굴과 반출 당시 모든 유물은 터키 국가 소유라고 규정한 1906년 터키 매장문화재법의 효력을 인정하여 MET 소장 리디아 보물은 터키 정부 소유로, 불법 반출된 도굴 문화재라고 판결했다.

터키 정부는 또한 도굴된 유물의 흙도 마르기 전에 아무런 출처 조사도 없이 유물을 구입하여 은닉했고, 거짓 라벨을 붙여 유물을 전시한 MET는 선의의 구매자가 아니라고 주장했다. 재판과정에서도 MET는 결코 선의의 구매자가 아니라는 사실이 증명되었다. MET 내부문

건은 MET의 유물구입에 즈음하여 MET 고위직원이 도굴현장을 방문하여 유물이 진품인지 확인했던 점, MET 내부의 그 누구도 수상한 유물의 출처를 확인하려는 노력을 전혀 하지 않았던 점을 시사했는데, 이것은 MET 지도층에서 유물이 도굴품이라는 사실을 충분히 인지했음을 말해주는 증거였다. 게다가 구입한 이후에도 18년 동안 숨겨왔고, 1984년 부분 전시에서도 '동부 그리스 보물'이라는 가짜 라벨을 붙인 점도 MET가 악의의 구매자임을 부각했다.

MET, 터키 정부에 유물 반환—소송과 합의

이 소송은 저명한 박물관의 비리사건으로 미국 언론에 크게 보도되었다. MET의 전직 직원들이 재판정에 출두하여 양심선언을 하고 박물관에 불리한 증언을 내놓을 거라는 소문도 돌았다. 유물구입에서 최저의 윤리적 기준도 충족하지 못하고 출처가 의심스러운 유물들을 마구잡이로 사들인 MET는 과거 문화재 약탈시대 제국주의 박물관의 전형적 행태를 보여주었는데, 1990년대 미국 법정에서 박물관의 그러한 행태는 더 용인되지 않았다.

국제적으로 불법 문화재 환수에 앞장서왔던 미국 법정은 모든 매장문화재는 국가 소유라는 터키의 1906년 매장문화재법의 미국 내 효력을 인정했고, 공소시효 결정에서도 유물의 행방이 알려지고 원소유자가 반환을 요구한 뒤 요구가 거부된 시점에서 공소시효가 시작된다는 '요구와 거절의 원칙'을 공소시효 결정 기준으로 채택해 피해국 터키에 유리한 태도를 견지했다. 이로써 박물관의 불법 문화재 취득행위는 문화재 반환소송에서 이길 수 없다는 원칙이 굳어졌다. 적어도 미국에서의 소송은 그렇다고 보아야 한다.

1992년 MET는 터키 정부에 합의를 제의했다. 재판을 계속한다면 패배가 확실하여 MET에 닥칠 불명예를 피할 수 없었기 때문이다. 그러나 MET는 유물 363점 전량의 소유권이 터키에 있음을 인정하는 대신 유물의 공동소장을 제의하며 5년마다 양국에서 번갈아 전시하자는 안을 내놓았다. 유물의 완전 반환에 끝까지 저항하는 MET의 태도에 터키는 단호히 거절했다. 피크리 사글라Fikri Saglar 터키 문화부장관은 협상을 하려고 1992년 터키를 방문한 MET의 윌리엄 루어William Luers 이사장과 필리프 몽테벨로Phillip de Montebello 관장을 만나주지도 않았다. 이미 터키는 6년에 걸친 MET와 소송에서 소송경비로 4천만 달러를 지출하는 희생을 치렀지만, 그 이상 출혈도 각오한 터였다.[1]

1993년 MET는 유물을 완전히 반환하겠다는 결정을 발표하면서 "터키 정부는 대부분 유물이 터키의 우사크지역에서 도굴되었다는 증거를 제시했고, 1960년 당시 이 유물을 구입할 때 MET 직원들도 유물의 출처가 의심스러웠음을 인식하고 있었다"라고 박물관의 불법행위를 어느 정도 시인했다. 그렇지만 MET는 터키 정부가 완벽한 증거를 제시하며 반환을 요구했음에도 6년간 소송을 끌어가다가 법정의 철퇴를 맞고 나서야 마지못해 반환에 합의했으므로 합의의 진정성을 의심받을 만했다.

인류의 공익을 위한 최고급 문화기관으로서 박물관의 윤리적 의무와 책임을 도외시하고 도굴품임을 알고도 유물을 몰래 구입하여 보관·전시·발표에 이르기까지 거짓으로 일관했던 MET는 미국 정부

돌아온 세계문화유산

가 선도해온 질서 있는 국제 문화재 거래정책을 정면으로 위배한 것이다. 이후에도 MET는 여러 차례 최악의 문화재 비리사건의 주인공이 되어 이른바 세계적 보편박물관의 정체성과 국제적 위신에 막심한 타격을 받았다.

1993년 리디아 유물은 대단한 경축 분위기에서 터키에 반환되어 앙카라에서 전시된 후 1995년 원래 출처지인 우사크의 작고 퇴락한 박물관으로 들어갔다. 리디아 유물의 반환에 심혈을 바친 아카르는 국민적 영웅이 되었고, 이후 터키 문화재 환수운동의 리더가 되어 많은 활약을 했다. 그는 리디아 보물의 반환과 관련하여 이들 보물을 MET에서 일괄 구입하였기에 유물이 흩어지지 않고 수십 년간 잘 보존되었다고 솔직히 인정했다.

터키의 강경외교, 문화재 반환을 위한
조용한 외교Quite Diplomacy의 실패를 확인시키다

리디아 유물의 귀환은 터키의 문화적 자존심을 한껏 고양했다. 이를 기점으로 터키는 불법 유출되어 세계 곳곳에 흩어져 있는 터키의 문화재에 대한 소유권을 주장하고 반환운동에 박차를 가했다. 세계적으로 저명한 박물관들이 대상이었고, 특히 1960~1970년대에 공격적으로 유물을 구입했던 미국

외즈겐 아카르.

의 박물관들이 주요 목표물이 되었다. 방대한 고대 유적을 무기로 터키 정부는 반환을 거부하는 나라나 박물관에는 터키의 유적 발굴 금지 또는 중요한 고대 유물의 대여 중지 등 문화재 교류단절이라는 협박카드로 압박하며 다수 유물을 성공적으로 회수하였다.

이러한 터키의 공격적인 유물회수 운동은 그리스, 이집트 등 다른 나라에도 영감을 주어 국제사회에서 문화재 회수운동에 열기를 고조했다. 나아가 터키의 성공적인 근육질 외교는 그리스, 인도, 중국, 아프리카 국가들이 문화재 반환을 위해 오랫동안 펼쳐온 '조용한 외교quiet diplomacy'가 실패했음을 일깨워주면서 문화재 반환을 위한 조용한 외교에 대한 회의감을 확산하고 있는 것이 분명하다.[2]

터키, 희생자인가, 위선자인가?

오늘날 터키는 지정학적 중요성 때문에 국제정치에서 존재감을 한층 강화하면서 세계 문화재 환수의 챔피언으로 위상을 높여가고 있지만, 다른 한편 의구심도 자아내고 있다. 적어도 터키는 세계 문화재 약탈의 희생자가 아니라 어쩌면 가해자거나 위선자라는 것이다.

터키의 직접 책임은 아니라도 오늘날 이스탄불에 서 있는 오벨리스크Obelisk of Theodosius는 4세기 로마 테오도시우스황제가 이집트에서 뽑아온 것으로, 고대 약탈 문화재의 상징적 존재다. 이스탄불의 하기아 소피아박물관과 오스만 술탄의 관저 톱카프Topkap에는 오스만투르크제국시대에 터키가 인근 무슬림 식민지에서 약탈한 무수한 이슬람 문화재가 있다. 그런가 하면 19세기 초 영국이 뜯어간 그리스 최대 유

1. 페르가몬 신전의 일부, 기원전 2세기 그리스 왕 유메네스 2세가 소아시아 페르가몬(지금의 베르가몬 Bergamon)에 지은 신전. 베를린 고대사 박물관 소장.
2. 삼사트 석비, 1.5m, 기원전 1세기, 영국박물관 소장.

물 파르테논 조각도 터키가 돈을 받고 약탈을 허가해준 악명 높은 사례다. 또한 1974년에는 사이프러스를 침입하여 사이프러스의 비잔틴 유물이 괴멸되는 사태를 초래한 책임자도 터키다.

터키로부터 유물 반환 압력을 받고 있는 독일, 영국은 파괴 직전의 터키 유물을 반출·복원해서 잘 보존해온 박물관의 노력은 도외시하고 소유권만 주장하는 터키의 이기적인 행태에 반발하고 있다. 터키가 반환을 요구하는 베를린 '페르가몬박물관의 제우스 신전'의 건물과 조각품들은 페르가몬 폐허에서 석회암 용광로의 연료로 사라지기 직전인 1864년 독일의 고고학자 카를 후만Carl Humann이 터키 정부의 허가를 받고 반출한 것이다.

터키는 또한 1926년 영국박물관이 취득한 기원전 1세기 '안티오크왕의 석비 삼사트'의 반환을 요구하는데, 이 삼사트 석비는 영국의 고고학자 제임스 울리James Woolly가 1926년 터키 삼사트에서 구입하여 당시 프랑스 점령하에 있던 시리아를 통해 반출한 것이다. 1906년 터키 문화재법에 따르면 이러한 반출은 불법이다. 그러나 돌 가운데 둥그런 구멍이 나 있는 이 석비는 당시 터키의 농가에서 올리브기름을 짜는 도구로 사용되었음을 보여준다. 이 때문에 영국은 터키의 석비 반환 요구를 거절했으며, 그 보복으로 터키 정부는 영국박물관의 야심찬 전시회 '하지: 이슬람 심장부로의 여행Hajj: Journey to the Heart of Islam'에 유물 대여를 거부하여 영국 관람객들을 실망시켰다.

사실상 터키가 위치한 아나톨리아반도에서 발굴된 유물은 11세기이 지역에 정착한 터키 민족과는 관련이 없는 것들이다. 아나톨리아는 터키 민족이 정착하기 전 신석기시대부터 수천 년의 고대역사를 간직한 지역이다. 이곳에서는 문명이 수십 개 태어났고 이스탄불만하더라도 고대 로마와 중세 비잔틴제국, 근세 오스만터키 3제국의 수도였다. 이 지역에는 그리스보다 더 많은 고대 그리스 도시의 유적지가 있고, 이탈리아보다 더 많은 고대 로마 유적지가 남아 있다.

1453년 이스탄불을 점령한 터키는 이들 고대문명의 후예가 아니다. 고대 유물의 계승자가 아니라 관리자일 뿐이다. 문화재 환수가 윤리적으로 중요하다면, 그것은 문화재가 과거와 현재의 고리이기 때문인데, 이 말은 터키에는 해당되지 않는다. 대부분 서구 국가들은 오늘날 터키인이 아나톨리아의 고대 유물과 관련이 없다고 본다. 그렇기 때문에 터키 영토 내에서 발견된 문화재라 해도 터키 민족의 문화에 기원을 두지 않은 문화재는 일단 터키 영토를 떠나면 더는 터키 문화재로 인식될 수

돌아온 세계문화유산

없고, 터키는 이의 반환을 요구할 수 없다는 것이 서구 국가들의 견해다.

터키의 다문화 문화재 – 민족의 유물이 아닌 땅의 기억

이에 대해 터키는 '역사는 현장에서 빛난다History is beautiful where it belongs'라는 기치를 내걸고, 역사에서 민족이나 언어와 같은 주관적 차원이 아닌 불변의 땅의 중요성을 강조한다. 땅만이 진정으로 역사를 기억하며, 땅을 통해서만 아나톨리아반도 다문화의 과거를 이해할 수 있다고 주장하면서 아나톨리아반도에 자리 잡은 터키의 문화적 정체성과 자신감을 피력한다. 그렇지만 터키의 무슬림 주민들이 터키 땅에 존재하는 이슬람 이전의 낯선 문명에 냉담한 반응을 보이는 것 또한 무시할 수 없는 사실이다.

우사크에 돌아간 크로이소스 보물은 우사크 고고학박물관에 전시되어 있지만 연 5천 명 수준의 보잘것없는 관람객만을 끌어모을 뿐이다. 이 숫자는 MET의 하루 관람객 수에도 미치지 못한다. 게다가 1995년 돌아온 크로이소스 유물 중 최고 보물로 간주되는 해마 금 브로치가 2005년 도난당하는 사건이 발생하기도 했다. 진짜와 바꿔치기된 가짜가 박물관에 전시되어 있었던 것을 뒤늦게 발견한 터키 정부의 필사적 노력으로 진품은 2006년 무사히 회수되었다. 그런데 범인은 다름 아닌 이 보물을 소장한 우사크 고고학박물관 관장이었다. 그는 MET로부터 이들 유물을 환수하는 데 지대한 공헌을 한 인물이기도 하다.

이 사건은 문화재 환수 이후 원소유국에서 문화재의 확실한 보존을 담보할 수 없다는 선진국 박물관들의 논리에 힘을 주어 한동안 여러 나라의 문화재 환수 캠페인에 부정적 영향을 주었다. 터키는 이 사고로 미국과 유럽에서 벌이던 문화재 환수운동을 일시 중단해야만 했다. 그러나 터키 정부는 일시적 해프닝에 물러서지 않고 꾸준히 해외 박물관에 소장된 터키 문화재의 내력을 조사하며 해외 소재 터키 유물을 회수하기 위한 공세를 늦추지 않고 있다.

터키는 아나톨리아반도의 다문화 과거를 적극 내세워 2023년 터키 공화국 탄생 100주년 기념에 맞추어 이스탄불에 세계 최대의 '문명박물관Museum of Civilizations'을 개관한다는 야심찬 계획을 발표했다. 이 계획은 벌써부터 미국과 유럽의 여러 박물관에 불안을 안겨주고 있다. 결국 세계 유수 박물관에 흩어져 있는 터키 유물을 회수해야만 터키의 새로운 박물관을 채울 수 있기 때문이다.

이러한 계획을 측면 지원하기 위해 터키 정부는 최근 유물회수위원회를 대대적으로 보강하고 터키 외무부와 협조하여 해외 문화재의 소재파악에 주력하면서 전 세계 박물관, 옥션하우스, 세관을 조사해 터키 문화재를 파악하고 불법 터키 문화재에 대한 반환요청, 소송과 판매저지에 나서고 있다.

회수 대상에는 100년 이상 된 불법 문화재도 포함되어 있는데, 세계의 박물관들은 이러한 터키의 공격적인 전방위 문화재 회수 캠페인에 황당하다는 반응을 보이면서도 전전긍긍하는 모습이다. 이미 미국의 박물관들은 법률팀을 대폭 보강하여 터키 공세에 대비하고 있다. 영국과 프랑스는 반환 불가라는 태도를 표명했는데, 이에 터키는 프랑스에 대해서는 유적 발굴권 취소, 영국에 대해서는 유물 교류 거부라는 보복수단을 휘두른다. 세계는 지금 터키가 벌이는 이 문화재 전쟁의 귀추를 주시하고 있다.

CHAPTER 07

신비의 짐바브웨 새
- 절단된 국가의 상징, 그 귀환과 복구

짐바브웨 새의 석상.
새조각 26.7cm, 받침대 23cm, 기둥 115cm, 악어조각 40cm,
7~10세기 제작 추정, 짐바브웨 국립유적지 소장.

이 꿈을 꾸던 그 마음은…….
이 집을 엮은 그 기술은…….
이 모든 침묵을 결집한 그 많은 손은…….
이 돌들을 보아라, 침묵의 그 확실한 끝을…….
우리 조상들의 지혜를 이 돌 속에 봉인하리니-
그곳에 비밀이 살아 있을 것이로다…….

_무사 지무냐Musa Zimunya, 〈위대한 침묵〉Great Silence, 1979

짐바브웨 수수께끼
－아프리카 원주민의 유적인가, 고대 백인문명의 흔적인가?

아프리카 원주민 쇼나왕국

16세기 무렵 아프리카 동부 연안에서 무역을 했던 포르투갈 상인들 사이에 소문이 나돌았다. 오늘날 짐바브웨 중부지역을 흐르는 림포포강 북쪽에 위치한 마스빙고지역의 해발 1천 미터 고원에 펼쳐진 사바나 수풀지역에 오랜 세월 비바람에 씻기고 부서진 거대한 석조 왕궁의 폐허가 널려 있다는 소문이었다.

　금광이 있고 코끼리, 자칼 등 야생동물이 풍부한 이 지역에는 4~7세기 무렵 서부 아프리카에서 이주하여 정착한 쇼나Shona인들이 거주했다. 이들 쇼나 원주민들은 인도양을 건너 아프리카 동남부 해안으로 들어온 아랍 상인들과 금, 상아를 주고 페르시아, 인도, 이집트, 중국산 물품을 교역하면서 부를 일궈 10세기 무렵에는 쇼나왕국을 건설하고 림포포강 남쪽으로 세력을 확장했다. 16세기 초엽, 아프리카로 진출한 포르투갈 상인들은 아랍 상인들을 쫓아내고 이곳 쇼나 원주민들과 교역하며 300여 년간 짐바브웨고원에 머물면서 쇼나왕국을 침략했지만, 이 지역을 정복하지는 못했다. 그러다가 포르투갈인들은 19세

짐바브웨 지도.

기 초 아프리카 남쪽에서 밀고 올라온 네덜란드인, 영국인들에게 쫓겨났다.

포르투갈 상인, 군인, 선교사들은 처음에 왕궁 유적지 폐허에서 얻었다는 금붙이 장신구를 한 쇼나 원주민들에게서 유적지 이야기를 들었지만, 원주민들의 항의 때문에 유적지에는 들어가지 못했다. 그러나 포르투갈 지리학자 주오 디 바루스João de Barros, 1496~1570는 이 폐허에 들어가 보았다는 아랍인들의 이야기를 다음과 같이 기록으로 남겼다.

"문자가 없는 원주민들은 이 유적지를 언제 누가 만들었는지 전혀 알지 못하며 귀신이 만든 곳이라고 말했다. 그들의 지적·기술적 수준에서 이해하기로는 도저히 사람이 만들 수 없는 거대한 건축물이었다. 원주민들은 이곳을 '짐바브웨Symbaoe'라고 불렀는데, 쇼나어로 '큰 집', '왕궁' 또는 '성소聖所'를 뜻하며, 아직도 그 폐허에는 지배층 귀족들이 거주한다. 또한 이곳에 대해 들은 것이 많다는 아랍인들의 말을 빌리면, 이곳은 오랜 옛날 금광을 소유한 어떤 왕자가 지은 궁이었으나, 왕

돌아온 세계문화유산

자의 본국과 멀리 떨어져 있고, 후에 전란으로 이 지역에서 금채굴이
어렵게 되자 버려졌다고 한다."[1]

그레이트 짐바브웨 – 솔로몬과 시바의 유적지 오빌인가?

포르투갈인들은 이곳이 옛날부터 유명한 금 산지였고, 중동지역과 금,
동, 상아, 동물가죽 등 진귀한 물품교역의 중심지였음을 고려할 때, 솔
로몬왕에게 금과 보물을 다량 헌상했던 시바여왕과 관련된 유적지가
아닐까 추측했다. 이러한 포르투갈 기록이 유럽에 알려지면서 이 짐
바브웨 유적지는 '그레이트 짐바브웨Great Zimbabwe'로 불렸으며, 수세
기에 걸쳐 서양인들의 비상한 호기심과 상상력을 발동시켰다.

1600년대 초부터 네덜란드인들은 아프리카 남쪽 끝 케이프타운을
200년간 점령했지만 1800년대 초 새로이 케이프타운을 점령한 영국
인들에게 축출되었다. 이후 네덜란드인들Afrikaner, 남아프리카 태생의 네덜란드인은
떼 지어 북쪽으로 대거 이주했고, 그 여파로 1866년 그레이트 짐바브
웨 지역 원주민들의 쇼나왕국, 즉 짐바브웨왕국은 멸망했다. 이후 이
지역은 쇼나 부족장들이 할거하는 국가 없는 무주지가 되었고 왕궁이
있던 거대한 유적지는 폐허가 되었다.

이 무렵 제국주의 유럽 국가들이 아프리카 탐험을 본격적으로 시작
하며 유럽의 선교사들과 탐험가들이 대거 이곳으로 몰려들었다. 성서
적·과학적 지식을 추구하며 아프리카 오지에서 갖은 고난을 무릅쓴
유럽의 선교사들과 탐험가들은 계몽주의의 순교자들로 미화되지만,
사실상 이들 중 많은 사람은 제국주의의 부역자들로서 상아나 값비싼

대성벽 북쪽 출입구 서까래. 마우크가 솔로몬의 백단목이라고 선전했던 것인데, 아프리카에서 오래전부터 건축자재로 사용되던 14세기 아프리카 백단목으로 판명되었다.

동물 가죽을 얻기 위해 밀림을 헤매는 밀렵꾼들이거나 고대 유물을 손에 넣으려고 유적지를 파헤치는 도굴꾼들이었다.

이러한 시기 남아프리카에서 처음으로 금광을 발견한 독일인 카를 마우크Karl Mauch는 독일인 선교사로부터 그레이트 짐바브웨 유적지 이야기를 듣고 1871년 유럽인으로는 처음으로 이 유적지에 들어와서 상세한 스케치와 함께 기록을 남겼다. 그는 포르투갈 기록에서 멋대로 비약하여 이 지역은 성서에서 솔로몬왕에게 금과 백단목을 실어 보냈던 오피르 지역*이며, 신비한 유적지는 금광을 경영하기 위해 건축된 시바여왕의 궁성일 것이라고 주장했다. 실망스럽게도 유적지에서 금, 은, 보석이나 성서의 기록을 뒷받침해줄 어떠한 유물도 나오지 않았지만, 그는 유적지 폐허 건물에 남아 있던, 아프리카 백단목으로 된 석가래 한 조각을 몰래 잘라내 가지고 나와 솔로몬의 백단목이라고 선전했다.[2]

---

* 열왕기상 10:11, 우리말 성서에는 '오빌'로 표기된다.

　　　　　　　　　　돌아온 세계문화유산

당시는 다위니즘의 영향으로 고고학에서도 인종주의가 팽배했다. 백인들은 아프리카 원주민들의 문명 건설능력을 절대 인정하지 않았으며, 아프리카와 같이 낙후된 지역에 남은 문명의 흔적은 이집트 문명조차도, 원래는 코카서스 인종의 백인들이 이룩하고 후에 버려진 것으로서 일종의 '사라진 문명Lost Civilization'의 한 예라고 믿었다.

오늘날에도 오빌의 위치는 확인되지 않았는데, 아프리카 숲속에서 수백 년 조용히 묻혀 있던 거대한 짐바브웨 유적의 존재는 성서의 전설적 도시에 남겨진 유적이거나 사라진 문명의 재발견이라는 이야기로 비약하면서 유럽인들에게 '짐바브웨 수수께끼Riddles of Great Zimbabwe'라는 숙제를 남겼다. 이후 20세기 초 현대과학으로 무장한 고고학자들이 이곳을 발굴하고 방사선 연대측정 결과를 발표하여 그레이트 짐바브웨는 농경과 목축, 금광과 교역으로 부를 축적한 쇼나인들이 9~14세기에 건설한 중세 유적임을 확인했다. 그럼에도 식민지 경영을 정당화하려는 유럽인들은 아프리카 오지에 펼쳐진 놀라운 거대 유적지는 아프리카 문명 수준으로는 불가능하며, 아프리카 원주민이 아닌 수메르, 이집트, 인도 등의 다른 고대문명이 남긴 유적지이거나 기원전 페니키아 또는 아랍상인들의 식민지 또는 성서에서 사라진 유대종족의 한 지파가 남긴 고대 유적이었을 거라는 믿음을 쉽게 단념하지 못했다.

그레이트 짐바브웨의 불가사의한 모습

유럽인들이 그레이트 짐바브웨Great Zimbabwe라고 부른 이 유적지는

해발 1천 미터의 고원에 자리 잡은 면적 7.5제곱킬로미터에 펼쳐진 불가사의한 거대한 석조건조물로 이루어져 있다. 왕궁과 신전으로 추정되는 거대한 화강암 돌무더기의 건물 잔해 Hill Complex와 회반죽을 사용하지 않고 화강암 파편을 정교하게 쌓은

1. 그레이트 짐바브웨. 맨 앞쪽이 언덕지구, 맨 위는 대두역, 중간 부분은 계곡지구.
2. 언덕지구.
3. 대성벽과 원추형 탑.

높이 11미터, 길이 250미터에 타원형을 이루는 두 겹의 대성벽Great Enclosure, 그리고 그 대성벽 사이에 지름 5.5미터, 높이 9.1미터의 거대한 원추형 탑이 서 있다. 특히 거대한 성벽은 19세기 유럽 제국주의자들의 발길이 닿기 전까지 사하라 이남지역에서는 가장 큰 건조물이다. 이들 개개 건조물들의 용도와 성격은 아직도 확실히 밝혀지지 않았지만, 이 유적지는 거대한 규모로 보아 쇼나왕국의 정치적·종교적 핵심 공간이었을 것이 분명하다. 대성벽 아래의 골짜기에는 작은 담

돌아온 세계문화유산

을 두른 허물어진 흙집들이 200여 채 흩어져 있는데Valley Complex, 왕국 주민들의 거주지였을 것으로 추정된다.

그레이트 짐바브웨의 유적지 곳곳에서는 중국, 페르시아 등지의 도자기 파편이나 동전, 유리구슬과 같은 장신구들이 출토되어 이 왕국이 근동지역과 상당한 무역을 했음을 알려준다. 한창때는 인구가 1만 8천 명에 달했던 왕도였을 것으로 추정되는 이 유적지는 이 일대의 기후변화에 따른 농업, 목축업의 피폐와 금광의 고갈, 포르투갈인들의 압박과 왕국의 내분 등으로 짐바브웨 왕국이 쇠퇴를 거듭하면서 차츰 폐허가 되었을 것으로 추측할 뿐이다.

짐바브웨에 세워진 백인국가 로데시아 - 그레이트 짐바브웨의 훼손

'짐바브웨 수수께끼'를 확대 재생산한 사람은 영국인 세실 로즈Cecil Rhodes, 1853~1902다. 남아프리카에서 다이아몬드회사 드비어De Beers를 세워 세계 다이아몬드 시장을 석권한 억만장자 로즈는 1890년 남아프리카 영국 식민지Cape Colony. 현재의 남아프리카공화국의 총리가 된 뒤에도 계속해서 아프리카 북쪽으로 식민지 확장을 꾀했다. 영국제국주의의 신봉자였던 그는 영국인이 세계 각지를 식민지로 삼는 것이 세계와 인류의 발전에 바람직하다고 공공연히 주장한 철저한 인종주의자였다. 영연방과 미국의 엘리트를 대상으로 옥스퍼드대학에 설치된 로즈 스칼라십은 1902년 그의 유언에 따른 것이다. 로즈의 정치이념은 훗날 남아공에서 시행되었던 악명 높은 아파르트헤이트Apartheid. 흑백인종 분리주의의 전주곡이라 할 것이다.

로즈는 점차 영국 정부의 통제를 받지 않는 자신의 왕국을 건설하려는 야망을 가지고 1890년 영국 동인도회사를 본떠 설립한 '영국 남아프리카회사BSAC, British South Afrika Company'의 군대를 동원하여 남아공 북쪽 짐바브웨의 광대한 영토를 점령했다. 1895년 그는 백인 이주민들과 함께 짐바브웨에 자기 이름을 딴 로데시아Rhodesia를 건설했다1898년 남로데시아Southern Rhodesia로 국명 변경.

로즈는 짐바브웨로 투자자들을 유인하기 위해 탐험가와 언론인들을 대거 동원하여 짐바브웨 지역의 금광과 그레이트 짐바브웨 유적지를 과장해서 홍보했다. 그는 이 유적지가 성서의 도시였거나 이스라엘의 사라진 지파가 이룩한 고대문명이었지만 아프리카 원주민들이 이곳을 차지하여 훼손해왔으므로 유럽인들이 이곳을 회복해야 한다고 주장했다. 또 로데시아가 백인 고대문명의 르네상스를 가져올 것이며, 유럽 고대역사의 프런티어가 될 것이라고 대대적으로 선전했다.

그는 짐바브웨를 점령한 직후 그레이트 짐바브웨 반경 1.6킬로미터를 고고학적·과학적 목적의 금지구역으로 설정하고 원주민을 배제한 채 어용 고고학자들을 동원하여 발굴했다. 그는 자기 주장을 뒷받침할 백인문명의 흔적을 찾기 위해 유적지를 마구 파헤쳐 결정적으로 훼손했다. 또한 그는 유적지에 남아 있던 항아리, 석조 동상, 옛날 공구 등 모든 유물을 반출해서 남아공박물관 또는 영국박물관에 기증하거나 남아공에 있는 자기 사저에 소장했다.

신비의 짐바브웨 새 Zimbabwe Bird

그레이트 짐바브웨의 주인공

이 지역에 대한 서양인들의 낭만을 일층 고조한 계기는 '짐바브웨 새 Zimbabwe Bird'를 발견한 일이었다. 유적지 인근의 활석 채석장에서 채취한 활석soap stone. 곱돌으로 조각된 신비스러운 새의 석상 8점이 그레이트 짐바브웨 유적지의 왕궁과 신전 폐허에서 발견되었다. 모양은 조금씩 다르지만, 대체로 높이 30센티미터 정도의 새 조각과 이를 받치는 1미터 내외의 기둥은 하나의 돌로 조각되었는데, 새의 머리 모습은 독수리 또는 물수리와 같은 맹금이지만, 다리는 인체의 형태를 보이며, 곳곳에 갈매기 문양chevron shape이 있고, 기둥에는 기어오르는 악어가 조각되어 있었다.

어느 민족의 신화에서나 새는 메신저의 상징이다. 특히 독수리와

조금씩 모양이 다른 짐바브웨 새의 석상 3점, 1891년 촬영.

같이 드높게 하늘을 나는 새는 하늘과 인간의 매개체라는 은유가 더욱 강하다. 신전에 세워진 새의 조각으로 보아 새는 짐바브웨인들에게 조상의 소식을 전하는 전령이었고 비, 바람이나 자연현상을 예고해주는 하늘의 전령으로 간주된 존재였을 것이다. 왕궁에 세워진 새 조각은 선대왕들의 모습을 직접 나타낸 것이든가 왕의 조상이 섬겼던 토템을 의미했을 것인 만큼, 조상의 영혼과 국민을 매개하는 중재자로서 왕의 역할을 상징하였을 것이다.

비록 짐바브웨왕국은 멸망했고 그레이트 짐바브웨는 폐허가 되었지만 주민들은 계속 이곳 유적지를 맴돌며 유적지와 관계를 유지하고 있었다. 주민들은 유적지의 대성벽을 가축우리로 사용하였고 유적지 주변에서 농사를 지었다. 유적지는 조상의 목소리를 전달하는 주술사들이 거주하는 신앙의 장소였으며, 정치적 문제를 논의하기 위해 부족 지도자들이 모이는 장소였다. 이곳을 차지하려는 부족들 간의 무력투쟁이 끊이지 않았던 점에서 정치적 권위가 지속되었음을 알 수 있다. 왕국은 멸망했어도 유적지는 주민들에게 삶의 현장이었고, 과거와 조상에 대한 기억의 원천이었으며, 정복자에 맞서 민족주의를 일깨우며 미래를 설계하는 정치적 공간이었다. 그러므로 이곳에 남아있던 신성한 새 석상은 짐바브웨 국가와 국민들의 종교적·신화적 과거를 대변하는 상징이었고 왕국의 기억을 되살리는 매체로 그레이트 짐바브웨 유적지의 주인공이었을 것이다.

1889년 그레이트 짐바브웨 유적지에 들어온 두 번째 유럽인으로 사냥꾼이자 보물 수집가인 남아공 주민 윌리 포셀트Willy Posselt는 주

세실 로즈와 그의 옥스퍼드 자택 지붕 꼭대기에 세워진 신비의 짐바브웨 새 복제품.

민들이 항의하는 데도 유적지에 침입했다. 그는 성채를 지키는 원주민 경호원에게 털담요 몇 장을 뇌물로 주고 유적지의 신전에서 상태가 가장 좋은 새 조각을 돌기둥에서 뜯어내 남아공으로 반출했다. 포셸트는 반출한 새 조각을 로즈에게 매각했다.

로즈의 남아공 저택Groote Schuur을 장식한 이 새는 그레이트 짐바브웨의 정복을 상징하는 아이콘이 되어 수많은 탐험가, 고고학자, 보물 수집가들의 호기심을 자극했다. 로즈는 신비한 짐바브웨 새 석상을 소유한 유일한 사람으로 신비화되어 남아프리카 일대에서 흑인 원주민들 사이에조차 막강한 카리스마를 떨쳤다. 로즈는 1902년 케이프타운에서 죽었지만, 유해는 그가 정복한 짐바브웨 지역의 마토보언덕에 백인으로서는 유일하게 짐바브웨 왕족의 예우를 받으며 묻혔다. 오늘날 그의 무덤을 짐바브웨에서 축출해야 한다는 여론이 높지만, 그의 무덤은 이미 대규모 관광객을 끌어들이는 짐바브웨 관광의 핵심 명소가 되어 있다.

짐바브웨 땅을 점령해 백인 이주민들을 주축으로 세워진 로데시아의 소수 백인 정부는 1923년 '로디지아Rhodesia'라는 영국 식민지 국가로 정식 독립했다. 철저한 흑백분리정책을 추구하며 원주민을 축출한 로디지아 정부는 짐바브웨 유적지에서 나온 새 조각을 로디지아 국기, 국가 문양, 국회 로고, 화폐에 사용하며 원주민의 역사와 문화, 정체성을 강탈했다. 이같이 피식민지 원주민들에 대한 정신적 모욕은 짐바브웨 원주민들의 민족주의를 촉발하는 기제가 되었다.

1963년 영국 본국 정부의 반대와 국제사회의 비난에도 로디지아는 일방적 선언으로 영국의 식민지에서 정식으로 독립했다. 정식 독립국가가 된 로디지아는 좀 더 철저하게 짐바브웨 유적지의 이미지를 착취하며 그레이트 짐바브웨 유적지와 현지주민을 연결하는 어떠한 고고학적 결과물도 억압했다. 1930년대 유럽에서 자행된 나치의 프로파간다를 모방한 정보탄압으로 역사교과서, 신문, 방송, 국가소개 안내책자나 박물관 브로셔 등에서 원주민의 존재를 지우려고 광분했다.

1980년 짐바브웨 원주민들은 무력항쟁으로 로디지아 백인 정부를 무너뜨리고 독립을 쟁취했다. 독립투쟁에 참가한 원주민 여러 무장단체는 만장일치로 짐바브웨라는 국명을 채택했다. 유적지 이름을 국명으로

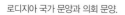
로디지아 국가 문양과 의회 문양.

돌아온 세계문화유산

택한 최초의 사례다.
이것은 짐바브웨 유적
지가 독립항쟁 기간에
여러 정파를 하나로
모아 독립운동의 구심
점 역할을 한 이유도
있지만 직접적으로는
짐바브웨 역사와 과거
를 침탈했던 로데시아
백인 정부에 항의하는
의미가 컸다. 로즈가
그토록 애지중지하여

짐바브웨 국군기, 짐바브웨 여권, 짐바브웨 화폐.

로데시아를 상징했던 짐바브웨 새 조각은 다시금 독립 짐바브웨의 국기
와 화폐, 우표 등 짐바브웨의 주요 문양으로 열렬히 사용되는 역설을 가
져왔다.

그레이트 짐바브웨 돌의 침묵은 계속된다

그레이트 짐바브웨의 과거를 침묵 속에 묻어라
독립항쟁을 이끌었던 무가베 총리는 독립한 당일 저녁 "독립은 우리
에게 새로운 전망과 새로운 역사, 새로운 과거를 부여할 것이다"라고

천명했지만, 독립 후 짐바브웨는 과거 짐바브웨왕국의 유적지에 대한 아무런 연구, 조사 없이 과거 역사를 침묵 속에 묻어버렸고 단지 관광사업을 위한 유적지 관리에만 신경 썼다.

독립 후 로데시아 백인 정부 못지않은 가혹한 독재정치를 편 무가베 대통령은 국제정치의 냉전기간 중 소련의 공산진영에 가담하면서 로즈가 짐바브웨의 역사와 정체성을 훼손했던 것과 마찬가지로 그레이트 짐바브웨의 전설과 역사 왜곡을 시도했다. 그는 그레이트 짐바브웨가 백인들의 아프리카 식민통치 이전시대의 아프리카 사회주의 체제에서 구현된 평등사회의 유적지라는 프로파간다를 퍼뜨리기도 했지만, 주민들은 냉담했다.

짐바브웨 주민들에게 역사적·문화적·애국적 의식을 고취하여 짐바브웨 독립운동에 영감을 불어넣었던 그레이트 짐바브웨는 독립 후 침묵속에 묻혔다. 유적지 조사나 발굴을 하지 않았고 유적지의 의미와 그 건설자들에 대한 역사적 해명은 이루어지지 않았다. 물론 백인 정부 아래에서 샅샅이 파괴된 유적지를 고고학적으로 복구하여 과거를 제대로 조명하는 것은 불가능한 일에 가까운지 모른다. 문제는 대다수 원주민이 그레이트 짐바브웨 유적지를 그대로 놓아두기를 원한다는 것이다. 그레이트 짐바브웨에 대한 조사연구는 필연적으로 그레이트 짐바브웨 건설자에 대한 조사로 이어지고, 특정 부족들의 조상에 초점을 맞추게 되기 때문이다. 그렇게 되면 부족에 앞서는 과거 아프리카 원주민들의 위대한 유산을 부족의 유산으로 소비하게 되어 필연적으로 정치적·인종적 갈등을 일으킬 것이다. 이것을 경계하는 정치인들과 일반 국민들은 짐바브웨 유적지와 현실정치의 관련성을 차단하려고 그레이트 짐바브웨를 침묵 속에 그대로 묻어두기를 바라는 것이다.

1986년 그레이트 짐바브웨 유적지는 유네스코세계유산에 등재되었다. 그렇지만 그레이트 짐바브웨의 신비는 오늘날에도 벗겨지지 않았다. 유적지의 거대한 건물 구조와 내부 장식은 정확히 어떻게 이루어졌으며, 대성벽과 원추형 탑, 새 석상은 어떠한 뜻이 있고 무슨 기능을 하는지, 그곳에 거주했던 사람들의 생활은 어떠했는지, 그들의 정체성은 무엇이었는지 '짐바브웨 수수께끼'는 '짐바브웨 침묵'으로 남게 되었다.

신비의 짐바브웨 새 석상 8점의 행방

그레이트 짐바브웨에서 발견된 신비한 새 석상 8점의 행방은 어떻게 되었는가? 8점 중 6점은 국외로 반출되었다. 국외로 반출된 6점 중 최초로 1889년 포셀트가 유적지 성채Hill Comples에서 반출하여 로즈에게 매각한 1점은 아직도 로즈의 남아공 저택에 소장되어 있다. 5점은 1891년 로즈가 케이프타운의 남아프리카박물관에 기증했는데, 짐바브웨 독립 직후 남아공 정부로부터 5점 모두 짐바브웨에 반환되었다.

새의 석상 5점은 짐바브웨 자연사박물관 소장의 귀중한 곤충표본세계적 곤충학자 조지 아놀드 박사 Dr. George Arnold가 수집한 벌 표본 1천 점과 교환하면서 반환된 것이다. 짐바브웨 지식인들은 짐바브웨 최고 문화재인 새 석상을 로즈가 강탈하여 남아프리카공화국에 멋대로 기증했기 때문에 대가 없이 당연히 무조건 반환받아야 한다고 주장했지만, 신생 짐바브웨 정부는 이를 관철하지 못하고 댓가를 주고 반환받았다.

절단된 새의 석상 하반부

그레이트 짐바브웨에 남아 있던 새 석상 2점 중 1점은 독립 직후 유적지에 복원되었다. 마지막 1점은 새 석상을 처음 반출한 포셀트가 몰래 반출하고자 새 조각을 두 토막으로 절단했는데, 석상 하반부는 세실 로즈가 차지하여 1900년대 초 독일인 선교사에게 주었다. 절단된 새 조각의 상반부는 짐바브웨 독립 후 하반부 없이 유적지에 복원되었다. 로즈로부터 석상 하반부 파편을 받은 독일인 선교사 카를 악센펠트는 1907년 이를 베를린의 선교사박물관에 매각했다. 후에 선교사박물관은 이를 프러시아 왕립박물관^{현재의 국립 베를린}

새 석상 하반부. 현재 짐바브웨 소장.

인종박물관에 다시 매각했다.

1945년 제2차 세계대전 직후 소련군의 베를린 진주에 대비하여 프러시아 왕립박물관은 하반부 새 석상을 폴란드 실레지아에 은닉했지만 결국 은닉처에서 러시아군에 약탈되어 레닌그라드의 인종, 인류학박물관에 소장되었다. 1970년 소련과 동독은 문화재 반환협정을 맺고 1978년 비밀리에 석상 하반부를 동독의 라이프치히 민속예술관에 이전했다. 1992년 독일 통일 직후 동독의 라이프치히 박물관은 석상 하

돌아온 세계문화유산

반부를 원래 소장처였던 베를린 인종박물관으로 반환했다.

독일과 러시아가 아프리카의 부서진 새 석상 하반신을 놓고 약탈과 반환을 번갈아하며 그토록 중요한 의미를 부여한 이유에는 짐바브웨 새의 석상과 관련된 솔로몬 전설이 크게 작용했을 것이다. 이미 1920년대에 유럽의 학자들이 그레이트 짐바브웨를 아프리카 원주민 쇼나인들의 유적으로 판명했고, 솔로몬과의 관계는 학술적으로 부인되었지만 유물과 유적에 수백 년간 각인된 상징성과 낭만, 판타지는 쉽게 사라지지 않은 것으로 보인다.

솔로몬 전설이 아니더라도 새 석상은 중세에 제작된 아프리카의 진귀한 예술품이며, 또한 유적지에서 출토되어 향후 학술적으로도 아프리카 역사와 문화의 복구에 중요한 열쇠가 될지 모르는 문화재다. 무엇보다 짐바브웨 과거를 상징하는 핵심 문화재인 점에서 짐바브웨로서는 부서진 파편이라도 새 석상의 중요성은 막중한 것이다.

부서진 새의 귀환과 재결합

독일과 짐바브웨의 정치적 협상 끝에 새 석상 하반부 귀환

1997년 11월~1998년 4월 벨기에 중앙아프리카 왕립박물관은 '돌의 전설 – 짐바브웨의 과거와 현재'라는 전시회를 기획하면서 독일이 러시아에서 돌려받은 새 하반신 조각과 짐바브웨가 소장하고 있는 새 석상 상반부의 결합을 시도했다. 전시회 측의 제안에 따라 짐바브웨와 독일 양측은 각각 소장했던 새 조각 상하 두 부분을 동시 출품했으며 이를 계기로 짐바브웨와 독일 정부 간에 새 석상의 재결합이 논의되었다. 이 무렵 짐바브웨에서는 새 석상에 관한 최초의 학술서적이 출간되었고,[3] 석상 관련 다큐영상이 제작되어 독일에서 상영됨으로써 석상 반환 분위기가 고조되었다.

1998년 독일을 방문한 짐바브웨의 외무장관은 독일의 피셔 외무장관에게 석상 하반부가 반환될 수 있도록 지원해달라고 공식 요청했다. 이에 응하여 피셔 외상은 베를린 인종박물관을 포함한 모든 베를린의 박물관을 관장하는 프러시아 문화유산재단에 석상 하반부를 반환하라고 종용하여 긍정적 반응을 얻어냈다. 여기에는 당시 독일 녹색당 리더로 슈뢰더 정부에서 부총리 겸 외무상을 맡은 요슈카 피셔 Joschka Fischer의 결단과 정치적 영향력이 프러시아 문화유산재단을 충분히 설득하고 움직일 힘이 있었기 때문이다. 어떠한 문화재 반환 협상에서도 정치적·외교적 지원은 필수적이다.

독일과 짐바브웨의 외상이 회담한 직후 프러시아 문화유산재단과 짐바브웨 박물관은 새 석상 하반신 반환에 합의했다. 합의 내용은 독일이 석상 소유권을 보유한 채 짐바브웨에 영구대여하

부서진 새의 석상을 연결하는 무가베 대통령과 짐바브웨 주재 독일대사.

돌아온 세계문화유산

는 형식이었다. 합의 즉시 석상 하반부는 비밀리에 짐바브웨로 인도되었지만, 소유권 이전이 아닌 영구대여 조건에 불만을 품은 짐바브웨 측의 항의로 정식 접수가 이루어지지 않았다. 5년이 지난 2003년 짐바브웨 대통령궁에서 성대한 반환식이 열렸고, 드디어 100년 만에 새의 하반부 석상은 몸체와 재결합되었다. 그것은 단순한 문화재 재결합과 복원이 아닌, 식민통치하에서 절단되고 훼손된 역사의 상징적 복원이었다.

미흡한 결말 – 소유권 반환이 아닌 영구대여

부서진 석상의 하반부 파편을 반환하는데도 상당한 시간과 외교적 노력이 필요했다. 양국은 오로지 협상으로 원만하게 문화재를 반환하고 또한 결합해 원장소에 복원함으로써 원원하는 성과를 이끌어냈다. 이 반환은 처음부터 협상으로 추진되었으므로 법적 쟁점은 논의되지 않았지만, 독일이 새의 하반부에 대한 정당한 법적 소유권을 취득했는지는 따져보아야 한다. 이 새 조각의 하반부가 반출되었을 때는 로데시아가 짐바브웨를 점령한 직후였으므로 반출은 점령 정부의 점령권 발동에 따라 이루어졌다. 당시 문화재 소유권에 관한 짐바브웨 원주민의 법은 없었고, 반출금지법도 없는 상황에서 반출된 문화재에 대한 짐바브웨 원주민의 법적 소유권이 인정될 수 있느냐는 논란의 여지가 있다.

그렇다 해도 원주민의 성물이며 국가 정체성의 상징이라는 차원에서 짐바브웨는 언제라도 소유권을 주장할 수 있다. 또한 종교적 성지에서 주민 동의 없이 점령군 정부가 반출한 문화재를 매입한 점에서 독일 박물관에 적법한 소유권이 있었는지는 큰 의문이다. 더구나 백인들이 절단한 새 조각은 짐바브웨 원주민들의 정체성을 상징하는 최고 문화재이므로 이러한 문화재를 원상회복하기 위해 학술적 차원에서도 반환은 필수적이다. 짐바브웨는 법적 방안과 함께 윤리적·도덕적·학술적 호소를 동원해 영구대여가 아니라 소유권을 주장하며 소유권의 완전 반환을 이뤘어야 했는데 영구대여라는 방식은 조금 아쉬운 결말이다.

짐바브웨 정부는 로즈가 포셀트에게서 매입하여 남아공 자신의 사저 Groote Schuur. 현재는 세실 로즈기념관에 소장한 새 조각 1점도 반환을 요구하고 있다. 그러나 남아공 역사의 큰 줄기를 이루는 로즈에 대한 역사적 기념물로서 남아공 정부와 기념관은 절대 반환하지 않겠다고 천명하고 있다. 더욱이 사저는 로즈가 죽은 후 대대로 남아공 대통령의 관사로 쓰였지만, 1994년 만델라 대통령이 관사로 사용하기를 거부한 이래 박물관으로 운영되고 있다. 이 사저는 건물과 소장품이 로즈의 개인재산으로, 그가 죽은 후에는 로즈재단의 재산이 되었다. 남아공 측은 이 재단의 소장품은 남아공 정부의 관할권이 미치지 않는 개인 재산으로서 남아공 정부가 요청하더라도 반환 가능성은 없다고 말하지만, 짐바브웨 정부는 반환 노력을 결코 포기하지 않고 있다.

돌아온 세계문화유산

CHAPTER 08

마추픽추 잉카유물
- 국가 정체성을 상징하는 유물의 반환

마추픽추 잉카 유적지.

"나의 형제여, 일어나서 나와 함께 다시 태어나라
그대의 슬픔으로 아롱진 그 깊은 곳에서 내게 손을 내밀어라
그러나 그대는 이 바위 성벽으로부터 다시 돌아오지 않을 것이며
그대 모습은 지하 동굴의 시간으로부터 다시 나타나지 않을 것임을
그대의 헐떡이는 목소리는 다시 돌아오지 않고,
창에 찔린 그대의 눈알도 다시 떠지지 않으리니……."

_파블로 네루다Pablo Neruda, 〈마추픽추의 봉우리에서〉 중 일부

숨어 있는 공중도시 마추픽추를 찾아내다

1911년 7월, 비오는 음습한 날 아침, 페루 안데스 산악의 정글. 잉카왕국의 유적을 탐험하기 위해 안데스지역을 방문한 미국 예일대학교 중남미 역사학 교수 하이럼 빙엄Hiram Bingham III, 1875~1956은 '성스러운 계곡' 우루밤바강 건너편 절벽 위로 수직으로 솟아 있는 마추픽추Mach Picchu. 오래된 산봉우리라는 뜻의 정상에 아무도 모르는 거대한 공중도시가 있다는 소문을 확인하기 위해 원주민 2명과 페루 군인 1명의 안내를 받아 우루밤바의 정글로 들어갔다. 검푸른 강물 위에 칡넝쿨로 엮은 흔들거리는 통나무 다리를 기어 건너서 절벽 아래 도달한 이들은 도끼를 휘두르며 울창한 정글을 뚫고 독사가 들끓는 미끄러운 계곡 절벽을 두어 시간가량 네발로 기어올랐다. 해발 2천 미터 지점에 이르러 지쳐 쓰러진 이들 앞에 하늘을 덮은 검은 구름을 밀어내고 눈부신 햇살이 쏟아지며 갑자기 평화스러운 들판이 나타났다. 그리고 놀랍게도 들판 위에 오두막 한 채가 있었다.

들판 위로 삐죽이 내민 맹수 이빨 같은 와이나픽추Hayana Picchu. 젊은 산봉우리라는 뜻 봉우리 아래 펼쳐진 마추픽추산 깊은 품속에 안긴 외딴 인가의 모습은 경이로웠다. 오두막 주인은 산 아래 백인들의 착취를 피해

1912년 처음 발견되었을 당시 마추픽추.

수년 전 마추픽추 폐허에 들어와 홀로 농사를 짓고 있던 인디언이었다. 원주민 안내자는 단지 유적을 보러 왔다고 설명하고 안심시켰다.

이곳에서부터 마추픽추 정상의 유적까지 안내는 오두막집의 11세 된 아들 파블리토가 담당했다. "난 알아요"를 외치며 헐렁한 판초를 걸치고 맨발로 능선을 질주하는 아이를 따라 기진맥진하며 능선을 기어오르는 빙엄에게 소년이 손을 들어 하늘을 가리켰다. 장엄한 와이나픽추 봉우리 턱밑에 거대한 도시의 폐허가 모습을 드러냈다. 마추픽추 정상을 깎아 평평히 다진 해발 2,400미터 높이 평지 위에는 정글에 뒤덮인 흰 화강암 거석들의 잔해와 수백 채는 될 듯한 빽빽이 늘어선 석조건물의 잔해가 굽이굽이 줄지어 늘어서 있었고, 그 밑으로는 유적을 떠받치고 있는 듯 잡초 무성한 계단식 밭이 가파르게 펼쳐

돌아온 세계문화유산

져 있었다. 높은 산 정상의 깊은 정글에 숨어 있던, 아무도 모르는 신비스러운 공중도시가 모습을 드러낸 것이다. 경탄의 순간이 지난 후 빙엄은 자신이 수백 년 전 덧없이 사라진 전설의 잉카제국 왕도의 숨겨진 폐허 한가운데에 있음을 깨닫고 전율했다.

마추픽추 유적지의 면모

태양의 신전

소년은 유적지 입구에서 돌계단 몇 개를 뛰어 내려갔다. 석회를 전혀 쓰지 않은 유적지의 모든 석조건조물은 면도날 하나 들어갈 틈 없이 정교하게 짜 맞추어져 있었다. 수백 년 자란 넝쿨과 이끼를 거품처럼 뒤집어쓰고 있는 유적 한 귀퉁이에 돌을 깎아 만든 삼각형 입구가 있었다. 입구는 곧바로 지하 동굴로 연결되어 있었는데, 동굴 내부에는 높은 벽을 따라 잘 다듬은 돌기둥으로 구획된 벽장이 줄지어 있었다. 이곳은 잉카제국의 신상神像과 성물 그리고 죽은 황제들의 미라 시신이 안치되었던 왕의 무덤이었다.

　소년은 동굴 천장을 가리켰다. 곱게 다듬은 흰 화강암 각석으로 둥글게 쌓은 원추형 탑 형식의 구조물이 솟아 있었다. 탑 위쪽의 동쪽 면에는 창이 하나 나 있었다. 마치 새벽에 들어오는 첫 아침 햇살에 반사되는 어떤 금붙이 성물을 안치했던 것처럼 보이는 이 구조물은 '태양의 신전'이라는 이름의 건물이었다. 거기에서부터 소년은 촘촘히 열을 지어 들어선

돌집들을 연결한 돌계단을 뛰어올라 거대한 신전으로 일행을 인도했다.

1911년 하이람 빙엄이 촬영한 창이 세 개 있는 신전.

창이 세 개 있는 신전
삼면의 벽만이 남은 신전 동쪽 벽에는 커다란 창문 세 개가 정글과 눈 덮인 산을 향해 나 있었다. '창이 세 개 있는 신전'이었다. 창문 앞에는 길이가 5미터가 넘는 거석으로 된 제단이 있었다. 잉카의 사제는 이 제단에 성물을 늘어놓았거나 희생 제물의 육신을 뉘어놓고, 육체를 빠져나온 영혼이 이 창문을 통해 산으로 날아가도록 했을 것이다. 때로는 희생자들이 이 창문으로 등을 떠밀려 수천 길 계곡 아래로 떨어져 사라졌을지도 모른다. 그런데 이 신전의 창문 아래 벽에는 '리자라가 Lizarraga, 1902년 7월 14일'이라고 휘갈겨 쓴 낙서가 새겨져 있었다. 이들보다 9년을 앞서 온 방문자였을 것이다.

인티와타나 – 해시계, 계절시계
드디어 소년은 빙엄을 마추픽추에서 가장 높은 언덕으로 안내했다. 그곳에는 테이블 모양으로 다듬어진 거대한 돌판 위에 높이 2미터가량의 네모난 돌기둥이 세워져 있었다. 이것은 시간과 계절, 농사와 제사

돌아온 세계문화유산

일정을 표시하는 인티와타나Intihuatana, 즉 해시계라는 뜻의 기둥이다. 스페인 정복자들은 이것을 이교도의 성물이라 하여 발견하는 족족 파괴해버렸다. 그렇

인티와타나를 안내하는 파블리토 소년.

기 때문에 마추픽추에 온전히 남아 있는 인티와타나는 스페인 정복자의 발길이 닿지 않은 곳임을 증명하는 존재였다. 신전과 왕궁, 주택, 창고, 성채가 그대로 남아 있는 온전한 잉카의 도시 마추픽추의 존재는 사실상 스페인 옛 기록이나 잉카에 관한 어떠한 역사서에도, 중남미를 방문했던 어떤 탐험가의 기록에도 나타나지 않은, 전혀 알려진 적 없는 새로운 곳이었다. 그런 만큼 이곳은 신비스러운 분위기가 압도했다.

물론 빙엄은 창이 세 개 있는 신전 벽에 새겨진 '리자라가'라는 이름이 마음에 걸리기는 했으나 이 폐허가 세상에 전혀 알려지지 않은 완전히 새로운 곳임을 확신했다. 그렇다면 이 거대한 도시는 무엇인가? 누가 무슨 목적으로 건립하였고, 언제 어떻게 폐허로 버려졌는가? 빙엄은 끊임없이 질문을 던지며 마추픽추의 정체에 도전했다.

빙엄이 페루를 탐험한 첫 번째 목적은 스페인 정복자들에게 쫓겨 후퇴했던 잉카제국 마지막 왕들의 도주경로를 확인하고 마지막 잉카 왕도를 찾아내 잉카제국과 더불어 사라진 잉카문명과 역사를 복기해

보려는 것이었다. 스페인 정복
자의 발길이 전혀 닿지 않은
마추픽추가 잉카왕국의 마지
막 왕도였는가? 빙엄은 얼마
전에 읽은 잉카의 전설을 떠올
렸다. 전설에 따르면, 잉카부
족이 시작되었다는 탐푸 토코
Tampu Tocco라는 동굴은 높은 산
에 있고, 그 동굴에는 창이 세
개 있었다는 것이다.[1] 그렇다
면 '창문이 세 개 있는 신전'을
갖춘 마추픽추는 잉카 최초의
도시일지도 모른다.

잉카제국 지도.

빙엄은 장엄하고 신비스러
운 마추픽추의 위용으로 보아 마추픽추는 잉카제국과 더불어 사라진
잉카제국의 마지막 도시이든 잉카문명을 잉태한 첫 번째 도시이든 잉
카 역사의 중요 시점을 대표하는 유적일 것이라고 추론했다. 그는 그
러한 도시를 자신이 발견했다고 믿고 싶었고 죽을 때까지 그렇게 믿
었다. 그러나 마추픽추는 잉카의 무덤도 잉카의 요람도 아니었다. 마
추픽추의 성격과 신비한 정체는 빙엄이 발견하고 50년이 지난 시점,
빙엄이 죽은 지 10년이 지난 1965년에야 학자들에 의해 뒤늦게 조금
씩 확인되었다.

돌아온 세계문화유산

잉카의 역사 – 제국의 건설과 스페인 정복자들과 투쟁 그리고 멸망

제국의 건설, 정복왕 파차쿠텍

'지배자'라는 뜻의 잉카Inca는 페루 최남단 티티카카호수 부근에서 일어난 목축민이 세웠다. 12세기 무렵 잉카 지도자 망코 카팍이 티티카카호수에서 서북 300킬로미터 지점의 쿠스코지역에 쿠스코왕국을 세우고 잉카제국의 기초를 놓았다. 1438년 제9대 잉카왕 파차쿠텍 Pachacutec. 재위 1438~1471은 인근 부족을 차례로 정복하거나 동화시켜 안데스 산악지대 일대에 거대한 잉카제국을 세운 정복왕이다. 이어서 파차쿠텍의 아들 투팍 잉카재위 1471~1493와 손자 와이나 쿠팍재위 1493~1527은 잉카제국을 확장하여 오늘날 페루, 볼리비아, 아르헨티나, 칠레, 에콰도르 지역을 아우르는 거대 제국을 이루어냈다.

잉카제국은 역사상 세계에서 가장 큰 원주민 국가였다. 히말라야에 버금가는 높이의 안데스 산악 일대 험지에 이룬, 전성기 인구 600만 명으로 추산되는 이 대제국은 잉카 언어 케추아Quetchua어를 전 지역에서 공통으로 사용했다. 문자 대신 노끈의 매듭으로 기록하고 통치했으며 광활한 영토를 도로, 운하, 성채, 신전으로 연결하여 여러 종족을 지배하고 교육하며 수준 높은 정치, 경제, 문화를 이룩했다. 태양숭배의 신앙에서 잉카왕을 태양의 아들로 받들었던 잉카제국은 안데스 일대에서 산출된 풍부한 금으로 신전과 왕궁, 왕의 미라와 무덤을 장식했지만, 결국 금 때문에 스페인의 끈질긴 침략을 받아 멸망했다. 잉카의 금은 유럽의 변방 스페인을 일약 유럽의 강대국으로 부상시켰고, 종교전

쟁의 경비를 지불케 함으로써 유럽과 세계의 판도를 바꾸었다.

금을 찾아온 스페인 원정대의 공격, 잉카제국의 멸망

잉카제국의 금 소문을 듣고 1526년 파나마에 처음 착륙한 스페인 원정대장 프란시스코 피사로^{Francisco Pizarro}는 잉카제국의 막대한 금을 확인한 뒤 귀국하여 스페인왕 카를로스 1세로부터 잉카제국을 정복하면 총독에 임명하겠다는 약속을 받고 1532년 소수 보병과 기마병을 거느리고 쿠스코에 도착했다. 당시 잉카제국은 정복군주 파차쿠텍의 두 손자 와스카르^{재위 1493~1527}와 와이나 카팍^{재위 1527~1532}의 후계다툼으로 생긴 내분과 성홍열 역병으로 세력이 급격히 약화되어 있을 때였다. 잉카의 수도 쿠스코를 점령한 피사로 군대와 선교사는 잉카왕에게 스페인에 대한 복속과 기독교 개종을 요구했다. 스페인 군대는 완강히 저항하는 잉카왕 와스카르를 암살하고 그를 이은 와이나 카팍을 사로잡았다. 와이나 카팍은 그를 가둔 방을 가득 채운 금과 또 다른 두 방을 가득 채운 은을 몸값으로 지불했지만 결국 스페인 군대에 잔인하게 처형되었다. 와이나 카팍의 아들 망코 잉카는 쿠스코에서 100킬로미터 떨어진 비트코스에 망명정부 네오 잉카제국을 세우고 36년간 처절하게 저항하다 살해되었고, 1572년 망코의 아들로 마지막 잉카왕인 투팍 아마루가 스페인 군대에 잡혀 이교도, 반란자, 살인자라는 죄목으로 비트코스 서쪽 30킬로미터 지점의 빌카밤바^{Bilcabamba. 태양의 들판이라는 뜻}에서 처형됨으로써 잉카제국은 멸망했다.

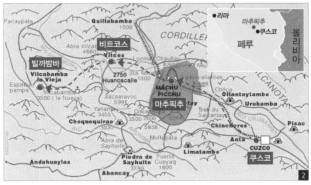

1. 페루 화폐에 그려진 잉카 최후의 왕 투팍 아마루.
2. 잉카왕의 도주 경로 지도.

잉카 역사와 문명의 망실

스페인 정복자들은 수백 년간 중남미 지배세력으로 군림했던 잉카의 기억을 지우고 아메리카대륙의 역사를 새로 쓰려고 잉카제국의 흔적을 조직적으로 파괴했다. 여기에 유럽인들이 가져온 성홍열, 티푸스, 인플루엔자 등 일련의 역병이 휩쓸면서 잉카 주민의 90퍼센트 이상이 희생되었다. 인구절멸과 더불어 험악한 산비탈을 경작했던 잉카주민들의 농업과 목축기술, 문자를 대신했던 매듭의 해독법, 회반죽 없이 쌓은 거대한 석조건축 기법, 도기제작술, 잉카제국 내 여러 부족의 문화와 예술을 융해하는 표준적인 기하학적 무늬를 넣은 직조술, 중

1. 마추픽추에서 수거된 잉카 항아리.
2. 금동제 칼장식.
3. 잉카직물.

남미에서 가장 뛰어났던 잉카의 금, 은, 동 제련술 등 잉카제국이 성취한
잉카문명은 영원히 사라졌다. 이제는 원주민들이 기억하는 잉카의 전설
과 마추픽추와 같은 폐허에 남은 건축물, 여기에서 수거된 약간의 공예
품으로만 잉카문명의 실체를 어렴풋이 추측해볼 수 있을 뿐이다.

마추픽추 - 잉카 전성기의 기념비
스페인 군대에 알려지지 않았고 파괴되지 않았기에 온전히 남은 마추
픽추는 잉카제국 전성기인 1450년경, 제국을 이룩한 정복왕 파차쿠텍
이 제국 확장의 전진기지로 수도 쿠스코에서 80킬로미터 떨어진 마

돌아온 세계문화유산

추픽추의 서늘한 산꼭대기에 건설한 여름별궁이었다. 깊고 높은 산 정상에 세운 이 도시는 잉카 역사 전성기의 상징이며, 잉카문명 최고 유적으로서 잉카의 성소, 기념비라 할 수 있다. 해발 3천~5천 미터의 안데스산맥 능선을 따라 잉카 도시를 연결하는 산길을 오르락내리락하며 마추픽추에 이르는 여정은 거의 엄숙한 종교의식과 같다. 전력을

쿠스코에 세워진 잉카 정복왕 파차쿠텍의 동상. 아랫부분은 박물관이다.

다해 오르다 다시 내려가는 울창하고 구불구불한 숲길은 여행자로 하여금 잡스러운 생각을 떨어내고 무아지경의 정신적 평화상태에서 마추픽추에 이르게 했을 것이다. 어쩌면 마추픽추는 이집트의 피라미드나 중국의 진시황릉처럼 잉카의 가장 위대한 정복군주 파차쿠텍의 사후를 위한 궁 또는 무덤일지도 모른다. 그러나 파차쿠텍의 유체는 이곳에 없다. 스페인 정복자들이 쿠스코에서 그의 유체를 약탈해갔다는 기록이 있기 때문이다.

파차쿠텍의 전성기 이후 잉카 후계자들은 스페인 군대에 쫓겨 점점 더 멀리 안데스 산악지역으로 후퇴하다 마추픽추에서 50킬로미터 서북쪽의 깊은 정글 빌카밤바에서 최후를 맞았다. 따라서 건설자 파차쿠텍 이후 후세대는 마추픽추에 거주하지 않았기 때문에 아무도 찾는 이

없었던 마추픽추는 1572년 잉카제국이 멸망하면서 망각되어 폐허가 되었다. 그렇지만 잉카 유민들은 꾸준히 마추픽추의 버려진 비탈에서 농사를 짓고 유적을 맴돌며 살았기에 유적의 존재와 함께 유적의 전설을 기억하고 있었다.

원주민 외에 이곳을 들락거린 외지인들도 있었다. 마추픽추에서 창이 세 개 있는 신전에 낙서를 남긴 스페인 혼혈인 리자라가를 비롯하여 1800년대 중반에는 독일 탐험가들이 잠시 들르기도 했지만 이들은 유적을 조사하거나 기록하지 않고 단지 스쳐 지나가며 유물을 훔쳐냈을 뿐이다. 따라서 마추픽추의 존재가 완전히 새로운 것은 아닐지라도 이를 탐사하고 발굴하여 최초로 세상에 알린 사람은 빙엄이 틀림없다. 빙엄 자신도 "콜럼버스가 아메리카대륙을 발견한 것과 마찬가지로 빙엄은 마추픽추를 발견했다"라고 말하곤 했다.

예일대학교 탐사대의 두 차례 마추픽추 탐사, 발굴 1912, 1914~1915

마추픽추 발견자, 탐험자 하이람 빙엄 3세

마추픽추를 발견한 하이람 빙엄3세은 원래 하와이에서 2대째 선교활동을 폈던 선교사 하이람 빙엄2세의 아들로, 예일대학교와 하버드대학교에서 중남미 역사를 전공했으며, 버클리와 프린스턴대학교에서 연구과정을 마치고 하버드에서 박사학위를 받은 정통 역사학자였다. 훤칠한 키에 준수한 용모를 지닌 그는 티파니 보석회사 설립자Charles L. Tiffany의

손녀딸과 결혼함으로써 대부호의 사위가
되어 학벌과 명망, 경제력을 두루 갖춘 최
고의 엘리트 탐험가가 되었다. 이러한 배
경 덕에 그는 미국과 페루 양쪽 정부의 강
력한 지원을 받으며 중남미 탐사를 할 수
있었다.

1912년 마추픽추 발굴 당시 하이
람 빙엄(37세).

그는 1905년 중남미 독립혁명가 시몬
볼리바르Simón Bolívar가 1820년대에 걸었
던 여행경로를 따라 페루를 처음 방문했
을 때 잉카 유적지를 둘러보고 큰 감명을 받았다. 1908년 다시 페루
를 방문한 그는 잉카제국 최초의 수도 쿠스코에서 잉카왕들의 퇴각
경로를 따라 잉카 저항의 거점도시들이었던 비트코스와 빌카밤바를
모두 탐험하고 귀국하여 예일대학교에 처음으로 중남미 역사·지리
학과를 개설하고 강의했다. 1911년 마추픽추를 발견한 제3차 방문에
서 돌아온 그는 미국 정부와 예일대학교에 잉카유물을 확보하여 잉카
문명을 해석하고 중남미지역 역사에 대한 해석을 미국이 선도해야 할
필요성을 역설했다.

예일대학교와 미국 지리학회 후원으로 두 차례 탐사
당시 태프트 미국 대통령은 유럽 세력의 중남미 개입 반대를 선언한
먼로주의를 넘어 중남미에서 미국의 영향력 확대를 모색하며 대규
모 해외투자로 중남미지역에 돈을 쏟아 붓는 '달러외교'를 적극 추진

했다. 당시는 또한 세계적으로 제국주의와 식민주의의 절정기로 유럽 열강은 비유럽지역의 고대 유물 발굴에 혈안이 되어 있었고, 발굴 유물을 소장할 박물관을 우후죽순으로 건립하는 이른바 '박물관의 시대'였다. 예일대학교 역시 피바디 자연사박물관Yale Peabody Museum of Natural History을 잉카유물로 채우고 중남미지역 연구를 선도하며 중남미 학문의 세계적 중심지가 되고 싶은 욕구가 강렬했다.

1912년과 1914~1915년 빙엄은 두 차례에 걸쳐 예일대학교와 미국지리학회National Geographic Society의 후원으로 '예일 탐험대Yale Peru Expedition'를 조직한 뒤 페루를 재차 방문하여 마추픽추와 쿠스코 주변에 산재한 잉카유적의 본격적 발굴을 추진했다. 1912년 페루의 친미 정권은 미국 대통령을 비롯하여 미국 국무부의 조직적 지원에 따라 예일대학교를 마추픽추의 유일한 발굴자로 지정하고, 마치 광업권과 같은 경제적 이권을 잘라주듯 유적지의 독점exclusive 발굴권을 인정한 뒤 페루 군대의 탐험대 호송, 지역민 동원 등 갖가지 편의를 제공했다.

1912년 마추픽추 유물 미국으로 반출

1912년 7월부터 인디오 원주민이 동원되어 마추픽추 일대의 정글이 제거된 후 예일 탐사대는 석조건물들에 대한 철저한 조사와 측량, 사진촬영을 진행했으며, 유적지 건물 지하에서 무덤 50여 기를 발굴하여 미라 여러 개와 유골을 다량 수습했다. 부장품으로는 미라를 쌌던 직물과 도자기 파편, 금동장식품이 약간 발견되었지만, 잉카제국의 상징인 금제 신상이나 성물, 금을 입히거나 금으로 채운 미라는 발견하지 못했다. 오래전 스페인 정복자들이 금을 입힌 왕들의 미라와 금붙이 부장물들을 송두리째 약탈해버렸기 때문이다. 이어서 탐사대는 마추픽추 비탈에서 무덤 100여 기를 발굴했다. 여기서도 다양한 유골을 비롯하여 대량의 도자기 파편과 은제 약간, 동제 장신구들이 수거되었지만 대단한 유물은 아니었다. 비탈 지역에는 마추픽추에 종사하던 농민이나 노비의 유체가 버려졌기에 부장품이 풍부하지 못했던 것이다.

그럼에도 마추픽추와 이 부근에서 발굴된 대량의 인골과 부장품 파편은 잉카문명을 해명할 수 있는 그지없이 중요한 유물이었다. 이들 유골들은 잉카제국의 지배층과 피지배층을 망라하는 표본이었고, 또한 성형 흔적이 있는 두개골이나 매독 병력이 있는 뼛조각과 같은 다량의 유골, 이들과 함께 발견된 부장품들은 잉카사회의 삶과 죽음을 보여주는 단서였기 때문이다. 이들 유골들과 유물은 상자 수백 개에 담겨 고스란히 미국으로 반출되었다.

누구의 역사인가?
미국 최고의 엘리트, 미국대륙 최고最古의 문명 발견

마추픽추 발견과 발굴은 아메리카대륙의 역사를 새로이 써야 할 획기적 사건일 정도로 빙엄은 대박을 터뜨렸다. 미국 최고 엘리트가 아메리카 원주민 최고 문명을 발견했다는 사실이 미국은 물론 세계 학계와 언론을 완전히 흥분시켰다. 이때는 미국인 로버트 피어리Robert Peary가 북극점을 탐험한 데 이어 노르웨이 탐험가 로알 아문센Roald Amundsen이 남극 탐험을 성공적으로 완료한 직후로서 세계적으로 극지 진출 경쟁이 드세던 때였다. 빙엄의 마추픽추 일대 유적 탐사는 해발 3천~5천 미터 산악지대의 길 없는 정글을 오르내리며 악천후, 맹독벌레와 독사, 식인종에 가까운 인디언들과 부딪치며 수백 킬로미터 정글을 행진하면서 꼼꼼하게 측량, 기록, 촬영을 하고 유물을 수거해낸 영웅적 성취로 간주되었고, 빙엄은 일약 세계적인 영웅의 반열에 올랐다.

1913년 미국 지리학회 잡지 〈내셔널 지오그래픽〉은 마추픽추의 파노라마 사진을 필두로 사진 수백장과 함께 '페루의 신비한 곳에서'라는 제하에 마추픽추를 특집으로 꾸며 순식간에 100만의 독자를 끌어모았다. 〈뉴욕타임스〉 일요판은 첫 페이지 전면을 할애하여 '구름 속의 사라진 도시'라는 제목으로 태양 아래 새로울 것이 없는 오늘날 마추픽추 발굴은 '세기의 발굴'이라고 보도했다.[2]

언론은 유럽 이전의 문명을 증거하는 마추픽추의 존재는 유럽인이 아메리카대륙에 문명을 전파했다는 설이 허구라는 증거라며 아메리카 원주민에 대한 종래의 인종편견을 반성하는 모양새였다. 하지만 그 이면에서는 잉카문명이 이집트나 고대 아시아 문명의 도움을 받았을 가능성이나 사라진 유대인 지파가 이룬 문명이라는 설이 제기되면서 인종설이 재점화되고 강화되는 면도 있었다. 더구나 새로이 나타난 고대 잉카문명은 미국인들에 의해 거의 절멸된 미국 내 인디언은 물론 그들의 역사와 문화를 상기시켰고, 인디언 보호구역에서 인권과 문화를 지키려고 분투하는 미국 인디언의 실상과 대비되어 잉카유적의 발견에 환호하는 미국인들의 위선과 이중성을 만천하에 드러내는 것이기도 했다.

사라진 잉카의 마지막 도시를 찾아온 빙엄의 모습은 또한 일확천금을 노리며 사라진 보물을 찾아 헤매는 보물 추적자들의 이미지와 다를 바 없었다. 마추픽추가 세계적으로 주목을 받으며 관광객을 끌어들임에 따라 처음 예일 탐험대의 활동을 환영하고 지지했던 쿠스코 주민들의 민심이 차츰 변하기 시작했다. 그들은 수백 개에 달하는 예일 탐험대의 유물 상자가 미국으로 반출되는 모습을 목격했다. 쿠스코 일대에는 빙엄이 금으로 채운 잉카왕의 미라와 잉카 선조들의 유골를 비롯하여 다량의 금제품 등 잉카의 중요한 유물을 싹쓸이해갔다는 갖가지 소문이 나돌았다.

더구나 빙엄의 독점적 발굴권은 페루인들의 발굴도 배제했기 때문에 페루 지식층은 미국의 인종차별적 태도에 분노하며 예일 탐험대의 활동을 규제하라고 정부에 강력히 요구했다. 결과적으로 빙엄의 마추픽추 발굴은 페루 국민들에게 역사와 문화유산에 대한 강력한 민족의식을 촉발했고 제국주의에 휘둘렸던 페루의 보수적 정치풍토에서 인디언 원주민과 좌파 민족주의자들이 정치적으로 도약하는 계기를 가져왔다.

페루 정부의 법령과 규제강화

페루 정부, 유물 반환을 조건으로 유물의 반출 허가

1911년 빙엄이 처음 마추픽추를 발견할 당시 통용되었던 페루의 1852년 민법은 공공용지나 무주지에서 발견된 매장물은 발견자 소유물로 인정했다. 그 때문에 19세기 말부터 유럽인들의 페루 고대유적 발굴과 유물 반출이 횡행하자 1893년 페루 정부는 페루 정부 허가 없는 모든 탐사, 발굴을 금지하는 대통령 명령Supreme Decree을 공포하여 외국인의 발굴을 엄격히 제한했다. 1912년 빙엄에게 독점 발굴권을 제공했지만, 페루 정부는 매번 빙엄의 탐사에 맞추어 잉카 유물보호를 위한 강력한 법령을 공포하여 유적과 유물보호에 만전을 기했는데, 페루 정부가 내린 유물보호 법령은 다음과 같다.

- 1911년 빙엄이 마추픽추를 발견한 직후 페루 정부는 모든 잉카 유적의 국가 귀속 및 잉카유물의 반출 금지 선포
- 1912년 페루 정부는 대통령령으로 오직 예일 탐사대에만 예외적으로 발굴을 허가하고 유물의 반출을 허가하지만, 언제든 페루에서 반출된 모든 유물의 반환을 요구할 수 있다는 조건 부과
- 1916년 페루 정부는 예일 탐사대가 행한 1914~1915년 마추픽추 이외의 잉카유적지 발굴에서 나온 유물에 대해서는 18개월 내에 유물과 그 조사결과를 반환할 것을 조건으로 반출 허가

따라서 1912년 이후 빙엄이 반출한 모든 유물은 페루 정부의 요구가 있으면 돌려주어야 하는 일종의 대여물loan인 셈이었다. 탐사대를 후원한 예일대학교와 미국지리학회는 이 조건을 수락하고 유물을 반출했다.

발굴된 유물을 발굴지 정부가 요청할 때는 반환해야 한다는 페루 정부의 법령은 유럽 열강들이 후진지역에서 발굴한 중요 유물을 마구

돌아온 세계문화유산

잡이로 실어갔던 당시 관행에 비추어 전례가 없는 강경 조치였다. 빙엄은 이러한 페루의 조치가 미국을 모욕했다는 여론을 일으켰고, 잉카유물을 토대로 중남미 지역학의 중심이 되고자 한 예일대학교 측도 유물 반환 가능성을 맹렬히 부인했다. 마추픽추에서 사라진 잉카문명을 발견해 흥분했지만, 이제는 그 유물의 소유권을 두고 유물은 누구에게 속하는지, 이것이 진정 페루의 유산이며 페루 소유물인지 하는 근본적인 문제가 제기되었다.

누구의 유물인가?

유적과 유물은 순수한 잉카의 문명인가 또는 유럽인의 정복과 잉카 저항의 상호작용의 산물인가? 미국 언론들은 현재 페루 지배층은 잉카의 후예가 아닌 스페인 정복자의 후예이므로 발굴 유골에 대한 소유권을 주장할 수 없으며, 마추픽추의 정당한 후계자는 잉카문명을 확인한 미국이어야 한다는 암시까지도 숨기지 않았다. 또한 예일대학교는 마추픽추의 유물이 예일박물관에 보존되지 않았다면 잉카문명의 유물은 도굴과 밀반출로 흔적도 없이 사라졌을 것이라고 주장하며 페루의 유물 반환 요구 가능성을 차단했다. 그러나 잉카 문화유산에 대한 페루인들의 자각이 점증했고 예일대학교가 우려한 것도 바로 이 점이었다.

페루의 고고학자들을 배제한 마추픽추 발굴은 잉카 역사를 밝혔는가, 감추었는가? 페루는 예일대학교의 발굴 의도를 의심했다. 빙엄은 마추픽추 발굴에 따른 유물은 대부분 인골이며, 잉카 유물 반출은 잉카역사와 문명을 해명하기 위한 것이라고 주장했지만, 예일대학교에 유물을 소장하려는 의도를 부인하지는 않았다. 페루인들은 빙엄이 결국 유물에 대한 욕심 때문에 마추픽추를 발굴했다고 의심했다. 게다가 인골 반출은 페루인들에게는 일종의 트라우마를 상기시키는 어떤 것이었다.

스페인 정복자들은 잉카왕들을 몇 대에 걸쳐 잔인하게 처형한 후 유골을 가져가버렸다. 정복자들의 손에서 유골은 훼손되고 불태워졌으며 종래는 이름 없는 곳에 버려졌다. 이것은 잉카인들을 모욕하고 겁박하여 잉카인들과 그들의 역사를 지배하려는 상징적 행위였다. 유골을 가져간 미국인에게도 마찬가지 의도가 있었을까? 그때 스페인 정복자들로부터 왕의 유골을 찾아왔다면 잉카의 힘과 영광도 회복되었을 것이다. 따라서 마땅히 미국인의 손에서 잉카의 유골을 찾아와야 했다. 페루인들은 역사적·문화적으로 가장 중요한 페루의 유산을 잃었고, 그로써 과거를 회복할 힘을 잃었음을 절감했다.

마추픽추에 대한 회상

제1차 세계대전에 이은 세계대공황과 더불어 미국과 유럽에서 중남미 유적에 대한 관심이 썰물같이 빠져나갔다. 페루도 국내 정치적으로 좌우파 대립, 게릴라 봉기, 인접 국가들과 국경전쟁 등으로 한동안 마추픽추에 관심을 돌릴 여유가 없었다. 그러는 동안 잉카유물을 둘러싼 분쟁은 희미하게 잊혔고 예일대학교는 조용히 유물을 소장할 수 있었다.

그사이 빙엄은 마추픽추의 탐험가, 중남미학의 최고 권위자로서 명성을 배경으로 정계에 진출하여 코네티컷 주지사와 두 차례 공화당 소속 상원의원에 당선되었고 마추픽추에 관한 책을 몇 권 출판했다. 그중에서도 1948년의 《잉카의 잃어버린 도시》Lost City of the Incas는 공전의 히트를 기록했고, 1954년에는 미국 파라마운트영화사가 이 책을 바탕으로 찰턴 헤스턴 주연의 〈잉카의 비밀〉Secretes of Inca을 마추픽추를 배경으로 제작했다. 소설에 이어 또 대히트를 한 이 영화는 신비한 고대유적에서 보물을 추적하는 〈인디아나 존스〉류 모험 영화의 원조가 되어 오늘날까지 영화, 비디오게임으로 이어지며 미국식 판타지로 자리 잡았다.

1950년에는 칠레의 시인 파블로 네루다Pablo Neruda가 〈마추픽추의 봉우리〉The Heights of Machu Picchu를 발표했다. 이 시는 1943년 마추픽추를 방문한 네루다가 폐허의 유적지에서 상상한 잉카인들의 역사와 자연환경, 피정복자로서 그들의 삶에 대한 헌시였다.*

1952년에는 25세의 체 게바라가 중남미에서 시몬 볼리바가 갔던 길을 자전거로 순례하면서 마추픽추에 들러 이렇게 한탄했다.[3]

"모든 유적은 잡초가 제거되어 깨끗하고, 완전히 연구되고 해석되었다. 그렇지만 귀중한 유물은 완전히 강탈당해 연구자 수중에 떨어졌고, 그들은 의기양양하게 자기네 나라로 가져갔다. 엄격히 말해 빙엄의 죄

---

*   이 시는 노벨문학상 수상작가 파블로 네루다가 콜럼버스 이전의 중남미 역사와 문화에 바치는 15개 최고 걸작시 모음인 《모두의 노래》(Canto general)의 두 번째 시다.

가 아니며, 미국인들에게 죄를 물을 수 없다. 그러나 이제 우리는 아메리카 원주민이 이룬 고대도시의 보물을 어디서 감상하고 연구할 것인가? 미국의 박물관에서다. 이것이 비극이다.”

그사이 마추픽추는 1981년 페루의 역사유적지로 지정되었고, 1983년에는 “마추픽추는 자연과 일체를 이룬 역사유적지이며 뛰어난 예술적·건축적 성취로서 잉카문명의 가장 생생한 증거다”라는 설명과 함께 유네스코세계유산으로 선정되었다.[4] 2007년에는 세계 7대 명소New Seven Wonders of the World에 선정되어 그 역사성과 문화적 중요성이 세계적으로 공인되었다.

현재 마추픽추는 50퍼센트 이상 복원되었고, 매년 관광객이 100만 명을 넘어섰다. 페루 정부는 유적지 보호 차원에서 하루 관광객을 2,500명으로 제한하고 있다. 빙엄에게 처음 마추픽추의 존재를 안내해준 파블리토 소년의 오두막집은 지금 ‘벨몬드 생추어리 로지Belmond Sanctuary Lodge’라는 1박 1천 달러의 호화 호텔로 변모했고, 빙엄이 개척한 탐사길은 빙엄고속도로와 마추픽추 트레일로 발전했다.

발굴 100년 후 유물 반환 교섭 개시

페루 정부, 유물 반환 정식 요청
마추픽추에 관광객이 쇄도하자 유적지에서 유물 전시가 불가피하게 되었다. 1918년 페루 정부는 예일 탐사대가 반출해간 유물의 반환을 요구하라는 언론과 국민의 압력을 받자 예일 탐사대를 조직했던 미국지리학회와 예일대학교를 상대로 빙엄이 마추픽추에서 반출해간 유물의 반환을 정식으로 요구했다. 미국지리학회는 제1차 세계대전에 공군으로 참전한 빙엄이 귀국하면 반환하겠다고 약속하며 시일을 끌었고, 1920년 페루 정부는 재차 유물 반환을 요구했다. 빙엄과 미국지리학회는 유물 반환 청구권이 명시된 페루 법령[1912, 1916]의 존재를 인정하고 유물이 페루 정부에 속한다는 견해를 표명했다. 그러나 페루 유물에 대한 분석을 한창 진행하던 예일대학교는 유물 반환에 완강히 반대하며 마추픽추 발굴 유물이 아닌 다른 잉카유적지[Patallacta]에서 수거된 허접한 유물을 소량 반환하는 데 그쳤다.

1932년 상원의원 3선에 실패한 빙엄은 잉카와 중남미 관련 집필과 강연에 몰두하였고, 1956년 81세로 알링턴국립묘지에 영면했다. 하와이에서 태어나 마추픽추를 탐사한 탐험가의 영광스러운 종착지였다. 1961년 페루는 빙엄의 마추픽추 발견 50주년을 성대하게 기념했으며, 마추픽추 유물에 대한 기억을 되살렸다. 그렇지만 빙엄을 비롯하여 마추픽추 발견과 발굴에 관여한 예일대학교와 페루 측 생존자는 거의 없었다. 또한 페루와 예일 양측은 빙엄이 발굴해간 모든 유물에 대한 페루의 반환 요구를 명시한 페루 법령의 존재를 까마득히 잊고 있었다. 게다가 1980년대 농업혁명에 뒤이은 극좌파 게릴라 봉기사태를 맞은 페루 정부에 마추픽추는 우선순위가 아니었다. 그렇게 잉카유물의 반환은 잊히는 듯했다.

페루 원주민 대통령 아옌드로 톨레도의 확고한 환수 의지

2001년 아옌드로 톨레도Alejandro Tolledo 페루 대통령이 중남미 역사상 최초의 원주민 출신 직선 대통령으로 취임하자 마추픽추는 다시 페루의 가장 중요한 이슈로 떠올랐다. 톨레도는 마추픽추에서 잉카의 전통 의식에 따라 대통령 취임식을 거행하여 마추픽추 환수에 대한 확고한 의지를 보여주었다. 게다가 톨레도 대통령의 부인 엘리안느 카프 톨레도Eliane Karp Tolledo는 스탠퍼드대학교에서 박사학위를 받은 프랑스인 고고학자였다.

마침 이 무렵 예일대학교는 피바디 자연사박물관의 웹사이트를 개설하고 잉카유물의 목록을 게재한 데 이어 2003년 마추픽추 유물의 미국 순회 전시회를 처음으로 준비하며 페루 정부에 공동후원을 제의했다. '마추픽추, 잉카의 신비를 벗기다'라는 제목의 이 전시회는 21세기 새로운 세대에 마추픽추를 선보인 것으로, 전시회로는 드물게 수백만 달러의 수입을 올린 블록버스터였다.

마추픽추에서 잉카의 주술사와 함께 대통령 취임식을 하는 톨레도 대통령.

예일대학교, 유물 반환 거부, 소유권 주장

2001년 페루 정부는 예일대학교의 마추픽추 순회전시회 공동 후원요청을 거부하고 예일대학교와 미국지리학회를 상대로 마추픽추유물의 반환을 요구했다. 이에 예일대학교는 충격을 받았다. 예일대학교는 그간 유적지에서 수거한 허접스러운 유물파편을 대학 자체의 돈과 시간, 인력을 들여 정성스레 복원해서 마추픽추와 잉카문명을 세계에 알렸다면서 100년이나 지난 뒤 유물 반환을 요구하는 페루 정부의 태도를 매도하며 유물 반환을 거부했다.

예일대학교는 1911년 빙엄이 마추픽추를 발굴할 당시 페루의 법과 관행에 따르면 유물은 '발견자 소유'였으며, 이후 페루 정부가 발한 일련의 유물 반출금지 법령은 대국민용 정치적 제스처였다고 주장했다. 예일대학교는 또한 대학이 보유한 것은 전시가 부적절한 과학적 성격의 유물로, 페루에서 도굴꾼들이 반출했듯 금은으로 된 보물급이 아닌데도 페루 정부가 마추픽추 유물을 부풀려서 언론 플레이를 한다고 비난했다.

예일대학교는 한층 강경한 태도로 선회하여 박물관이 보유한 유물에 대한 페루의 소유권을 부인하고, 처음으로 유물의 예일대학교 소유를 주장했다. 예일대학교는 1920년 반환된 소량의 유물을 언급하며 모든 유물은 페루 정부에 반환되었다고 주장하는 한편, 페루의 유물보존 능력에 의문을 제기하면서 인류 유산 보호 차원에서 과학적 조사가 가능한 예일대학교에서 보존해야 한다고 강조했다.

마추픽추 탐사를 후원했던 미국지리학회는 유물 반환에 긍정적
한편 미국지리학회는 페루 정부의 유물 반환 권리를 명시한 페루의 법령을 받아들이고, 일단 모든 유물에 대한 페루 정부의 소유권을 인정한 후 반환에 관해 협상하자고 제안했지만 예일 측의 태도는 단호했고, 마추픽추 유물에 대한 예일대학교 소유권을 정식으로 주장했다. 예일대학교가 유물의 과학적 성격과 인류유산의 차원인 점을 강조한 데 대해 페루 측은 마추픽추 유물이 잉카제국의 귀족과 평민, 노비들의 유골과 유해로 이루어진 점을 강조하며 유물의 인도적 성격과 잉카 후예로 자부하는 페루인들의 민족감정에 호소했다. 분쟁 양상은 인류 보편의 세계유산 대 민족 고유의 유산이라는 차원에서 평행선을 달리며 성과 없이 지연되었다.

예일대학교와 페루 정부의 협상 결렬

톨레도의 임기가 끝난 2007년 페루에 친미정권이 들어서고 예일대학교가 페루 고고학 분야에 막대한 재정지원을 약속하면서 분쟁타결 분위기가 조성되었다. 2007년 9월 페루 정부와 예일대학교는 양해각서를 체결하기로 했다. 양해각서의 내용은 모든 유물에 대한 페루의 소유권을 인정하는 대신, 박물관급 유물은 페루에 반환하되 전시보다는 과학적 연구 대상이 되는 인골이나 도자기 파편 등과 같은 잡다한 유물은 예일대학교에서 향후 99년간 더 소장한다는 것이었다. 그리고 박물관급 유물 여부의 판정은 예일대학교가 한다는 것이었다. 페루 정부는 이 안을 즉각 거부했다. 90년간 페루 유물을 소장하여 전시하고 이용한 것도 부족하여 99년을 더 잡아둔다는 것은 유물을 전리품으로 취급하는 것이라며 예일대학교의 유물 반환 의도를 의심했다.

돌아온 세계문화유산

또한 예일대학교의 자의적 판단에 따라 페루가 접수할 유물을 결정한 다는 것은 제국주의적 발상이라고 분노하며 합의 결렬을 선언했다.

페루 정부, 미국 법정에서 소송 제기

2007년 예일대학교의 양해각서 내용에 분노한 페루 정부는 협상방 침을 버리고 강력한 법적 대응으로 전환했다. 이 무렵 피바디박물관 의 마추픽추 유물 보존 상태가 엉망인 것이 알려진 사실도 합의 결렬 에 기여했다. 우선 유물의 양은 예일대학교가 주장했던 5천 점이 아니 라 수만여 점에 달했고, 어느 유물이 마추픽추에서 반출되었는지 구 분 없이 뒤죽박죽 상태였으며, 인골은 분류되지 않고 90년간 박물관 창고에 처박혀 있었다. 여기에 더하여 페루 정부가 강력한 법적 소송 을 선택한 것은 그간 문화재 반환 문제에 관해서 국제적으로나 미국 내에서 일어난 상당한 변화를 감안한 대응이었다.

우선 1972년 유네스코 문화재반환협약에 이은 1995년 유니드로와 불법 문화재 반환 협약에서 인류 유산의 근원이 되는 고대 유적지에 서 나온 도굴품이나 기록 없는 유물의 이전을 비롯하여 문화재 밀반 출을 범죄화함으로써 이러한 불법 문화재의 반환이 국제사회의 규범 으로 자리잡아가고 있었다. 유네스코 협약이 정부 간 문화재 반환을 규정한 데 비해 유니드로와 협약은 개인에 대한 또는 개인에 의한 반 환소송을 허용함으로써 페루 정부는 국제협약에 따라 예일대학교를 상대로 직접 소송을 제기할 수 있게 되었다.

한편, 미국은 1990년 '아메리카 인디언 무덤 보호 및 송환법'을 제정하여 인디언의 유해와 유품, 성물의 반환을 법으로 강제했다. 이는 미국 국내법이지만 윤리적 성격이 강했다. 이 법의 정신에 따라 스미소니언박물관은 페루에서 발굴하여 반출해온 유해를 페루에 반환했다. 또한 1997~2013년 이탈리아 정부는 미국 정부의 측면 지원을 받아 소송 없이 미국 메트로폴리탄박물관MET, 게티, 보스턴박물관 등 미국 유수 박물관들로부터 도굴되거나 밀반출된 문화재를 100여 점 환수했다. 무엇보다도 미국은 불법 문화재 반환에 관한 유네스코 협약에 근거하여협약 제9조 1997년 페루와 양자조약을 맺고 페루의 원주민 유물보호를 지원했다. 이 양자조약은 스페인 침략 이전의 페루 문화재에 대해 페루 정부의 수출허가장이 없는 경우 수입을 전면 금지하는 것으로, 5년마다 갱신되어왔다.

이러한 분위기에 힘입어 2008년 페루 정부는 예일대학교와 협상을 거부하고 워싱턴 DC 연방지법에 예일대학교를 상대로 민사소송을 제기했다. 페루는 페루 정부의 해외소송을 담당하는 글로벌 로펌White & Case LLP의 파트너 변호사Jonathan C. Hamilton와 미국에서 외국 정부가 관련된 사건의 소송전문가이자 전 미국 변호사협회회장Carolyn B. Lamm을 영입하고, 문화재 반환 문제 전문 변호사Owen C. Pell, 페루 정부 대변인 변호사로 구성된 강력한 소송팀을 선임했다. 소송팀은 페루의 국내법 위반, 불법 반출, 불법 보유, 사기, 경제적 이익 취득 등 17개 소송 이유를 명시하고 유물의 즉시 반환과 페루가 입은 물질적·정신적 피해에 대한 손해배상을 청구했다. 이것은 예일대학교가 페루 정부의 반환요구권을 명시한 페루 법령을 무시하고 유물 반환을 거부하면서 전시회

돌아온 세계문화유산

등으로 엄청난 경제적 이득을 본 데 대한 형사·민사 분야를 아우르는 소송이었다.

이 소송은 예일대학교의 청구로 2010년 2월 예일대학교 소재지 인 코네티컷주 연방지원으로 옮겨왔다. 예일대학교는 유물 반출이 100년 전 일이며, 그간 예일대학교는 유물을 아무런 문제 없이 잘 보존해왔다는 점을 들어 코네티컷 법원에 공소시효 만료로 인한 소송 각하를 청구했다. 코네티컷 주법은 불법행위의 경우 15년, 민사소송의 경우 6년의 공소시효를 인정하며 과거에도 페루에서 밀반출된 유물 의 반환소송을 공소시효 만료를 이유로 기각했던 사례가 있었기 때문 에Peru v. Johnson, 1989 법원이 예일대학교의 소송 각하 청구를 받아들일 확률이 상당히 높아 보였다.

페루 정부의 전방위 노력 – 중재에 의한 협상 타결

마추픽추 유물 반환의 정치적·윤리적 성격이 압도적

코네티컷 주법의 공소시효 규정으로 법정의 기각 판결이 예상되는 가 운데 예일대학교와 페루 정부는 협상을 재개했다. 예일대학교는 심각 한 불명예를 얻은 끝에 공소시효 만료라는 법기술적 차원에서 승소한 다 해도 이러한 법적 판결이 사건을 유효하게 종결하지 못할 것임을 절감했다. 사건이 법적 차원을 넘어 정치적·윤리적 측면이 크게 부각 되었던 것이다.

마추픽추는 페루와 동일시될 정도로 마추픽추 유물은 페루 정체성의 상징인데도 예일대학교는 마추픽추 유물 반환을 명시한 페루 법령을 계속 무시하고 있었다. 이미 1918년 페루 정부가 처음 유물 반환을 요구했을 때 마추픽추를 발굴한 빙엄과 미국지리학회는 페루 정부의 유물 소유권을 인정하며 유물 반환을 지지했다. 한편 빙엄의 둘째아들 하이람 빙엄 4세는 제2차 세계대전 중 프랑스에서 외교관으로 재직하면서 마크 샤갈, 한나 아렌트 등 저명인사를 포함하여 유대인 수천 명을 구출해낸 제2차 세계대전의 영웅으로 불렸는데, 그 또한 잉카 유물의 반환을 촉구한 바 있다. 예일대학교 학생들조차 대다수가 유물 반환을 지지하면서 대학에 우호적인 의견은 거의 찾아볼 수 없었다.

유력 정치인들의 중재 노력

이 무렵 코네티컷 출신으로 5선을 했던 전 민주당 상원의원 크리스토퍼 다드 Christopher Dodd가 중재를 자원했다. 그는 상원 금융위원회 의장을 지내고 민주당 대통령 후보 경선에 나서기도 했던 거물 정치인으로, 상원 외교위원회의 라틴아메리카 소위원회 위원이었으며 예일대학교가 위치한 코네티컷이 지역구

크리스토퍼 다드 전 상원의원.

여서 마추픽추 문제에 중재력을 발휘할 수 있는 위치에 있었다. 그는

돌아온 세계문화유산

페루를 방문하여 페루 대통령과 관계자를 만난 데 이어 예일대학교 측과 몇 년에 걸쳐 협의한 뒤 의견을 내놓았다.

"마추픽추 유물은 어느 정부, 어느 기관이나 대학 소유가 아니다. 그것은 페루 국민 소유다. 양측은 우호적 협의로 유물을 정당한 소유권자에게 조속히 반환해야 한다."

암묵적으로 페루 견해를 지지하는 다드 상원의원의 중재에 대해 예일대학교는 이렇게 발표했다. "마추픽추 유물은 페루인에게 그리고 전 세계에 특별히 중요하다. 우리는 유물의 적절한 보존과 공중에 대한 개방, 학자들의 연구를 위한 최선의 방법을 찾고 있다." 페루 정부도 "예일대학교의 노력이 아니었으면 마추픽추 유물은 오래전에 흩어져 남아 있지 않았을 것이다"라고 예일대학교의 공로를 인정하면서 양측의 접점이 나타났다.

다드 상원의원의 중재가 진행되는 동안 페루 대통령은 공식 서한으로 미국 오바마 대통령의 중재를 요청했고, 예일대학교에서 세계화 프로그램에 관한 연구직에 있던 전 멕시코 대통령 에르네스토 세디요 Ernesto Zedillo도 중재를 위해 노력했다. 또한 페루에서는 이 일을 해결하기 위해 교황에게 호소하는 방안도 신중히 검토되었다. 수도 리마와 마추픽추 지역 쿠스코에서는 유물 반환을 요구하는 시민들의 대규모 시위가 일어났으며, 뉴욕 마라톤에 참가한 페루 주자들은 마추픽추 로고가 찍힌 티셔츠를 입고 달렸다. 페루는 예일대학교 총장을 개인적으로 고소하는 방안도 검토했다. 전방위로 예일대학교를 압박한 것이다. 오바마 민주당 정부는 명시적으로 페루 쪽을 거들지는 않았지만 이 분쟁으로 중남미지역과 우호를 손상하거나 미국 주도하에 국제관행으로 자리 잡아가고 있는 불법 문화재 반환 원칙을 미국 스스로 훼손하기를 원치 않았을 것이다.

페루 정부와 예일대학교, 협력과 파트너십을 강조한 협약을 체결하고 분쟁 타결

2010년 11월 페루 정부와 예일대학교는 서로 양해각서를 체결하고 2011년 2월 파트너십 협약을 체결하여 분쟁을 종식했다. 이 협약은 두 개 약정으로 되어 있는데, 하나는 페루 정부와 예일대학교 간의 약속으로, 마추픽추 발견 100주년이 되는 2012년 말까지 모든 마추픽추 유물을 페루에 반환하는 대신 예일대학교의 공로를 인정하여 예일대학교 피바디박물관에 상시 전시할 수 있도록 유물 약간을 대여하기로 하는 것이다. 다른 하나는 예일대학교와 쿠스코의 산안토니오 아바드대학교가 유물을 공동관리·공동연구하고 마추픽추와 잉카문화 연구를 위한 국제센터를 산안토니오 아바드대학교에 설립하는 것이다. 양해각서에 따라 박물관급의 중요 유물 350점이 2012년 3월 페루에 반환되었고 나머지 5천여 점이 2012년 말 전부 반환되었다.

마추픽추 분쟁의 성격

마추픽추 유물 반환 분쟁은 여러 가지 면에서 예외적이고 특이한 사

돌아온 세계문화유산

건이었다.

첫째, 100년 전에 발굴되어 반출된 유물 반환이 실현된 점이다. 소송이 진행된 미국 코네티컷주 법률의 공소시효는 물론 국제법인 유네스코의 불법 문화재 반환협약에서도 1970년을 커트라인으로 정하고 그 이전에 반입된 문화재에는 면죄부를 주는 관행과도 맞지 않았는데 협상을 거쳐 유물이 반환되었다. 그만큼 사건의 정치적·윤리적 성격이 압도적이었기 때문이다.

둘째, 이는 문화재 도난이나 불법 반출 사건이 아니며, 식민지 통치 하에서 또는 전시에 약탈된 불법 문화재도 아니다. 사건의 핵심은 마추픽추 유물을 국가 소유물로 천명하고, 페루 정부의 반환 요구권을 명시한 페루 법령을 무시한 예일대학교가 유물 반환을 거부하고 소유권을 주장하여 윤리적 측면에서 크게 비난을 받은 점이다. 오늘날 문화재 소장의 국제적 원칙으로서 유네스코·유니드로와 협약, 국제박물관협회인 아이콤ICOM의 규정은 "박물관이나 문화기관이 도덕적 원칙에 합당한 컬렉션을 소장해야 한다"라고 명시하고 있다.

셋째 특이점은 분쟁을 해결하기 위한 페루 정부의 전방위 투쟁이다. 정부와 국민이 합심하여 전국가적 역량이 동원된 캠페인은 문화재 분야에서 유례가 없을 정도로 치열했다. 법적 투쟁과 협상을 병행하고 페루 대통령이 직접 나서서 진두지휘하면서 미국 행정부, 의회에 호소했고, 인접국 멕시코 전임 대통령까지 동원된 총체적 캠페인이었다. 이로써 향후 문화재 반환운동은 좀 더 적극적이고 역동적인 투쟁방법이 필수적임은 물론, 더욱 정치적 성격을 띠는 운동으로 전

개될 것으로 전망된다.

넷째, 이 분쟁은 유물 대부분이 인골이었고, 원래 유적지에 유물을 되돌리는 것이었다. 또한 마추픽추는 페루 정체성 자체라는 점에서 학계의 지지를 크게 받고 당연히 원소유국으로 반환되어야 할 문화재로 널리 인식된 사례였다.

마지막으로 이 분쟁은 향후 양측이 공조해서 유물의 연구와 보존, 전시를 강화해나가기로 한 점에서 모범적인 해결로 평가된다. 유네스코 협약 역시 불법 문화재 문제에서 국제공조의 중요성을 강조하고 있다.

페루와 예일대학교 간의 오랜 문화재 분쟁의 해결은 세계적인 이목을 집중시켰으나 예일대학교는 이것이 문화재 분쟁에서 선례가 될 수 없다고 강조했다. 마추픽추는 페루 자체이며 페루의 국가 정체성을 상징하는 문화재인 점에서 특별한 경우라고 강조했다. 100년간 보존했던 문화재를 반환하는 데 대해 다른 세계 박물관의 처지를 고려한 것이다.

돌아온 세계문화유산

CHAPTER 09

경매에 나온 아편전쟁의 약탈물
- 우호 차원에서 자발적 반환

원명원의 청동 십이지신상 중 토끼 45×35cm와 쥐머리 30×40cm, 18세기 작품,
베이징 국립박물관 소장.

세상 어딘가에 불가사의한 별궁이 있었다.
그곳은 영묘한 천상의 영역과 같았다.
그러나 이 불가사의한 별궁의 보물은 사라졌다.
어느 날 두 악당이 별궁에 들어가서
한 놈은 방화했고 다른 한 놈은 약탈했다.

....

이윽고 두 놈은 보물 보따리를 싸들고 웃으면서 나왔다.
역사에서 한 놈은 영국이고 다른 한 놈은 프랑스로 기록되었다.

_빅토르 위고Victor Hugo, 〈중국 원정〉, 1860년 중국 원정에 대한 의견을 묻는
버틀러 대위의 서신에 대한 위고의 1861년 11월 25일자 회신 중에서

크리스티의 세기의 경매 – 이브 생 로랑 소장품

아편전쟁의 약탈물 쥐·토끼 청동두상 경매에 포함, 중국의 항의

1900년 세계박람회가 열렸던 파리 샹젤리제가의 유서 깊은 그랑 팔레Grand Palais궁에서 2009년 2월 23~25일 사흘간 크리스티 경매회사가 주최하는 대형 경매가 열렸다. 2008년 사망한 프랑스 패션계 거물 이브 생 로랑Yves Saint Laurent과 그의 연인이자 사업 파트너였던 피에르 베르제Pier Berger, 전 바스티유 오페라 이사장가 반세기에 걸쳐 수집한 피카소, 앙리 마티스Henri Matisse, 클림트, 에드바르 뭉크Edvard Munch 작품 등 800여 점에 달하는 예술품, 가구, 서책 등 최고급 소장품에 대한 경매였다. 전 세계에서 일류 수집가, 거래상, 감식가, 예술인들이 몰려든 이 세기의 경매는 단순한 경매가 아니라 일종의 국제 문화행사였고 문화축제였다.

경매품 중에는 1860년 제2차 아편전쟁 중 청나라 황제의 베이징 여름별장 원명원圓明園에서 영국과 프랑스 군대가 약탈해간 청동 십이지신상 중 토끼와 쥐 머리 청동두상 2점이 포함되어 있었다. 경매 소식이 알려지자 중국 문화재청은 두 청동두상이 아편전쟁의 약탈물로 중국에 소유권이 있으므로 경매에서 제외해달라고 크리스티 측에 요

1. 2009년 2월 크리스티의 청동두상 경매.
2. 이브 생 로랑과 피에르 베르제.

청했다. 중국은 요청을 거부할 경우 크리스티의 중국 내 사업에 엄격한 규제를 가할 거라고 경고하고, 국제법과 국내법에 따라 청동두상 반환을 강구할 것이라는 성명을 발표했다.

이에 대해 크리스티 측은 청동두상 2점을 중국에 돌려준다면 콩코르드광장의 이집트 오벨리스크와 루브르박물관의 대다수 예술품도 돌려주어야 할 것이라며 중국 측 요구를 일축했다.

중국 문화재청은 산하단체인 '유럽 내 중국예술품 보호협회'에 소속된 변호인 81명으로 대규모 변호인단을 구성하여 파리 고등법원에 청동상 2점의 경매중지 가처분 소송을 제기했다. 그러나 파리 고법은 경매를 중지하라는 가처분 소송의 제기가 이유 없다며 기각했을 뿐 아니라 중국 측 소송제기가 일종의 경매방해 행위에 해당한다며 경매사와 경매물품 소유자인 크리스티와 베르제에게 각각 1천 달러씩 손해배상을 하라는 매정한 판결을 내렸다.

돌아온 세계문화유산

중국인의 낙찰과 낙찰대금 지불 거부

경매는 지정된 날 차질 없이 진행되어 약 4억 달러의 매출을 기록하며 대성공을 거두었다. 중국 십이지신상 2점의 낙찰자는 유명한 중국인 수집가이자 딜러인 카이밍초^{蔡銘超}였다. 그는 중국 문화재 환수기관인 폴리그룹의 경쟁을 따돌리고 낙찰받았다. 낙찰가격은 신상 한 점에 1,900만 달러였다. 카이는 2006년에도 크리스티에서 명나라 불상을 1,500만 달러에 낙찰받은 실적이 있었다. 그런데 낙찰결과가 공식 발표되자 카이는 폭탄선언을 했다.

"나는 낙찰대금을 지불하지 않을 것이다. 나는 도덕적·애국적 이유로 경매에 참여했으며, 어느 중국인이라도 이러한 경매를 보고 수수방관하지는 않을 것이다. 나는 내 의무를 완수했다."

독립투사의 처절한 의거를 연상시키는 카이의 선언은 국제 예술품 경매계를 경악시켰다. 저명한 국제 경매에서 일어난 일종의 테러리즘 같은 것이었다. 카이의 낙찰대금 지불 거부가 알려지자 소장자 베르제는 라디오 프랑스에서 "그렇다면 좋다. 중국이 인권을 약속한다면, 구체적으로 티베트인에게 자유를 허락하고 달라이 라마의 입국을 거부하지 않는다면 십이지신상 2점을 중국에 반환하겠다"라고 공언했다. 당시 중국은 달라이 라마의 프랑스 방문^{2008. 8}을 둘러싸고 프랑스와 외교적 갈등을 겪고 있었는데, 베르제의 이 말은 약탈 문화재 경매에 분노한 중국의 상처에 소금을 뿌린 격이었다. 중국 정부는 "중국

의 인권문제를 이유로 제국주의의 불법과실인 약탈물을 합법화하려
는 시도이며, 중국인의 문화재를 침탈한 것이야말로 인권을 유린하는
짓"이라고 반박했다.

중국인 카이가 낙찰대금 지불을 거부하여 크리스티와 카이의 분쟁
이 한동안 계속되었으나 크리스티는 카이를 제소하지 않았다. 그의
배후에 중국이 있기 때문이기도 했지만 이미 엎질러진 물이었기 때문
이다. 재경매한다 해도 이렇게 문제가 큰 예술품에 재차 응찰할 수집
가는 없을 것이었다. 카이는 많은 중국인 수집가의 명예에 먹칠을 했
고, 앞으로 크리스티 경매뿐 아니라 세계의 어떤 경매에도 손을 내밀
수 없는 악명을 얻었지만, 향후 세계의 유력한 경매시장에는 중국의
예술품으로 약탈의혹이 제기되었거나 출처에 문제점이 있는 작품은
나오지 못할 것이다. 설사 나온다 해도 경매에 응할 수집가들은 없을
것이므로 매각이 급한 소장자는 중국 정부와 협상하지 않을 수 없다.
카이는 바로 이 점을 노렸을 것이다.

영업기준이 박물관과 다른 경매회사는 철저하게 상업적 원칙에 입각
하여 문화재 반환 문제에 대처한다. 법적으로 소유권이 확실한 문화재
가 경매에 나왔을 때, 약탈되었다는 이유로 그 문화재의 소유권을 주장
하는 국가가 있는 경우 경매회사는 누군가가 그 문화재를 구입하여 원
소유국에 기증하도록 유도하거나 소유권을 주장하는 측에 그 문화재의
기록을 제공하여 경매에 참여할 기회를 보장함으로써 분쟁을 예방한다.

경매를 발표하기 몇 년 전 크리스티는 중국 정부에 십이지신상 2점
을 각각 1천만 달러에 구입하라고 제의했지만, 중국 정부는 약탈된 제

나라 문화재를 과도한 가격에 되살 수는 없으며, 이는 약탈물을 합법화하는 것이라며 거부했다. 그러나 일단 경매를 중단한다면 협상할 용의가 있다고 여지를 남겼지만 크리스티는 경매에 하자가 없다며 경매를 강행한 것이다. 중국은 개인을 상대로 도난 및 전시약탈 문화재에 대한 반환소송을 규정한 1995년 유니드로와 협약제3조 제1항을 염두에 두고 약탈물 반환을 요구하면서 크리스티에 법적 대응을 암시했지만, 프랑스는 유니드로와 협약의 가입국이 아니며, 이 조약은 1995년 이전의 불법 문화재에 대한 소급효가 없다.

중국인 학자들은 문제가 된 십이지신상의 두상은 예술적 가치가 없는 단지 국제범죄의 증거품일 뿐이며, 법적 차원에서 경매에 문제가 있는 것이 아니라 범죄 결과물을 통해 거액의 이득을 취하는 거래인 점에서 윤리적 문제가 있다는 견해를 보였다. 중국 정부는 아편전쟁이 수천 년 역사상 가장 수치스러운 국난이었고, 약탈된 십이지신상은 서구 제국주의 침략의 상징이라고 강조했지만, 십이지신상이 중국 문화유산의 상징이라는 표현은 부각되지 않도록 조심했다. 그도 그럴 것이 원명원의 십이지신상은 중국인의 작품이 아니었기 때문이다.

지상의 낙원 원명원과 십이지 청동신상

지상의 낙원 원명원은 그 자체가 거대한 문화재
베이징 자금성에서 북서쪽으로 8킬로미터 떨어진 원명원은 청나라 전성기를 연 제4대 황제 강희제康熙帝가 1707년 황실 정원으로 조성하기 시작하여 그 아들 옹정제雍正帝와 서양문물에 관심이 유별났던 손자 건륭제乾隆帝가 대대적으로 증축하면서 청나라 전성기 다섯 황제가 150년 동안 조성한 황궁이다. 자금성이 황제의 공식행사를 위한 정궁이라면 원명원은 황제가 1년의 절반 이상을 거처하는 이궁離宮이자 황실원림이었다.

호수가 많은 지역의 풍광과 풍수를 살려 9개 섬을 연결한 택지에 동산, 개천, 늪지, 정원, 농경지를 조성하고 중국, 몽골, 티베트 등 동양식 목조건물 수백 채와 아치형, 바로크, 로코코 기법의 서양식 석조건물을 지었을 뿐 아니라 수많은 다리, 정자, 누각, 탑을 세워 동서양의 건축미학과 정원예술을 집대성한 원명원은 '정원 중의 정원万园之园'으로 불린 거대한 문화재 자체였다. 게다가 원명원의 건물 수백 채를 모두 장식한 엄청난 예술품이 있었고 청나라 황제들, 특히 대수집가였던 건륭제가 모은 보물과 서적, 서화가 소장되었으며 청 황실에 헌상된 동서양의 모든 진귀한 보물을 모아놓아 세계 최대 박물관이자 미술관, 도서관이었다. '지상의 낙원'으로 불리던 원명원은 자금성의 5배, 바티칸궁의 8배에 달하며 화려함에서는 베르사유궁전을 능가하는, 당시 세계 최대·최고의 웅장한 궁성이었다.

원명원의 명물 분수대를 장식한 십이지신상

원명원에서도 가장 유명한 명소는 원명원의 가장 큰 건축물인 프랑스 로코코식 건축물 해안당海晏堂과 해안당 앞 정원에 설치된 십이지신상

원명원에서 물을 뿜는 십이지신상 분수대의 원래 모습 삽화.

분수대였다. 부채꼴 연못 둘레에 설치된 석대에는 십이지신의 조각이 있었는데, 몸통은 인체 형상의 석상이고 머리는 십이지신 동물머리의 청동두상이었다. 이 청동두상은 건륭제의 궁정화가였던 이탈리아인 예수교 신부 주세페 카스틸리오네Giuseppe Castiglione가 제작했다. 십이지신 청동두상이 설치된 분수대는 수리학자인 프랑스인 미셸 브누아 Michel Benoit 신부가 설계한 수리공법에 따라 십이지신 각 동물이 상징하는 시간대에 맞추어 두 시간마다 청동두상 입에서 물이 뿜어져 나왔으며, 정오에는 청동상 전체가 물을 뿜어내는 장관을 이루도록 설계되었다.

서양식 조각기법에 따라 카스틸리오네 신부가 제작한 십이지신상은 사실상 서양의 조각이라고 봐야 한다. 이 분수는 "물은 아래로 흐른다"라는 중국의 오래된 철학과 사상에 반해 물을 위로 뿜어냈기 때문에 처음부터 중국인들의 전통과 취향에는 맞지 않는 이질적인 것이었다. 브누아 신부가 죽고 예수교 신부들이 전부 추방당한 후 복잡한 수압을 이용한 분수대는 작동을 멈추었고, 퇴락한 정원에 방치된 십이지신상은 모두 창고로 옮겨졌다.

원명원의 약탈, 방화, 파괴

영국과 프랑스, 제2차 아편전쟁 도발

제1차 아편전쟁1839~1842 결과 원하는 만큼 경제적 이득을 보지 못했고 중국 개방도 충분히 이루어지지 않았다고 판단한 영국은 1856년 해적선 애로호를 검문한 중국 관리들이 배에 게양된 영국국기를 끌어내려 영국을 모욕했다는 구실로 '애로호사건'을 일으켜 제2차 아편전쟁을 도발했다. 때마침 프랑스 신부의 피살사건으로 청나라와 분쟁에 돌입한 프랑스가 영국에 가세했다. 1857년 광저우를 점령하여 약탈을 끝낸 영·프 군대는 1858년 북상하여 톈진을 점령하고 청 황제에게 아편 합법화의 요구가 담긴 톈진조약을 강요하려고 1860년 10월 6일 베이징으로 쳐들어와 원명원 부근에 주둔했다. 서양인으로서는 사상 처음으로 베이징에 주둔하게 되어 흥분에 날뛰던 영·프 군대는 원명원에 쳐들어가 10월 7~8일 이틀간 광란의 약탈을 벌였다. 영·프군 지휘관들은 수많은 방의 보물을 공평하게 손에 넣으려고 약탈하기 전에 미리 대리인을 선정하여 약탈순서를 제비로 뽑아 결정함으로써 질서 있고 조직적인 약탈을 완료했다.

영국 대사 엘긴, 원명원의 방화·파괴·약탈 명령

이 무렵 청 황제에게 항복을 권유하려고 영·프 장교와 인도 병사, 영국 신문기자^명로 구성된 영·프군 선발대 39명이 청나라 군대에 체포되어 원명원에 감금되었는데, 이 중 20명이 고문을 받고 사망한 사건이 일어났다. 소식을 들은 베이징주재 영국대사 엘긴 경^{James Bruce, 8th Earl of Elgin}은 원명원 방화와 파괴를 명령했다. 엘긴 대사는 1790년대 주터키대사로서 그리스 파르테논 신전의 조각품을 뜯어낸 엘긴^{Thomas Bruce, 7th Earl of Elgin}의 아들이다. 청 황제의 거소로 황제가 가장 아끼는 궁을 약탈한 직후 다시 방화하여 최후의 일격을 가한 것이다. 이것은 청국에 가한 전기 쇼크와 같은 것이었다. 선발대 피살 사건을 확실히 보복하고 청국이 저항하는 톈진조약의 서명을 신속히 받아내기 위한 작전이며 청국과 청 황제의 위신을 회복할 수 없을 만큼 추락시켜 정치적 · 군사적 · 심리적으로 청국을 완전히 제압한다는 전략이었다.

1. 폐허가 된 원명원 해안당의 현재 모습.
2. 〈원명원 40경〉 중 일부.

1860년 10월 18일 새벽 3시, 7천여 명으로 이뤄진 영·프 군대는 3일간 원명원을 방화했다. 연기와 재가 수십일 동안 베이징 상공의 해를 가렸다. 이어서 파괴와 약탈이 진행되었다. 청 황제 함풍제咸豊帝는 이미 북쪽의 청더피서산장承德避暑山庄으로 도주한 후였다. 함풍제는 원명원 파괴 소식에 충격을 받고 병을 얻어 베이징에 다시 귀환하지 못한 채 이듬해 청더산장에서 31세로 사망했다. 방화로 원명원의 중국식 목조건물이 모두 불탔고, 미처 피신하지 못한 궁녀와 환관 300여 명이 불타는 목조건물과 함께 사라졌다. 불길이 가라앉은 후 원명원 전체에서 재차 난폭한 약탈이 벌어졌고 약탈되지 않은 보물들은 철저히 파괴되었다.

원명원 방화에서 불타 사라지지 않은 서양식 석조건물의 잔해는 폐허에서 뒹굴다가 1930년대 베이징 주민들의 건축자재로 재사용되며 하나둘 사라졌다. 150년이 지난 오늘날에도 원명원 여기저기에 널려 있는 거대한 석조물의 불탄 잔해는 아직도 회복되지 못한 원명원의 깊은 상처를 보여준다. 원명원의 찬란했던 본래 모습은 건륭제 지시로 제작된 〈원명원 40경圓明園四十景〉에 남아 있지만, 이 방대한 서화작품은 지금 프랑스 국립도서관에 소장되어 있다.

원명원, 복구해야 하나?
파괴된 현장을 보존해야 하나?

1970년대부터 중국 정부는 멸망한 청나라의 역사와 파괴된 한 문명의 유령이 배회하는 원명원의 거대한 폐허를 복구하려는 시도를 본격

돌아온 세계문화유산

화했다. 잊을 수 없
는 역사의 기억을
어떻게 보존해야
할지 합의점을 찾
기는 쉽지 않은 일
이다. 치욕적인 역
사현장을 보존해야 복원된 원명원 일부.
한다며 복구에 반
대하는 의견과 중

국의 찬란했던 과거 문명의 흔적을 복구해 다음 세대에 보여주어야
한다는 견해가 맞섰다. 복구에 반대하는 사람들은 원명원에서 약탈당
한 보물의 회복 없이 건물만 복구될 경우, 쉽사리 역사의 망각으로 이
어질 수 있다는 우려와 함께 원명원 복구가 관광산업에 초점이 맞추
어져 사라진 중국의 역사와 문명이 자본주의적 상업과 오락으로 변질
될까 우려한 것이다. 이미 광둥성 주하이시에는 원명원을 복제한 유
원지가 관광객을 끌어들이고 있다.

그러나 베이징의 급속한 개발에 비추어 원명원 폐허를 언제까지 방
치할 수도 없는 현실적 시각도 있었던 만큼, 찬반 의견이 절충되어 불탄
중국식 건물만 복구하고 나머지는 폐허로 남겨놓아 역사를 회고한다는
중간적 견지에 따라 부분 복구가 이루어졌다. 2008년 베이징올림픽
을 앞두고 황제의 거처와 집무공간이었던 핵심 구역을 중심으로 복원
된 원명원이 중국 국민들에게 개방되었다. 그러나 아직도 나머지 원

명원 폐허 복구는 찬반 논의가 진행 중이다.

원명원 보물의 행방

원명원 건물 수백 채에서 약탈된 보물은 아무런 공식 기록이 없어 전모를 파악할 수는 없지만, 당시 언론보도, 개인 기록 등을 살펴볼 때 150만 점이 넘는 것으로 추산된다. 약탈된 보물들은 거의 모두 영·프 군대가 나누어 가졌는데, 중국 도자기만 보물로 알았던 영·프 병사들의 무지로 원명원에 있던 은나라, 주나라, 한나라 시대의 고대 청동기물들과 같은 진귀한 보물들은 소실되었다.

프랑스가 약탈한 원명원 보물

1861년 2월, 프랑스 군대는 원명원 약탈 보물을 프랑스로 실어간 그해 4월 나폴레옹 3세의 튈르리궁에서 최초로 공공 전시를 개최했다. 주로 청 황제가 사적으로 소지했던 전쟁용품으로 총, 칼, 창, 말안장, 휴대용 작은 동종, 금탑 등인데, 대부분 나중에 프랑스 군사박물관으로 보내졌다. 약탈을 지휘했던 프랑스 군대 몽토방Montauban 장군은 약탈 현장에서 최고품 도자기, 금, 진주, 루비, 옥 같은 보석 위주의 보물 약 700~800점을 골라 담은 상자 15개를 나폴레옹 3세의 부인 유제니 황녀Empress Eugénie에게 헌상했다. 이들 보물은 1863년 원명원 약탈품을 위해 퐁텐블로궁에 신축된 중국관에 전시되었다.[1] 황실의 외빈접견실로 사용되던 중국관은 원명원 보물 외에도 일본, 샴 등의 보물을 함께 전시하여 제국주의 프랑스가 아시아에서 획득한 정치,

돌아온 세계문화유산

경제, 문화적 이점을 상징하는 기념관이 되었다.

제2차 아편전쟁 당시 프랑스 군대에서 통용되었던 '군대의 전투에 관한 훈령Ordonnance sur le service des armee en campagne. 1832. 5. 3 제정'에서 병사들의 전시약탈을 허락제119항했기 때문에 원명원 약탈은 프랑스 국내적으로는 합법적으로 간주되었다. 몽토방 장군은 레종 드뇌르 대십자 훈장을 받고 상원의원이 되었으며,

1861.4.13일자 런던 뉴스지에 실린 원명원 약탈물 튈르리궁 전시 삽화.

다음 해에는 기독교 확산 공로로 교황 피오 9세에게서 훈장을 받기도 했다.

나폴레옹 3세가 몰락한 후 프랑스 법원은 퐁텐블로궁의 원명원 보물은 유제니 황녀 소장품이 아니라 프랑스 국가와 국민 소유라고 판결했다. 하지만 소장품은 여전히 퐁텐블로궁에 남아 있고 공중에 개방하지 않고 있다. 퐁텐블로 중국관 관계자는 중국관에 소장되어 진열된 원명원 보물은 중국 역사와 예술에 문외한이었던 유제니 황녀의 오로지 개인 취향에 따라 선별되어 조성된 만큼 이제는 프랑스 유산의 일부가 되었다고 했다.[2]

퐁텐블로궁 헌상품 외에 프랑스 군대가 취한 보물은 대부분 종군상인 장 루이 네그로니Jean-Lois Negroni 수중에 들어갔다. 그는 원명원 약

탈에 참가한 병사들의 약탈물을 후한 가격에 대량으로 사들인 뒤 프
랑스로 가져와 1864년 파리에서 '중국 원정의 기념물'이라는 전시
회를 열었다. 전시 카탈로그에는 도자기, 칠기, 상아, 모피, 비단, 양탄
자, 그림, 칠보를 비롯하여 청나라 황제 개인 소유였던 의복, 도장, 왕
관 등과 함께 영국왕이 중국 황제에게 선물한 유럽의 제품들, 다량의
시계 등이 소개되어 있다. 이후 네그로니는 원명원 보물을 유럽의 부
호와 왕족들에게 대대적으로 매각하거나 저당 잡혔고, 이로써 프랑스
약탈 원명원 보물은 전 세계로 흩어졌다.³

영국이 약탈한 원명원 보물

영국에서는 헨리 4세 때인 15세기부터 통용된 약탈물법law of prize and
booty에 따라 전시 약탈물을 국가의 합법적 재산으로 인정했다. 전쟁
시 사령관은 약탈 부대를 조직한 뒤 모든 병사로부터 약탈물을 수거
하여 약탈 현장에서 경매를 실시하고, 경매목록과 수익금을 영국 왕
립군인병원Royal Hospital at Chelsea에 보고하면, 군인병원에서 약탈에 참
가한 병사에 대한 보상금을 결정하고 이를 관보에 발표하게 되어 있다.⁴
　산스크리트어에서 유래한 약탈loot이라는 용어를 일반화한 영국은
17세기 초부터 동인도회사를 통해 인도 보물을 습관적으로 약탈해왔
으며 중국, 아프리카 지역으로 제국주의를 확장하면서 약탈은 영국
군대의 관행이 되었다. 영국군은 식민지 전쟁에서 약탈행위를 적에
대한 응징, 아군에 대한 보상수단으로 적극 활용하였고 약탈물법에
따라 거부감 없이 전시약탈과 약탈물 경매를 관행으로 삼아왔다. 그

러나 1860년 원명원 약
탈에서 약탈물법 규정은
지켜지지 않았다. 원명원
약탈부대는 병사들로부
터 수거한 약탈물을 본국
에 보고하지 않고 곧바로
베이징의 약탈 현장에서
경매에 부친 뒤 판매대금

1874 영국 백과사전(Chambers Encyclopedia)에 등장
한에 등장한 약탈이 동판화.

을 장교, 사병, 민간인에게 3등분했다.

　이것은 당시 약탈물이 주체할 수 없을 정도로 많았기 때문이기도
했지만, 그보다는 어마어마한 원명원 보물에 정신을 잃고 미처 날뛰
는 병사들의 약탈 광기를 일단 진정시킬 필요가 있었기 때문이다. 동
시에 극도로 긴장된 전투행위를 냉정한 상업행위로 전환하는 계략을
씀으로써 청 황실에 냉혹한 현실을 인식시키는 효과도 노렸다. 이와
더불어 방화-약탈-경매로 이어지는 제국주의의 잔혹한 침략의 공포
는 인도와 동남아, 일본 등 다른 아시아 지역에 대한 교육용이기도 했
다. 약탈 와중에 영국군은 청 황실의 사자견獅子犬을 '약탈이Looty'라고
명명하여 빅토리아 여왕에게 헌상하기도 했다.[5]

　영·프군의 원명원 약탈에 이어 영국군의 약탈물 경매가 실시되자
베이징의 골동가 유리창을 비롯하여 중국의 해안도시, 프랑스 파리와
영국 런던의 골동시장이 즉각 활성화되었다. 엄청난 가치를 지닌 새
로운 품목으로 등장하여 세계 골동시장에 활기를 불어넣은 원명원 보

물은 중국의 문화와 예술을 상징하는 것이 아니라 대체로 신비하고 exotic 인종학적인 장식품으로 취급된 면이 컸다. 그러나 오늘날 원명원에서 나온 물품은 높은 예술적 가치와 함께 역사적 상징성 때문에 최고 가치를 지닌 대단한 문화재로 인정받고 있다.

영국이 취한 원명원 약탈물은 1861년 4월, 경매회사 필립스에서 21점을 처음 경매한 것을 시작으로 다음 달 엘긴 대사의 부관 헨리 로치 경Lord Henry Loch이 실어간 물품이 런던의 크리스티, 맨슨Manson, 우즈Woods 경매회사를 통해 매각되어 개인 수집가들에게 흩어졌고, 일부는 영국박물관과 빅토리아 알버트박물관, 옥스퍼드대학교 애시몰 도서관으로 들어갔다. 1862년 런던대박람회1862 London Great EXposition 에는 중국 주재 영국 외교관들의 협조로 원명원 보물이 출품되기도 했다. 로치 경을 통해 원명원 보물을 다량 소장하게 된 영국의 대부호 수집가 알프레드 모리슨 자작Baron Afred Morrison의 소장품은 이를 유증받은 그의 손자 바론 마가데일 자작Baron Margadale이 1965년, 1971년 두 차례에 걸쳐 크리스티 경매에서 모두 처분했다. 이로써 영국이 약탈한 원명원 보물 역시 전 세계로 흩어졌다.[6]

원명원 십이지신상의 행방과 귀환

세계 예술품 시장에서 큰손으로 부상한 중국은 2000년 이래 원명원 유물의 회복에 박차를 가하고 있다. 2004년 홍콩 크리스티는 '원명원 보물'이라는 제목을 내건 경매에 원명원 보물들과 함께 십이지신상 원숭이와 소의 청동두상을 내보냈고, 우연히 같은 시기 홍콩 소더비는 호랑이 청동두상을 경매에 부쳤다. 중국 정부와 국민들의 빗발치는 항의에도 불구하고 강행된 두 경매에서 이들 청동상 3점은 중국 폴리그룹에 낙찰되었다.

중국인민군의 무기 조달업체로 시작한 폴리그룹은 최근 풍부한 자금을 이용하여 해외소재 중국 문화재 회복에 선두를 달리고 있다. 폴리그룹은 1998년에는 중국 문화재청 지원으로 박물관을 설립하여 해외에서 회수한 중국 문화재를 전시하고 있다. 2007년 홍콩 소더비가 주최한 '청 황실에서 사라진 보물'이라는 제목의 경매에는 십이지신상 중 말 청동두상이 나타났다. 이는 마카오의 카지노 재벌인 중국인 스탠리 호Stanley Ho가 낙찰받아 폴리박물관에 기증했다. 그는 2003년에도 돼지 두상을 뉴욕 소더비 경매에서 구입하여 폴리에 기증한 바 있다. 이렇게 해서 중국은 약탈된 원명원 십이지신상 중 5점원숭이, 소, 호랑이, 말, 돼지을 회복하여 폴리박물관에서 전시하고 있다.

원명원 십이지신상 중 이브 생 로랑의 소장품이었던 토끼와 쥐 2점의 확인된 처음 소장자는 프랑스 신문재벌 알프레드 에드워드의 러시아계 부인으로 피아니스트이자 프랑스 예술계의 파트롱이던 미시아 세르Misia Sert였다. 세르의 이 소장품은 이후 파리에서 5대에 걸쳐 예술상으로 활약하고 있는 퀴겔Cugel 집안이 소장했다가 1980년대에 이브 생 로랑과 피에르 베르제에게 매각되었다.[7]

소더비 경매 청동두상 2점 중국에 반환

크리스티에서 낙찰대금이 거부된 청동두상은 경매를 주관했던 크리스티 회사 소유주이며 세계적 명품사업체 케링Kering의 회장인 프랑수아 앙리 피노François-Henri Pinault가 사들였다. 피노는 2013년 중국을 방문한 올랑드 프랑스 대통령의 경제사절단으로 중국을 방문했을 때 이 청동두상 2점을 중국에 공식 기증했다. 톈안먼 광장에서 성대하게 기증식을 치른 이 2점은 중국 국립박물관에 소장되었다. 이로써 중국이 되찾은 원명원 십이지신상 7점 중 5점은 폴리그룹 박물관에서, 2점은 국립박물관에서 전시되고 있다.

청동두상 5점용, 뱀, 양, 닭, 개은 아직도 행방이 알려지지 않고 있다. 현재 중국 정부는 원명원 재건을 꾀하면서 원명원 정원의 분수대를 복원한 뒤 저명한 중국인 조각가가 복제한 복제품 십이지신상을 전시하고 있다.

피노 회장이 기증한 청동두상 2점의 기증식에 올랑드 프랑스 대통령이나 프랑스 정부 관계자는 참석하거나 어떠한 코멘트도 하지 않았지만, 피노는 십이지신상 기증이 중국 국민에 대한 우호에서 나온 행동이라고 설명했다. 이에 화답하여 중국 정부는 이러한 문화재 반환은 세계 문화재 보호정신에 합당하다고 평가하고, 예외적으로 피노 회장 소유 크리스티에 대해 중국에서 독자적으로 경매를 열 수 있도록 허가했다. 광대한 중국 예술품 경매시장에서 크리스티는 앞으로 중국 경매회사와 연계하지 않아도 독자적으로 경매를 할 수 있게 된 것인데, 외국 경매회사로는 크리스티가 처음이다.

문화재 반환에 알레르기 반응을 보이는 프랑스도 경제적 이득이라는 반대급부가 있으면 반환 반대라는 원칙을 굽히는 일이 종종 있다. 이는 한국과 외규장각 도서 반환 협상 초기 프랑스가 고속철도TGB를

　　　　　　돌아온 세계문화유산

미끼로 던졌던 사례에
서도 잘 나타난다. 오
늘날 국제사회에서 불
법 문화재 반환이 법
적·학술적·윤리적 차
원에서 실현되고 있음
을 고려할 때 프랑스
기준은 국제사회 기준

텐안먼에서 열린 피노 소유 청동두상 2점 반환식.

에 한참 뒤떨어졌다고 볼 수 있다.

　원명원 보물은 출처가 중국 황실이고 아편전쟁이라는 역사성 때문
에 원체 인기가 있어 중국 정부의 항의에도 경매회사는 대박을 내고
있다. 원명원 보물은 특히 중국인들에게 인기가 있어 경매 때마다 중
국인들의 애국심에 불을 지르며 중국인들 간의 경쟁을 부추겨 중국
문화재의 가격을 크게 높여왔는데, 경매회사가 은근히 이를 부추기고
있다.

　원명원 보물 경매에서 십이지 청동신상을 구입하여 중국에 기증
한 중국인들의 애국심이 칭송을 받고 있으며, 특히 중국 무협영화배
우 재키 찬Jackie Chan, 成龍이 적극적으로 지원하는 청동두상 환수 캠페
인이 언론에 크게 보도되면서 원명원 십이지 청동신상은 중국 문화재
환수운동의 우선 대상이 되었고, 중국인들의 애국심의 상징이 되었다.
서양인 작품이 중국 문화재 환수의 대표적 문화재가 되어 중국인들의
애국심을 상징하는 것은 지독한 역설이 아닐 수 없다.

중국 정부의 원명원 보물 등 문화재 회수 노력

중국 정부, 유럽과 미국에 원명원 약탈 문화재 조사팀 파견

2009년 크리스티의 원명원 청동두상 경매 소동이 벌어진 직후, 중국 정부는 미국과 유럽, 일본 등 47개국 2천여 박물관에 원명원 약탈 문화재 조사팀을 파견했다. 중국 측은 전 세계에 흩어진 원명원 보물 150만 점의 데이터베이스를 구축하여 원명원의 원래 모습을 좀 더 잘 이해하기 위한 시도라고 설명하면서 원명원 보물 환수운동을 벌이는 것은 아니라고 강조했다. 원명원 약탈물에 관한 기록은 존재하지 않으며, 원명원의 원래 소장품에 관한 기록이나 자료도 없다. 모든 것이 약탈될 때 전부 불에 탔기 때문이다. 원래의 기록과 자료가 없는 상황에서 중국 조사팀이 외국 박물관을 조사한다 해도 추측만 가능할 뿐이며, 추측만으로는 반환을 요구할 수 없는 것이 중국이 처한 딜레마다.

중국의 주요 목표는 물론 영국과 프랑스의 박물관이다. 중국의 조사팀 파견에 대해 영국박물관은 자료조사가 목적이라면 협조할 용의가 있다고 응답한 데 비해 프랑스의 기메박물관은 중국 의도에 의심의 눈초리를 거두지 않았다. 그리고 중국의 어떠한 요구라도 유네스코를 통해야 한다며 직접적 협조를 거부했다. 두 나라는 모두 중국 측의 원명원 약탈 문화재 조사활동이 국내용이며 국내 단결을 위한 정치적 제스처라는 냉담한 반응을 보였다. 영국과 프랑스 외에 원명원 보물을 소장한 전 세계 많은 박물관은 약탈이 일어나고 한참 뒤 적법한 과정을 거쳐 구입했으므로 문제될 것이 없다고 주장한다.

중국 조사단은 미국에서 원명원 관련 사진을 수백 장 입수했으며 알려지지 않았던 원명원 보물로 건륭제가 소장했던 송나라 때 서화 한 점을 보스턴미술관에서 발견했다고 발표한 것 외에는 특별한 성과가 없었다. 이 같은 조사단의 초라한 실적이 보여주듯, 중국 문제는 어떻게 회수하느냐가 아니라 무엇을 회수하느냐는 문제다. 회수 대상 문화재 리스트가 정비되지 않았기 때문이다. 이것은 중국만의 문제가 아니라 우리나라를 포함하여 문화재 피약탈국 전반의 문제다. 최근 문화재 반환에서 이탈리아, 터키, 이집트의 혁혁한 성공사례도 처음부터 일관된 반환 리스트를 정비하여 장기적 프로젝트로 시행한 것이 아니라 새로이 나타난 약탈 또는 도난된 문화재에 집중해서 얻은 성과다.[8]

문화재 환수 캠페인과 중국의 딜레마

중국은 수천 년 역사에서 광대한 영토에 산재한 엄청난 문화재를 대부분 19세기 제국주의 시대 유럽 국가들과 일본의 무력 침략으로 약탈당했기 때문에, 일단 중국의 문화재 회수 캠페인이 전개된다면 전 유럽과 미국, 일본을 상대로 전선을 확대해야 한다. 이것은 불가피하게 침략당한 굴욕적인 역사 전반에 대한 회고를 동반하지 않을 수 없는데, 쓰라린 역사에 대한 감정적 개입과 국민적 분노를 분명히 야기할 문화재 반환 캠페인은 오히려 국내적으로 자중지란을 초래할 위험마저 있다. 이 때문에 중국은 과도한 문화재 반환 캠페인을 자제하지 않을 수 없으며 터키, 이집트, 그리스 등 문화재 피약탈국들은 미온적인 중국과 공조하기를 부담스러워하는 실정이다.

이러한 배경에서 중국은 문화재 반환운동에서 상당히 온건한 노선을 채택하고 있다. 즉, 공격적인 투쟁 대신 정부예산으로 약탈 문화재를 구입하거나 중국 해외교포에게서 기증받는다거나 국제협약 또는 외교적 교섭으로 반환받는다는 것인데, 이러한 방법으로 환수하는 문화재는 극히 제한적이다. 날로 가격이 치솟는 중국 문화재를 계속 정부예산으로 구입할 수도 없으며, 국민의 애국심도 무한정은 아니다. 국제협약은 소급효가 없기 때문에 유럽 국가를 상대로 19세기 약탈 문화재를 회수한다는 것은 지난한 일이 아니라 거의 불가능한 일이다. 또한 오늘날과 같은 긴박한 국제정세 속에서 문화재 환수는 중국 외교 목표의 우선순위가 될 수도 없다.

오히려 중국은 현재 중국에 존재하는 문화재가 더는 반출되지 않도록 자국민을 대상으로 규제를 강화하는 소극적 방법에 주력하는 듯한 인상을 준다. 중국은 2009년 문화재법을 개정하여 문화재 환수에 기여한 국민에 대한 합리적 보상과 함께 문화재 사범, 즉 도굴 또는 도난 범죄를 저지른 국민에게 사형이라는 극형까지 선고하여 인권문제를 야기하기도 했다.

이러한 중국의 고민을 덜어주는 차원에서 미국은 유네스코 불법 문화재 반환협약^{제9조}에 근거하여 2009년 중국과 양자협약을 맺고, 중국의 구석기시대^{기원전 8세기}에서 9세기 당나라 시대까지 1천 년에 이르는 기간 중 생산된 중국 문화재의 수입을 금지하고 있다. 중국 정부의 수출허가장이 없는 이 시기 유물이 미국에 반입되는 경우 몰수함으로써 미국 내 박물관과 문화재 딜러들의 거센 항의를 받고 있지만, 미국 정부는 위기에 처한 세계 고대 유물의 보전이라는 장기적 관점에서 중국의 문화재 보호에 협조를 아끼지 않고 있다. 미국은 이 조약을 체결하면서 중국에 의무도 부과했다. 중국 정부가 자체적으로 문화재 밀수출을 강력히 단속하는 동시에 홍콩, 마카오를 통한 불법 문화재의 반입도 엄단하고, 또한 자국민에게 문화재 보호 관련 교육을 실시토록 한 것이다.

중국은 2010년 원명원 파괴 150주년을 조촐하게 기념했다. 현재 중국 고고학자들은 원명원 폐허에서 불에 탄 유물의 파편을 모아 정성스럽게 복원하고 있다. 원명원 폐허야말로 거대한 유적지와 다름없다. 여기에서 이미 도자기를 수천 점 복원했는데, 개중에는 황제가 사용했던, 금을 섞은 노란색 도자기도 들어 있다고 한다. 원명원 폐허를 뒤적이는 것이야말로 원명원 유물을 회복하는 유일한 방법일지도 모른다. 이것이 냉엄한 현실이며 현실적인 대처방안일 것이다.

CHAPTER 10

사상 최대의 문화재 환수
- 이탈리아 문화재 특공대의 활약

게티박물관이 파르테논 마블 이상의 가치가 있다고 구입했던 게티 아프로디테.
기원전 5세기 작품. 얼굴과 팔은 대리석, 몸통은 화강암 225×53×35cm,
이탈리아 모르간티나 아이도네박물관 소장.

제우스신이여,
산산이 찢긴 마을에서
누군가가 당신을 위해 살진 소와 양을 잡아
기도하며 집에 보내달라고 간청한다면,
당신은 약속하고 이것을 명하겠지요.
그대들은 그 무자비한 날을 기억하고 되풀이 말지니

_호메로스Homer, 《일리아드》Iliad, 15,372~375

사상 최대 작전 개시

이탈리아 경찰 카라비니에리의 문화재 특공대

드라마는 이렇게 시작되었다. 이탈리아 남부 나폴리항구에서 동쪽으로 150킬로미터 떨어진 인구 2만의 멜피. 지금은 잊히고 볼품없는 작은 마을이지만 고대·중세에는 이따금 유서 깊은 역사적 현장으로 이름을 날린 도시였다. 멜피의 거대한 스카이라인을 이루는 높이 1,300미터 암갈색 사화산死火山 불투레산 발치에는 국립 멜피박물관이 자리 잡고 있다. 1089년 교황 우루반Urban 2세가 제1차 십자군을 소집했던 웅장한 멜피성을 개조하여 설립된 이 박물관이 1994년 1월 백주에 강탈을 당하는 사건이 발생했다. 멜피박물관에 침입한 강도 세 명은 총구로 경호원을 위협하고 박물관의 유명한 소장품인 기원전 5~6세기 '멜피 항아리' 10여 개를 강탈하여 스위스 번호판을 단 차량으로 유유히 도주했다. 불과 몇 분 만에 일어난 사건으로, 1960년대 이탈리아의 보안이 허술한 유적지나 박물관에서 빈번했던 문화재 범죄사건의 흔한 장면이었다.

이탈리아 경찰 카라비니에리의 문화재 특공대Carabinieri Art Squad가 즉시 출동했다. 문화재 특공대는 1969년 이탈리아 경찰 산하에 이탈리아 문화유산 보호라는 특수 임무를 띠고 조직된 문화재 범죄담당

로베르토 콘포르티 대령.

헌병대 수사팀으로, 문화재 범죄를 전문적으로 담당하는 세계 최초의 경찰 조직이다. 처음에는 경찰 유휴인력을 모아 어설프게 시작했지만, 1992년 부터 마피아나 붉은 여단Red Brigades 과 같은 강력한 테러 조직범죄를 수사 하여 명성을 날린 로베르토 콘포르티 Roberto Conforti 대령후에 장군으로 진급이 특공대를 담당한 이래 이탈리아 예산의 1퍼센트를 확보하여 조직 확대와 강화가 이루어졌다.

이탈리아 문화부와 긴밀한 조율 아래 고대 유적지 관리, 문화재 밀반출, 모조품 밀거래, 현대미술품 도난사건 등의 범죄를 다루어 온 문화재 특공대는 창설 이래 40여 년간 예술작품 18만 점과 유물 35만 점을 회복했고, 모조품 7만 점을 밝혔으며, 문화재 범죄자 1만 2천 명을 체포하는 성과를 거두면서[1] 도난 및 도굴된 이탈리아 문화재 회복의 비상 무기이자 문화재 범죄수사대의 세계적 모델로 위상을 확립했다.

오르가니그램의 출현

멜피박물관 강탈 사건 반년 후 문화재 특공대는 멜피사건의 장물아비로 용의자였으나 불의의 교통사고로 사망한 이탈리아 세관소속 경찰 팀장 파스칼 카메라의 로마 아파트에서 카메라 자필 문서 한 장을 발견했다. 그것은 도굴이나 도난된 문화재를 국제적으로 처리하는 도식이었는데, 관련 조직원의 역할을 일목요연하게 보여주는 조직표, 이른바 오르가니그램organigram이었다. 이탈리아 어느 지역의 누가 훔쳐서 누구에게 넘긴 다음 최종 누구에게 매각한다는 화살표가 이리저리 그려진 상세한 도식표로 조직의 최하층에서부터 최상층부까지 어떤 관계로 서로 연결되어 있는지를 한눈에 보여주는 문화재 범죄조직 지하 네트워크 도표였다.

오르가니그램 최상단에는 로버트 헥트Robert Hecht의 이름이 있고 그 아래에 지아코모 메디치Giacomo Medici와 지안프랑코 베키나 Gianfranco Becchina 두 사람의 이름이 자리 잡고 있었다. 메디치는 도표의 맨 아랫부분에 있는 도굴꾼, 지방 농부나 일용 노동자, 잡부들을 휘하에 거느리고 이들로부터 도굴 또는 도난 물품을 받아서 해외 딜러에게 넘기는 이탈리아인 중간책이었다. 메디치의 치열한 라이벌로 시실리 출신인 베키나는 스위스 바젤을 무대로 세계적 수집가들을 상

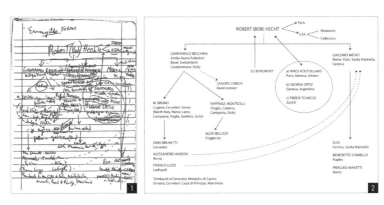

1. 오르가니그램 원본.
2. 오르가니그램 해석표.

1. 로버트 헥트. 2006년 불법 문화재 반출혐의로 기소된 이탈리아 법정에서.
2. 지아코모 메디치. 로버트 헥트와 공모하여 MET(뉴욕 메트로폴리탄박물관)에 매각한 도굴품 그리스 항아리 앞에서.

대하는 중간책인데, 그중에서도 일본의 큰손 수집가들을 잡고 있는 딜러로 유명했다.

메디치와 베키나에게서 물품을 구입하여 최종 수요자에게 판매하는 거물 딜러 헥트는 미국 볼티모어의 백화점 재벌 아들로, 하버드대학교를 졸업하고 스위스, 이탈리아, 그리스에서 고고학과 고대 예술을 정식으로 공부한 후 스위스와 파리에 거주하며 1960년부터 고대 유물의 국제시장에 뛰어들어 유럽과 미국의 상류층 고객을 장악하고 두각을 나타냈다. 메디치와 헥트, 베키나는 또한 중간에 문화재 복원가 또는 여러 나라 딜러들을 통해 서로 긴밀히 연계되어 있었다.

문화재 국제조직범죄의 화려한 상층부

메디치, 헥트, 베키나 3인방의 공급처는 영국박물관, 루브르박물관, 게

돌아온 세계문화유산

티박물관, 메트로폴리탄박물관, 보스턴박물관 등 세계 유수 박물관과 소더비, 크리스티 등 세계적 경매회사를 망라했다. 박물관 외에도 개인 수집가로서 3인방의 최종 수요자가 되는 미국의 대표적 거부와 저명인사들의 면모를 보면, 미국의 거물금융가로 자선사업가이자 메트로폴리탄박물관 후원자인 레옹 레비Leon Levy 부부, 메트로폴리탄박물관·영국박물관·바티칸박물관·게티박물관의 후원자이며 케네디· 존슨 정부의 예술자문위원이었던 로렌스 플라이시만Lawrence Fleishmann 부부, 다이아몬드 재벌로서 클린턴 행정부에서 외교위원회 멤버였으며 재클린 케네디의 마지막 동반자로 유명했던 모리스 템펠스만 Maurice Tempelsman을 들 수 있다.

이들 3인방은 또한 최종 수요자와 사이에 저명한 박물관의 큐레이터들과 폭넓게 연결되어 있었다. 이들 큐레이터들은 대개 하버드, 예일, 프린스턴 박사들로 최고 엘리트 전문가들이었다. 이들은 대체로 박물관의 사회적 역할을 중요시하다 못해 신성시하며 문화재에 대한 탐욕과 직업적 윤리의식 사이에서 갈등하는 지식인들이었다. 야심차고 경쟁적인 한편, 학연과 경력으로 상호 끈끈한 유대관계를 맺은 이들은 세계 문화재 거래의 큰손들과 사적으로도 깊이 얽혀 있었다. 이들 최고 딜러들과 수집가, 박물관 큐레이터들은 표면적으로는 국제 문화재시장의 화려한 엘리트 귀족들이라 하겠지만, 실상은 국제 불법 문화재 거래 조직범죄의 핵심 인사들이었다. 파스칼의 아파트에서 나온 오르가니그램 한 장으로 이탈리아 문화재 특공대는 문화재 국제조직범죄의 구성원들을 고구마 줄기를 캐듯 줄줄이 엮어낼 수 있게 되었다. 특공대로서는 실로 예기치 않았던 엄청난 행운이었다.

메디치 창고 급습

카라비니에리 특공대, 이탈리아 문화재에 대한 전반적 범죄 증거 확보

오르가니그램을 손에 넣은 지 1년 후인 1995년 9월, 런던 소더비에서 계획 중인 대대적 경매에 메디치 소유의 도난 문화재가 대거 포함되었다는 정보를 입수한 카라비니에리 문화재 특공대는 스위스 경찰과 합동으로 제네바 남서쪽의 자유면세지구Geneva Free Port에 있는 메디치의 창고를 급습했다. 3개 방으로 된 메디치의 창고 방 하나에는 방 안 가득히 깨진 도자기, 조각품, 프레스코 등 유물들의 파편이 땅바닥에 수북이 쌓여 있었다. 다른 방 하나에는 벽에 늘어선 찬장 속에 항아리, 조각상, 테라코타 등 유물 수천 점이 가득 들어 있었고, 프레스코, 동상, 석비 등 커다란 유물은 벽에 기대어 빽빽이 진열되어 있었다. 유물 파편을 온전하게 복원해 진열해놓은 것이다.

사무실로 보이는 가운데 방에서는 폴라로이드 사진더미와 서류가 무더기로 나왔다. 사진 수천 장은 도굴 직후 흙 묻은 유물과 손쉽게 해외로 반출하기 위해 적당한 크기로 토막 낸 유물, 원형으로 복원된 모습과 최종 수요처에서 멋지게 진열된 예술품 모습을 담아 유물의 도굴부터 최종 전시까지 전체 범죄 과정을 일목요연하게 보여주었다. 사진들과 함께 발견된 1만여 점 가까운 서류더미는 주요 박물관이나

돌아온 세계문화유산

수집가들과 거래
한 물품목록, 청구
서, 편지, 수표 등
거래서류였다.

특공대가 '살생
부murder book'라고
불렀던 이들 폴라
로이드 사진과 서

이탈리아 특공대가 급습한 메디치 창고 모습.

류는 도굴 문화재를 처리하는 메디치 비즈니스의 현장과 유통과정의
확실한 증거였다. 30~40년에 걸쳐 이탈리아가 추적하던 수백 점에
달하는 이탈리아 최고 문화재의 사진도 다수 나왔다. 이들은 도굴되어
해외 박물관에 팔린 것들이었다. 이탈리아는 이로써 미국과 유럽의 거
대 박물관들을 상대로 환수 대상 문화재를 꼭 집어내 받아낼 수 있는 중
요한 증거를 손에 넣었다. 이 증거는 뿌리 깊은 문화재 불법거래의 국제
적 관행에 동조하고, 이를 조장해왔던 세계 저명 박물관들의 행태에 혁
명적 변화를 불러일으킬 신호탄을 예고했다. 메디치 창고 급습은 카라
비니에리 발족 이후 최대 수확으로 평가되는 거사였고, 국제 불법 문화
재 범죄와 전쟁하기 위한 사상 최대의 작전이라 할 만했다.

문화재 거래과정에서 드러난 은밀한 범죄

카라비니에리의 급습 이래 스위스 법원으로부터 장물 창고로 판정받
고 봉인되었던 메디치 창고는 1997년 3월 다시 개봉되었다. 1997년

3월 런던 소더비에서 기획 중인 메디치 소유 문화재 경매에 대한 영국 경찰의 조사를 지원하기 위해 스위스 당국은 이탈리아 문화재 특공대에 두 번째 메디치 창고 방문을 허용했다. 두 번째 방문에는 저명한 이탈리아 고고학자 3명이 참여했다. 유적지의 도굴 범죄가 극심했던 이탈리아는 고대 유물의 성격을 확인하는 고고학 범죄수사forensic archeology 분야가 확립되어 도굴품과 도굴된 유적지의 관계 확인, 모조품 식별, 도굴 범죄 유형 확인 등 고대 유물 관련 범죄의 학문적 연구 실적을 축적해왔다. 그렇지만 저명한 고고학자들이 그토록 많은 양의 도굴된 또는 도난당한 문화재를 직접 실물 조사한 것은 메디치 창고를 방문한 이들이 처음이었으며, 이것은 불법 문화재 범죄 수사에서 학문적·법적으로 획기적인 사건이었다.

1997~1999년 사이에 이탈리아 특공대와 고고학자들은 메디치 창고를 7번 더 방문하여 방대한 유물과 관련 사진, 문서를 분석했다. 분석의 일차 목표는 메디치와 최상위 딜러, 수집가들을 기소하여 유물을 회수하는 데 있었다. 따라서 학자들은 메디치가 입수하여 창고에 모아놓은 유물들이 이탈리아에서 도굴, 도난당한 것임을 입증하는 일뿐 아니라 엄청난 창고 물품들과 유물의 중요성으로 보아 도굴지역이 광범위했고, 유적지가 수천 곳 파괴된 중대범죄임을 밝히는 것이었다. 특공대와 학자들은 창고의 특정 유물이 특정의 이탈리아 유적지에서 도굴되었음을 확인하는 한편 메디치와 박물관, 수집가들을 형사기소하기 위해 이들이 자신들이 취급한 유물들이 도난 또는 도굴된 범죄의 과실임을 알고 거래했음을 밝히는 데 전력을 경주했다.

돌아온 세계문화유산

유물거래에 대한 조사가 진행되면서 조사자들은 이들 불법 문화재가 거래된 독특한 방식에 주목했다. 이것은 메디치와 딜러, 박물관 큐레이터들이 서로 은밀하게 짜고 거래하는 방식인데, 메디치와 딜러들은 소더비 같은 유력한 경매회사를 통해 서로 물건을 팔고 사주면서 물품값을 올리고 출처를 세탁해주기 때문에 결과적으로 메디치는 도굴꾼이 아닌 소더비에서 물품을 구입한 셈이 된다. 또한 수집가나 박물관이 메디치와 직접 거래하지 않고 항상 중간에 누군가를 끼워넣어 거래 추적을 어렵게 했다. 불법 유물들을 기증, 대여, 구입 등 다양한 방법으로 가장하여 거래했으며, 박물관 큐레이터는 이를 알면서 개인 소장가의 거래를 유도하거나 부추겨서 구매를 성사시킨 후 이를 다시 기증받거나 사들여 박물관은 메디치가 아닌 저명한 개인 수집가에게서 구입하거나 기증받은 모양새를 취했다.

문화재 수집과 유통의 국제환경

특공대와 고고학자들의 메디치 창고 조사가 마무리되는 2000년경부터 이탈리아 정부는 조사 결과를 가지고 미국의 주요 박물관을 돌면서 도굴품으로 의심되는 박물관 소장품을 폴라로이드 사진과 대조한 뒤 이들의 반환을 요구했다. 1970년대 초부터 이탈리아는 미국 박물관들의 새로운 소장품이 이탈리아에서 도굴되었을 거라는 의심을 품고 추적해왔으나 증거 부족으로 성과가 없었지만 이제 메디치 창고에서 나온 막강한 무기를 가지고 미국 박물관들로부터 귀중한 문화재를 회수할 수 있게 된 것이다.

미국, 문화재와 예술품의 세계 최대 보유국으로 등장, 전향적인 문화재 정책 시행

제2차 세계대전 후 경제부흥이 본격적으로 시작되는 1960년대 후반부터 미국의 박물관들은 고대 유물의 수집에 열중했다. 제국주의 정부의 조직적인 지원으로 식민지 지역의 고대 유물을 대거 수집한 유럽의 박물관과 달리 제국주의 시대에 고대 유물을 충분히 입수하지 못한 미국 박물관들은 제2차 세계대전 이후 막강한 경제력을 무기 삼아 세계 문화재 시장에서 고대 유물과 최고급 예술품 등을 망라한 일류 문화재를 빨아들였다. 그 결과 미국은 유럽 국가들을 제치고 주요 문화재와 예술품의 세계 최대 보유국으로 등장하면서 세계 문화재 시장의 주역이자 리더로 급부상했다.

1960년대 고대 유물시장에서 미국발 수요가 급증하면서 세계적 유적지에서 도굴·도난 범죄의 증가가 현저해짐에 따라 유네스코는 1970년 '문화재의 불법 반출입 및 소유권 양도의 금지와 예방수단에 관한 유네스코 협약'을 성립시켰다. 이 협약은 가입국들에 도굴 또는 도난되어 밀반출된 문화재의 반입금지 및 반환의무를 부과했다.

1983년 미국 정부는 인류 지식의 원천인 유적지 보존을 부르짖으며 유물은 유적지에 존재해야 한다고 주장하는 미국 고고학자들의 강력한 로비를 받아들여 유네스코 협약을 비준했다. 그리고 협약을 국내에서 실행하기 위한 국내법CPIA, Cultural Property Implementation Act을 제정하여 불법 문화재의 반입금지 및 반환을 위한 국내적 지원체제를 갖추었다. 미국은 유네스코 협약상의 의무제9조에 부응하여 중남미, 중

돌아온 세계문화유산

국 등 도굴 피해가 큰 13개 국가와 양자협약을 맺고 이들 국가들의 문화재 보호에 앞장서 왔다. 1999년 미국은 이탈리아와 양자협약을 맺고 이탈리아 정부의 수출허가장이 없는 기원전 8~4세기 이탈리아 유물 반입을 전면 금지하고 있다.

미국 정부는 또한 영토 내 문화재는 국가 소유라는 외국 문화재법의 효력을 인정하여 그 국가의 원소유권을 인정했다. 미국 행정부와 사법부 또한 연방도난물법SPA, Stolen Property Act.1934에 의거하여 외국의 문화재법을 위반하여 들어온 문화재를 도난물로 간주하고 이에 대한 반환청구소송을 허용했다. 미국 법정은 때로는 수출입법을 위반하거나 미국 세관에 허위신고를 하고 들어온 문화재도 도난물로 간주하여 몰수하거나 원소유자에게 반환하는 판결을 강화해왔으며, 불법인 줄 알면서 반입한 경우에는 형사처벌까지 하면서 혼탁하고 부패한 세계 예술품 시장의 정리를 선도해나갔다.

고고학자들과 달리 유적지보다 유물을 중요시하는 미국 박물관들은 유적지에서 얻는 정보보다 유물 자체에서 얻는 정보가 더 중요하며 유물의 미적 가치는 과학적 가치보다 크다고 주장해왔다. 합법적 수집보다는 진품 여부가 최고 관심사였던 박물관들은 문화재 구입은 사라질 위험이 큰 유물을 시장으로 끌어내 유물의 보존·전시·교육을 통해 사회적 공헌을 하므로 박물관의 수집행위를 제한해서는 안 된다는 태도를 고수하며 문화재 거래에서 자유무역주의와 시장주의를 적극 옹호했다. 이러한 기조에서 박물관들은 '경위가 밝혀지지 않은 문화재는 불법 입증 전까지는 무죄추정unprovenanced cultural properties are innocent untill proven guilty'이라는 태도를 견지하며 "묻지도 않고, 대답도 안 한다"라는 묻지 마 구입을 관행으로 삼고 있었다.

1990년대까지 미국 박물관들의 관행은 단지 미국에 합법적으로 들어왔다는 딜러의 보증만 요구했다. 엄격한 구입정책을 따르는 박물관이라도 유네스코 협약의 기준선인 1970년 이후 반입된 문화재만 문제시하고 그 이전에 원소유국을 떠난 문화재는 문제 삼지 않았다. 이러한 마구잡이 구입관행에 대해 고고학자들과 진보적 문화재 학자들은 인류에 관한 지식 전파를 목적으로 하는 박물관이 인류의 지식을 결국 파괴하고 말 도굴 및 도난된 불법 문화재 거래를 조장하는 상황을 맹비난하며 박물관과 치열하게 대립했다.

막대한 문화재의 불법 유출로 고민하는 이탈리아

한편, 이탈리아는 제2차 세계대전 후 국제 문화재 시장이 활기를 띠면서 전국 각지의 유적들에 대한 대대적 도굴로 신음했지만 일찌감치 문화재 보호를 위한 완벽한 문화재법을 정비하고 있었다. 1939년 베니토 무솔리니Benito Mussolini가 제정한 문화재보호법은 1939년 이후 이탈리아에서 발굴 또는 발견된 문화재는 이탈리아 정부 소유이며, 이탈리아 정부의 허가장이 없는 문화재 수출을 전면 금지한다고 했다.[2]

이탈리아는 또한 1939년 문화재법을 위반하여 거래되는 불법 문화재를 전담하는 카라비니에리 특공대와 같은 강력한 수사기구를 정비했으며, 문화재 특공대에는 고고학을 전공했거나 국제적 조직범죄의 강력 수사에서 경력을 쌓은 노련한 검사들이 진을 쳤을 뿐 아니라 카라비니에리 문화재 특공대를 원격지원하는 고고학자, 미술사학자, 역사학자 등 문화재 관련 전문학자층도 두꺼웠다. 게다가 전국 8천 개이상 코무네commune, 기초지방자치단체마다 자생 문화유산 보호단체를 이끄는 강력한 시민의식이 자리 잡고 있었다. 이탈리아 국민들은 도굴이나 도난된 정황이 확실한 이탈리아 문화재가 미국이나 유럽의 박물관에서 버젓이 진열되어 있는데 대한 공분과 국민적 수치감을 공론화했으며, 유적지 도굴범들은 국법을 어기면서 힘들게 도굴하여 헐값에넘긴 유물이 미국과 유럽 시장에서 엄청난 가격에 매매되는 데 분노와 자성을 숨기지 않았다. 여기에 문화재 보호와 불법 문화재 환수를정치적 아젠다로 공표한 정치인들이 이들을 지원하고 있다.

이에 비해 고대 유적지가 전무한 인접국 스위스는 고대 유물 관련범죄에 대한 인식이 낮았다. 스위스 문화재 딜러 다수가 이탈리아와접경지대인 제네바 자유무역지대에서 생계를 도모하며 불법 문화재유통에 직간접으로 연계되어 있었다. 그 때문에 스위스 정부는 불법문화재 거래를 규제하는 1970년 유네스코 협약에 반대하며 문화재범죄에 관대하고 선의의 구매자를 두껍게 보호했다. 따라서 국제 문화재 범죄자들에게 스위스 문화재 시장은 좋은 후방기지였다.

이탈리아, 로스앤젤레스 게티박물관의 명품 문화재 조준

이탈리아 문화재특공대의 1차 목표물은 로스앤젤레스의 게티박물관이었다. 미국 석유재벌로 억만장자인 존 폴 게티Jhon Paul Getty, 1892~1976가 자신이 수집한 고대 유물과 르네상스 예술품을 바탕으로

로스앤젤레스 게티박물관과 1944년 52세의 존 폴 게티.

1954년 로스앤젤레스의 태평양 해안 말리부 저택에서 문을 연 게티 박물관J.P.Getty Museum은 1976년 게티가 사망한 후 박물관에 기증된 7억 달러에 달하는 유산이 1984년에는 20억 달러로 불어났던 세계 최고 부자 박물관이었다. 이같이 엄청난 자산으로 공격적인 수집에 들어간 게티박물관은 미국 서부의 부자 박물관을 세계 최고의 중심 문화기관으로 만들기 위해 가격이나 출처를 가리지 않고 세계적 명품 컬렉션을 수집하겠다는 야심을 거침없이 밀고 나갔다.

　게티박물관 설립 직후부터 긴장한 이탈리아 정부는 수십 년간 게티 가 구입한 수상한 이탈리아 문화재의 출처를 확인하려고 노력해왔지 만 성과가 없었다. 그러다가 1995년 메디치 창고에서 나온 폴라로이 드 사진자료를 바탕으로 게티가 소장한 도난 및 도굴 이탈리아 문화 재를 확인하고 환수에 착수하게 된 것이다. 그렇지만 이탈리아가 목 표로 삼은 게티의 수집품은 메디치의 창고물품에만 국한되지 않았다. 아래는 이탈리아가 최우선으로 삼은 반환 품목이다.

　　　　　　　　　　　돌아온 세계문화유산

게티 브론즈

게티 컬렉션 중 이탈리아 정부의 회수 목록 제일 위에는 게티박물관의 상징이라 할 수 있는 이른바 게티 브론즈Getty Bronz가 있었다. 그것은 1964년 이탈리아 동북부 아드리아해안의 파노Fano항에서 출어한 이탈리아 트롤어선이 공해상에서 건져 올린 실물 크기 청동조각상이다. 올림픽 우승을 상징하는 월계관을 쓴 젊은이 동상으로 '승리의 젊은이Victorious Youth'라는 이름으로 불리게 된 이 청동조각상은 기원전 4세기 알렉산더대왕의 전속 조각가이자 올림픽 영웅들의 조각상을 다수 제작했던 리시포스Lysippos의 진품이라는 소문이 즉시 나돌았는데, 생전 1,500여 점을 제작했다고 하지만 한 작품도 남아 있지 않은 리시포스의 유일한 진품으로 추정되었다. 어쩌면 알렉산더대왕의 조각일지도 모르는 이 청동상은 그 존재가 알려지자마자 세계적으로 비상한 주목을 받았다.

공해상에서 이 청동상을 건져 올린 어부들은 파노항으로 귀항하자 청동상에서 나는 심한 냄새를 숨기기 위해 청동상을 동네 가톨릭 사제관의 욕조에 며칠간 은닉한 후 배추밭에 숨겨놓았다가 지역의 딜러에게 매각했고, 딜러는 당근을 적재한 트럭에 실어 스위스로 밀반출했다. 정보를 입수한 경찰은 청동상을 발견하여 반입한 어부, 이를 은닉하거나 구입·반출한 지역의 딜러와 주민들을 기소했다. 그러나 이탈리아 대법원은 이 청동상을 발견한 지점이 이탈리아 영토가 아니며, 청동상이 이탈리아에 존재하지 않는 상황에서 역사적·문화적 중요성을 입증할 수 없어 이탈리아 문화재라고 단정할 수 없다는 이유로 관

승리의 젊은이. 작가 불명 또는 리시포스 작품 추정. 기원전 300~100. 그리스 작. 151.5×70× 27.9cm. 64.4108kg.

련자 모두를 무죄 방면했다.

그 후 이 청동상은 브라질에 수년간 은닉되어 있다가 독일 수집상에 들어간 후 완전히 수선·복구되었다. 1972년 영국 박물관 고대 유물부 큐레이터 애시몰은 이를 리시포스의 진품으로 감정한 다음 영국 자택에 머물고 있던 게티에게 소개했다. 그는 이 작품이 게티 수집품의 핵심이 될 뿐 아니라 미국의 예술품 중에서 가장 중요한 작품이 될 거라고 적극구매를 권했다. 출처 불명인이 보물의 구입을 주저하면서도 단념할 수 없었던 게티는 뉴욕의 메트로폴리탄박물관과 합동으로 구입할 계획을 세우기도 했지만, 유물에 대한 이탈리아 경찰의 계속된 수사가 부담스러웠기 때문에 구입을 단념했다. 그러나 그가 사망한 직후 게티박물관은 세계적 박물관으로 도약하는 첫 신호탄으로 1977년 이 청동상을 395만 달러에 구입하여 1978년 '게티 브론즈'라는 이름으로 공개전시를 시작했다.

게티박물관이 출처 불명의 이 작품을 구입한 일은 미국 고고학계의 거센 반발을 불러일으켰다. 고고학계는 이미 제2차 세계대전 이후에는 과거 제국주의 시대에 볼 수 있었던 세계적 걸작의 공급이 끊긴 상황에서 막대한 자금으로 출처 불명의 명품을 수집하는 것은 불법 문화재의 암거래를 부추기는 결과를 초래할 거라고 박물관들의 수집관행을 맹비난했다.

게티박물관은 이 작품이 본래 그리스에서 제작되었고 2천 년간 바다에 수장되어 있었기 때문에 한 번도 이탈리아 조상들이 소유한 적이 없으며, 발견 장소가 공해상이라는 점을 내세워 이 작품의 취득에 문제가 없다는 태도를 고수했다. 그러나 이탈리아 정부는 비록 이탈리아 영토 내에서 발견되지는 않았지만 이탈리아 영토를 거쳐 해외로 밀반출된 것이 확실하다는 점에서 이탈리아 소유를 주장하며 회수 노력을 포기하지 않고 기회를 노렸다.

쿠로스

1985년 게티는 기원전 6세기경 그리스에서 제작된 것으로 추정되는 젊은 남자의 대리석 나체상, 이른바 쿠로스Kouros를 950만 달러라는 거금을 주고 샀다. 이집트 조각의 기법이 남아 있는 고대 그리스의 젊은 남자 나체 입상을 일컫는 쿠로스는 대개 무덤의 석물로 제작되었는데, 전 세계적으로 10여 개밖에 남아 있지 않은 대단히 중요한 고대 유물이다. 〈로스앤젤레스타임스〉는 게티의 쿠로스 구입에 대해 "지난 반세기 동안 미국이 구입한 가장 중요한 작품"이라고 평했을 정도였다.[3]

특공대가 입수한 오르가니그램상
딜러 베키나로부터 게티가 구입한 이
대리석 조각은 흙 묻은 7개 토막을 복
원한 것으로, 물론 출처 불명이고 과
거 소유권 내력은 스위스인 수집가가
원소장자였다는 보증서 하나가 전부
였는데, 그 보증서조차 위조된 것으로
판명되었다. 무엇보다도 문제는 이 작
품의 진품 여부도 확실치 않다는 것이
었다. 작품 구입이 발표되자 고고학계
에서는 의문투성이 유물을 마구잡이
로 구입하는 게티박물관의 비정상적
활동을 맹비난했다. 게티는 자체적으
로 2회에 걸쳐 과학자와 고미술학자
들을 동원하여 진품 여부에 관한 정밀

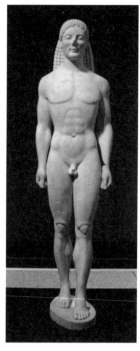

게티 쿠로스. 대리석 206.1×54.6×
51cm.

검사를 했지만 진품인지 여전히 판명되지 않았다.[4]

아프로디테 여신상

게티 브론즈의 출처 소동에 이어 쿠로스의 진품 여부 문제가 본격적
으로 확대되어 언론의 따가운 시선에 노출되기 시작할 무렵, 게티박
물관은 연이어 일을 저질렀다. 마치 무엇엔가 홀린 듯이, 중독된 듯이
불을 보듯 뻔한 위험한 구매에 뛰어든 것이다. 이것이 이른바 유물의

돌아온 세계문화유산

마력 또는 '고대 유물의 저주'일 것이다.

쿠로스에 이어 게티는 진짜로 문제가 될 최고 걸작 명품을 손에 넣었다. 그것은 기원전 5~6세기에 제작된, 높이 225센티미터의 대형 그리스 여신상인데, 화강암 몸통에 대리석 머리와 팔로 구성된 조각을 일컫는 아크롤리스acrolith식이다. 대리석이 흔치 않았던 시실리나 이탈리아 남부의 신전 터에서 흔히 발견되었던 아크롤리스식 조각상은 이제까지 부분으로만 발굴되었고 완전한 모습의 상이 나타나기는 이것이 처음이었다.

바람에 날리는 드레스에 몸이 휘감긴 채 앞으로 걸어가는 모습의 이 대형 여신상은 '민망할 정도로 아름다운scandalously beautiful' 육감적 몸매가 실루엣으로 정교하게 표현된, 완벽한 균형과 이상적인 미를 유감없이 발휘하는 걸작 명품이었다. 기원전 5세기 그리스 예술 절정기에 크게 유행했던 몸에 들러붙는 젖은 드레스를 입은 육감적인 여체 조각은 그리스 식민지였던 시실리 등 남부 이탈리아에서 열렬히 모방되었다. 머리의 관을 잃어 여신의 성격은 확실치 않으나 크기나 여성적 매력으로 보아 주피터의 부인 헤라이거나 관능적 몸매로 보아 사랑의 여신 아프로디테일 것으로 추정되었다. 그러나 후에 정밀검사를 한 결과 풍요의 여신 페르세포네Persephone로 밝혀졌다.

이 정도 크기에 예술성까지 지닌 비너스상은 그리스, 이탈리아 등 유럽은 물론 미국에도 없다. 게티 브론즈보다 훨씬 중요한 이 작품이 게티를 순식간에 세계 최고의 박물관으로 부상시킬 거라며 흥분한 게티 지도부는 이것이 일으킬 문제점은 안중에도 없었다. 1939년 이래

스위스인의 소장품이었다는 여
신상은 원래 몸통이 3등분으로
깨져 있던 것을 복원했지만, 이는
밀반출하려고 일부러 절단한 것
으로 추정되는 대목이다. 게다가
절단된 부분이 날카로운 것을 볼
때 최근 절단한 것이 분명했다.
이 정도 크기의 걸작품 여신상이
1939년 이래 소문 없이 조용히
숨어 있을 수는 없었다. 결국 최

심스(오른쪽)와 마이클리데스.

근 도굴되어 밀반출된 작품이 확실했다.

　더구나 이 조각상의 매각자는 런던에서 가장 유명하고 성공한 세
계적인 큰손 딜러로 알려진 영국인 로빈 심스Robin Symes였는데, 그는
1970년대 연인이자 사업 파트너였던 그리스 선박왕 집안의 후계자
크리토 마이클리데스와 함께 유럽과 미국의 최고급 상류층 고객을 장
악하고 있었다. 심스는 이 조각상의 출처를 확인하는 증빙서류는 없
지만 스위스에서 합법적으로 수출되었다는 보증서를 만들어줄 수는
있다고 했다. 그러나 심스의 말을 믿을 사람은 없었다. 그는 세계의 부
호, 왕족, 유명인사, 최고 박물관들을 거래처로 확보하고 런던, 파리 등
유럽과 미국에서 귀족과 같은 호화스럽고 우아한 생활을 했지만 본질
적으로는 거짓말로 살아가는 장물아비일 뿐이었다. 그럼에도 여신상
의 마력에 압도된 게티는 예술품 한 점의 가격으로는 천문학적 숫자

인 1,800만 달러를 주고 이를 구입했다. 영국박물관의 파르테논 마블 정도 명성과 가치가 있다고 평가한 것이다.

그리스 장례용 금관

여신상 구입을 둘러싸고 고민하는 와중에 1993년 게티는 또 다른 문제작을 구입했다. 기원전 4세기 그리스 작품으로 추정되는 출처 불명의 장례식 금관을 120만 달러를 주고 구입한 것이다. 오직 무덤에서만 나올 수 있는 것으로 후기 그리스 예술 절정기의 세공기술을 보여주는 순금으로 만든 사과꽃, 배꽃, 협죽도꽃이 무더기로 어우러진 눈부신 금관이다. 그리스 귀족들이 사용했던 이 장례용 금관은 어쩌면 알렉산더대왕의 가족을 위해 제작되었다고 추측할 수 있을 만큼 최고 작품이다.

이러한 수준의 보물은 문화재 시장에 나온 적이 없는 희귀한 것이었다. 물론 소유내력은 불분명하고 매각자는 사기꾼 수준의 독일인 딜러였다. 너무나 위험한 물건으로 판단하여 구입을 단념했지만 명품 금관의 매력에 홀린 게티는 곧 마음을 바꿔 이탈리아와 그리스에 금관 구매계획을 통보했다. 두 나라 모두 경위 불명의 도굴품이라고

그리스 장례용 금관.

경고했으나 게티는 언제 어디서 도굴되었는지 확인되지 않는 한 구입할 수 있다고 보고 구입을 강행했다. 그렇지만 처음부터 이 금관이 그리스에서 도굴되었다고 추정한 그리스는 이 금관의 회수를 포기하지 않고 게티와 10년 이상 싸움을 벌였다.

개인 수집가들에게서 구입한 게티 보물

게티는 문제적 유물을 줄줄이 구입한 데 이어서 1996년 미국 문화계의 거물 플라이시만Fleischman 부부의 컬렉션 288점의 도록을 출판하고 '고대 유물을 향한 열정A passion for Antiquities'이라는 제목으로 대대적인 전시회를 주최한 다음 33점을 기증받고 나머지를 2천만 달러에 구입했다. 이미 게티는 1985년 템펠스만의 그리스 유물 컬렉션 중 11점을 보증서를 받고 1,600만 달러에 구입한 적이 있다. 게티가 구입한 템펠스만과 플라이시만의 컬렉션은 최고 명품이기는 하지만 대부분 메디치 창고에서 나온 폴라로이드 사진 속에 등장하는 유물들이다. 게다가 90퍼센트 이상이 메디치-심스-헥트 라인을 통해 구입되어 심스나 헥트 외에는 과거 소유자 내력provenance이 없는 문제적 문화재로 수집가들 사이에 잘 알려져 있었다.

박물관에 대한 문화재 기증은 기증자에게 사회적 명성을 안겨줄 뿐 아니라 기증 문화재 가격에 대한 세금공제 혜택이 따른다. 이러한 제도를 악용하여 미국의 최고 박물관 다수는 기증 문화재에 높은 가격을 책정하여 기증자에게 과도한 세금공제 혜택을 주는 불법을 종종 자행했다. 또한 외관상은 기증이지만, 사실상 박물관이 저명인사의 불법 문화재를 구입하여 저명 기증자가 소장했던 정당한 소유권 내력을 가진 문화재로 소개함으로써 기증이 불법 문화재의 세탁 수단으로 이용되는 일이 비일비재했다.

이탈리아 검찰, 게티 큐레이터 마리온 트루 기소

마리온 트루의 수집전략

게티가 수십 년에 걸쳐 일련의 문제작을 구입하는 데 결정적인 역할을 한 게티의 큐레이터는 마리온 트루 Marion True였다. 뉴욕대학교를 나와 하버드대학교에서 고고학 박사 과정을 한 그녀는 1986년 미국 최고 명

마리온 트루, 2005년 로마 법정에 출두했을 때 모습.

성을 자랑하는 메트로폴리탄미술관이 제안한 큐레이터직을 거절하고 좀 더 강력한 컬렉션을 구축할 의지와 여력이 있는 부유한 게티를 선택했다. 이미 보스턴미술관 큐레이터 시절부터 메디치, 헥트, 심스와 친분을 쌓으며 종종 이들의 창고를 방문하기도 했던 트루는 게티 큐레이터가 된 이후 메디치와 헥트를 통해 단기간에 손쉽게 게티의 최고급 컬렉션을 조성해나갔다. 트루의 구입승인 요청서에 기재된 유물 출처에

대한 의문점, 중간 딜러들의 평판, 어마어마한 가격에도 게티 지도부는 이들 작품을 거절할 수 없었다. 게티의 목표는 오로지 세계적으로 최고 명품 문화재를 취득하는 것이며, 이러한 문화재는 게티가 포기한다면 다른 박물관에서 구입할 것이 확실하기 때문에 단념할 수 없었다.

그사이 게티는 내력이 불투명하여 범죄의 결과가 분명한 작품을 대거 구입한 데 대해 언론의 무수한 공격을 받았다. 저명한 학자들은 이들 작품들이 이탈리아에서 최근 도굴되었거나 밀반출된 것이 확실하다는 데 의견을 일치하고 한결같이 이러한 작품의 구매를 말린 바 있었다. 거부할 수 없는 위험한 명품을 손에 넣을 것인가, 도굴품임이 거의 확실하지만 최고 명품을 단념해야 할 것인가? 혼탁한 문화재 시장에서 윤리적 문제로 고민하던 큐레이터 트루가 도달한 해결방안이자 전략은 역발상이었다. 당시 법과 관행이 요구하는 이상으로 게티의 구입정책을 강화함으로써 구입에 따른 법적·도덕적 비난을 피해간다는 것이다.

쿠로스, 아프로디테 여신상, 장례용 금관 등 문제작을 구입할 때마다 한 단계씩 수위를 높여가며 드디어 1995년 게티가 내놓은 문화재 구입정책은 이러했다.

- 도굴품이나 불법 반출된 것이 아니라는 딜러의 보증을 받는 것, 즉 딜러가 적극적으로 방어토록 한다.
- 이 작품이 제작된 문화재 기원국에 통보하여 도굴 여부를 문의하며, 기원국 정부에서 불법 문화재라고 입증하면 즉시 반환한다.

돌아온 세계문화유산

- 과거 소유자 내력이 확실하거나 공공기관에서 전시된 적이 있고 학술지, 카탈로그, 도록 등에 등재되었던 확실한 컬렉션이 아니면 구입하지 않는다.
- 모든 구입품을 발표하여 제3자에게 반론할 기회를 준다.
- 그러나 불법성 여부에 관한 게티 자체의 조사는 하지 않기로 결정한다. 자체조사를 하는 경우 딜러들의 거짓말을 유도할 가능성이 크기 때문이다.

한마디로 문화재의 내력이 확실치 않으면 구입하지 않는다는 게티의 새로운 정책은 구입기준을 대폭 강화했다고는 하나 모든 거증책임을 외부로 돌리고 자체조사를 폐기함으로써 구매자로서 충분한 주의의무due deligence를 회피하고 묻지 마 구입을 계속하겠다는 속셈이었다. 게티의 새로운 구입정책은 의심스러운 문화재 구입을 정당한 구입으로 보이게 하는 겉치레 작전이자 위선이었고, 사실은 법을 기만하는 정책이었다.

트루는 이 새로운 구입정책을 게티 지도부에 제출하여 승인을 받은 뒤 곧바로 일련의 명품구입을 완료했다. 게티의 새로운 구입정책은 미국의 여타 박물관들의 맹비난을 초래했다. 출처 불명의 명품을 대거 구입하여 초래된 누적된 난국을 돌파하기 위해 엄격한 구입정책을 공표함으로써 전체 박물관의 향후 문화재 구입활동을 어렵게 만들었다는 것이다. 문화재의 과거 내력보다 진품 여부가 구입 기준이었던 당시 미국 박물관들은 대부분 유네스코 협약의 최소한의 기준인

1970년 이후 반입된 문화재만 문제시하여 그 이전에 원소유국을 떠난 문화재는 문제의 대상이 아니었다. 또한 언론이나 학계, 사회가 기대하는 윤리기준에 한참 미치지 못했던 보수적인 미국 박물관들은 기원국 개념이 없이 단지 미국에 합법적으로 들여왔다는 업자의 보증만 요구했다. 이에 비해 과거 내력과 기원국에 대한 통보를 기준으로 삼은 게티박물관의 기준은 개혁적이고 앞서가는 것이 틀림없었다.

이러한 일련의 개혁정책을 내놓은 트루는 일약 박물관 개혁의 신진세력, 유물 기원국들의 우호세력으로 떠올랐지만 트루에게 보다 절실한 것은 큐레이터로서 중요한 유물 수집이었다. 문화재 구입 시 선의의 구매자로서 박물관의 충분한 주의 의무due deligence를 빼버려 의심스러운 문화재 구입 여지를 열어놓은 트루의 위선적이고 자기도취적인 개혁안은 오래갈 수 없었다.

이탈리아 법정, 메디치에 유죄판결 선고

1997년 3월 메디치 창고를 재차 개봉한 직후 스위스 정부는 스위스에서 행해진 문화재 불법 거래를 근거로 메디치를 기소해달라고 이탈리아에 정식 요청했다. 당시 스위스는 홀로코스트 희생자들의 스위스 은행 예치금을 조용히 은닉해왔던 사실이 탄로 나서 미국과 국제사회에서 면목을 잃었으며, 또한 제네바 면세구역이 문화재 범죄에 연루된 정황이 드러난 만큼 단호한 조치를 취하지 않을 수 없었던 형편이었다. 그러나 메디치를 직접 기소할 경우 미국 박물관들에 대한 수사의 부담이 있기 때문에 메디치 기소를 포기하는 대신 이탈리아에 대

돌아온 세계문화유산

해 메디치를 기소해달라고 요청하고 이를 위해 메디치 창고의 모든 물품, 문화재와 사진, 서류를 넘기겠다고 제의한 것이다.

1997년 이탈리아 정부는 메디치 창고의 증거품을 근거로 문화재 도굴, 밀반출, 매매의 죄목으로 메디치를 체포하여 기소했으며, 2004년 신속재판fast track trial에서 메디치는 도굴품을 구입하여 제네바로 밀반출하고, 경매회사나 중간상을 통해 도굴품을 세탁하여 헥트, 심스 등 딜러를 거쳐 판매한 사상 최대 문화재 범죄를 저질렀다는 죄목으로 징역 10년과 1천만 유로의 벌금형을 선고받았다. 이탈리아 역사상 문화재 관련 범죄의 최고형과 최고 벌금이었다.

이탈리아 검찰, 마리온 트루, 헥트 기소

메디치의 유죄가 확정되자 이탈리아 검찰은 2005년 4월 메디치와 공모하여 불법 문화재를 다량 거래하고 불법 문화재를 세탁한 죄목으로 게티박물관 큐레이터 마리온 트루와 메디치의 윗선 딜러인 로버트 헥트를 전격 기소했다. 트루는 이탈리아 법정에 출두할 의무는 없고 유죄가 확정되더라도 미국 정부가 트루를 이탈리아에 넘겨서 징역을 받게 하지는 않겠지만, 형식적으로나마 이탈리아는 미국의 저명한 박물관 큐레이터를 형사기소하는 전례 없는 강수를 둔 것이다.

이것은 미국과 이탈리아 양국 간에 불법 문화재 조직범죄를 근절하려면 도굴범이나 중간 딜러 수준이 아닌 최상부 딜러와 수집가층을 타격해야 한다는 공감대가 있었기 때문이다. 이미 2002년 미국 맨해튼 법정은 불법 문화재를 반입했던 저명한 딜러이자 미국 고대 유물 딜러협회장인 프레드릭 슐츠Frederick Schultz를 기소하여 미국 도난물법에 따라 유죄판결함으로써 더는 수집가들의 자체조사 없는 묻지 마구입을 용인하지 않을 것임을 천명했다. 이 판결 이후 문화재 반환을 요구하는 국가들을 압류자retentionists라고 폄훼하며 확실한 증거를 대라고 요구하던 박물관들의 뻔뻔스러운 태도는 자취를 감추었다. 상대에게 거증책임을 요구하는 박물관의 태도는 구입자의 충분한 주의due deligence의무를 선의의 구입자 기준으로 삼는 미국 법정에서 더는 용인되지 않게 되었다.

2001년 2월, 이탈리아 특공대는 파리 경찰과 합동으로 파리의 헥트 아파트를 수색하여 헥트의 일기를 찾아냈다. 증거를 일층 보강하여 트루와 헥트 기소에 만반의 준비를 갖춘 것이다. 2001년 6월, 미국 검찰은 이탈리아 사법부에 대해 헥트의 뉴욕 아파트를 수색하는 것은 거부했지만 게티를 방문하여 트루를 심문하는 것은 허용했다. 트루에 대한 심문에서 이탈리아는 트루가 대부분 헥트나 심스를 통해 메디치 사진에서 확인된 유물 42점 중 32점과 플라이시 소장품 9점을 구입했다고 확인했다.

트루에 대한 이탈리아 검찰의 면소를 얻어내기 위해 게티와 이탈리아 사법당국의 물밑 교섭이 진행되면서 게티는 문제가 된 유물을 몇 점 반환하기도 했지만, 이탈리아 정부는 이탈리아가 요구하는 문제적 구입품을 전부 반환하고 향후 불법 문화재 거래를 단념한다는 서약을 하라고 압박했다. 이탈리아는 이러한 이탈리아의 요구를 수락하는 경우, 무상으로 중요한 문화재를 4년간 대여하겠다고 제의했다. 채찍과 당근을 동원한 이탈리아의 설득작전에도 게티는 중요한 유물에 관해서 도굴이나 도난의 확실한 증거를 요구하며 버티다 협상이 깨졌다.

트루 심문 과정에서 1996년 트루는 플라이시만의 소장품을 구입한 직후 플라이시만으로부터 개인적 용도로 40만 달러를 빌린 사실이 밝혀졌고, 큐레이터로서 윤리규정을 위반한 이유로 게티로부터 해직되었다. 이후 트루의 재판비용은 계속해서 게티가 지불했지만 트루와 게티의 일체적 관계는 깨졌다. 2007년 이탈리아 법정에 출두한 트루는 자신이 구입한 모든 문화재는 게티 지도부 승인하에 구입했고, 게티 지도부는 이러한 문화재가 불법 문화재임을 처음부터 알았다고 증언하며 자신은 게티의 희생자일 뿐이라고 변호하면서 자신의 불법행위는 인정하지 않았다.

2007년 이탈리아 검찰은 트루에 대한 민사입건을 취하했고, 2010년 법원은 형사입건을 기각했다. 공소시효가 2007년 만료되었기 때문이다. 헥트 또한 2012년 공소시효 만료로 검찰의 기소가 기각되었다. 이탈리아 검찰은 사건 취하가 트루의 무죄를 뜻하는 것은 아니라는 태도를 견지했지만 트루나 게티 쪽에는 단 한 번도 의미 있는 반론을 할 기회가 주어지지 않고, 유죄인가 무죄인가에 대한 판결 없이 재판은 허무하게 끝났다. 그렇지만 이 재판의 국내외 여파는 심대했다. 트루를 표적으로 삼아 전 세계 박물관을 각성시키는 것이 목적이라는 이탈리아 검찰의 공언은 결실을 보았다.

이탈리아 – 게티, 유물 반환 합의

트루 재판의 한바탕 소용돌이가 끝난 후 2007년 게티는 이탈리아가 요구한 46점 중에서 40점을 반환하는 대신 이탈리아와 문화재 장기 대여 등 향후 문화교류 프로그램을 하는 약정을 체결했다.

게티의 아프로디테 반환

게티의 아이콘이었고 영국박물관의 파르테논 마블을 능가할 정도로 중요하다고 평가되었던 아프로디테 여신상 반환에 게티는 끝까지 저항하면서 2006년 자체조사를 실시했다. 조사자들은 이 여신상의 소재 대리석이 시실리 모르간티나에서 발굴된 유물의 대리석과 동일하다는 점을 근거로 여신상이 모르간티나 신전 폐허에서 1980년대 초 도굴되었다고 결론을 내렸다. 게티는 여신상을 매각한 심스가 내세운 스위스인 원소유자에게서 적법하게 구입했다고 주장하면서 계속 도굴품 구입 혐의를 부인했다. 이 지점에서 이탈리아 경찰은 심스가 원소유자라고 보증했던 스위스인은 마피아와 연관된 위험한 인물이라고 폭로했다. 이같이 여신상 거래에 마피아 조직이 연루된 강력범죄의 정황이 나타났기 때문에 게티는 여신상을 반환하지 않을 수 없었다.

쿠로스를 회수하려고 그리스와 이탈리아는 철저히 조사했지만 두 나라 모두 쿠로스가 어디서 어떻게 나왔는지 출처를 밝히지 못했기 때문에 쿠로스는 반환에서 제외되었다. 현재까지도 쿠로스의 출처나 진품 여부는 밝혀지지 않았다. 오늘날 게티박물관에 남아 있는 쿠로스는 '기원전 530년의 그리스 작품 또는 현대의 모조품'이라는 어정

돌아온 세계문화유산

쩡한 설명문을 달고 전시되어 있다. 1천만 달러 가까운 가격을 지불한 문화재에 어울리지 않는 설명문이다.

게티로부터 장례용 금관을 비롯해 불법 반출된 그리스 문화재를 회수하고자 노력한 그리스는 이탈리아 검찰에서 트루를 기소한 즉시 게티와 협상을 중단하고 트루를 전격 기소했다. 이탈리아와 그리스 두 국가로부터 동시에 기소당한 게티는 2007년 장례용 금관을 그리스에 반환했다. 이미 이탈리아와 그리스는 불법 문화재 거래를 근절하기 위해 연합작전을 펴고 있었다. 이탈리아는 메디치 정보의 공유를 비롯하여 문화재 특공대의 조직과 활동에 관한 지원과 협력을 아끼지 않았으며, 이러한 협력은 터키, 이집트 등으로 확대되는 추세다.

게티 브론즈는 계속 협상, 귀추는 국제적 관심사

이탈리아에 반환될 유물 중 게티 브론즈는 포함되지 않았다. 양측이 최종 법적 판결을 기다려 차후 다시 협의키로 한 것이다. 그만큼 이 유물의 법적 지위는 애매하다.

사실상 이 문화재는 '소유자 불명不明의 발견물은 발견자 소유'라는 법의 일반적 원칙에 비추어 또한 관련자들은 이미 한 차례 법원의 무죄판결을 받았으므로 1990년대 후반에 와서 이탈리아 정부가 소유권을 주장하기에는 이미 시효가 만료되었으므로 이탈리아에 반환될 가능성은 거의 없다고 할 수 있었다. 그러나 이탈리아는 윤리적 측면에서 이 문제를 집요하게 몰고 갔다. 신성한 고대 문화재가 밀수꾼들에 의해 여기저기 은닉되다 밀반출되어 떠돌아다녔는데, 게티는 이러한 사정을 알면서도 구입했던 만큼 선의의 구매자가 아니며 문화재에 대한 최소한의 예의도 없었다는 윤리적 문제를 부각했고, 시간 경과와 관계없이 소유권은 이탈리아에 있으며, 이러한 문화재 반환은 불법 문화재를 근절하기 위해 반드시 필요하다는 점을 호소했다.

이탈리아 대법원이 청동상 반출 관련자들을 무죄방면한 지 30년이 지난 2010년, 청동상이 처음 입항한 파노항 시민들은 파노항을 관할하는 페사로법정에 게티 브론즈에 대한 재심을 청원했다. 게티 브론즈는 이미 파노에서 '파노의 젊은이'로 불릴 만큼 주민들이 그 반출을 후회하고 있었다. 사건을 재심한 페사로법정은 소유자 없는 문화재는 국가 소유이며 국가 허가 없는 문화재 수출을 금지하는 1939년 이탈리아 문화재법을 위반하여 반출된 이 청동상은 비록 미국에 있지만 즉각 몰수 또는 반환되어야 한다고 판결했다.[5]

그러나 2015년 12월 이탈리아 최고 항소법원은 페사로법정이 피고 게티에 대해 공청회 public hearing 기회를 부여하지 않았으며 게티는 공정한 재판권을 박탈당했다고 판결하면서 사건을 페사로법정으로 돌려보냈다.[6] 이는 공정한 재판권을 보장하기 위해 피고에 대한 공청회를 반드시 실시해야 한다고 규정한 '인권에 관한 유럽협약 European Convention on Human Rights 제6조'을 위반했기 때문에 내려진 판결이었다 Court of Cassation, 18 January 2011, No. 6558. 페사로법정이 유럽협약의 규정을 이행하고도 재차 게티 브론즈의 몰수명령을 내린다면 브론즈가 미국에 있는 한 이탈리아 법정의 몰수명령은 미국의 협조가 필수적이다.

돌아온 세계문화유산

문화재 반환을 위한 상호 법률 지원조약

미국은 여러 외국과 상호 법률 지원조약MLAT, Mutual Legal Assistance Treaty을 체결하고 범죄 정보, 증거, 수사를 공조하면서 범죄 수단이나 과실물의 몰수에 상호 협조를 해왔다. 미국은 1982년 이탈리아와 체결한이 양자협약에 따라 1995년 미국 세관에서 원산지를 스위스로 허위 기재하고 구입가격을 대폭 낮게 신고하여 통과된 기원전 3~4세기 이탈리아 금잔을 몰수하여 이탈리아에 반환한 적이 있다The Case of the Golden Phiale, 1995. 양자협약 외에도 미국은 국내법으로 도난물법SPA, Stolen Property Act, 1943, 재산몰수법CAFRA, Civil Asset Forfeiture Recovery Act, 2000, 고고학적 자원보호법Archeological Resources Protection Act, 1996에 의거하여 범죄와 연관되어 미국에 들어온 문화재를 몰수한 사례가 다수 있었다.

그런데 몰수에 관한 미국 국내법은 증거 정도가 '압도적인preponderance'이라는 주관적 기준에 따른다. 이것은 '합리적 의심의 여지가 없는Beyond Reasonable Doubt'이라는 형사재판의 기준보다 훨씬 약한 것이다. 그만큼 거증책임이 크지 않기 때문에 미국 사법당국의 재량권이 행사될 여지가 커서 최근 미국 법정에서 불법 문화재를 몰수하는 사례가 증가하고 있다. 미국은 이탈리아 외에도 여러 국가와 사법공조 조약을 체결하고 있어 유럽의 많은 박물관은 미국이 이탈리아와 상호 법률지원 양자조약에 따라 게티 브론즈를 몰수하여 반환할지미국 법정의 판결에 촉각을 세우고 있다.

상호 법률지원 양자조약에 따라 미국이 문화재를 반환할지는 세계문화재 거래와 문화재 반환에 심대한 파장을 초래할 것이 확실하다.

미국은 외국의 문화재법을 인정하고, 때로는 외국의 수출입법을 인정하여 외국 정부나 외국인에 대해 미국 법정에서 문화재 반환의 소송을 허용하고 많은 문화재 반환을 실현해왔다. 그러나 양자조약에 따른 문화재 반환요청은 훨씬 더 큰 반향을 일으킬 것이다.

상호 법률지원 양자조약이 존재하는 경우 반환 청구자는 미국에 가서 막대한 소송비용을 들여 미국 법정에 제소하는 수고를 할 필요 없이 국내에 앉아서 자국 정부에 반환을 요청하고 정부는 상호 법률지원 양자조약에 따라 미국 검찰에 요청하여 반환받을 수 있기 때문에 문화재 반환은 그만큼 매우 용이해질 것이다. 물론 소송목적의 문화재가 미국에 있고, 미국과 상호 법률지원 양자조약이 필수적 조건이지만, 이 조건이 갖추어진 경우 미국 사법부의 강력한 독립성향과 종래 관행으로 볼 때 향후 문화재 반환에 관한 국제사회의 관행에서 미국 정부와 사법부의 역할은 절대적일 것으로 예상할 수 있다.

이탈리아, 뉴욕 메트로폴리탄박물관의 의심스러운 소장품 요구

게티박물관 큐레이터 마리온 트루를 기소한 이탈리아 검찰은 미국 박물관들에 대해 1939년 이후 이탈리아에서 발견된 문화재는 이탈리아 소유라고 천명한 이탈리아 문화재법에 따라 1939년 이후 반입된 도굴 추정 문화재를 반환하지 않으면, 앞으로 이탈리아와 문화관계를 단절할 것이라고 경고하는 한편 관련 큐레이터의 형사기소도 예고했다.

미국 박물관들은 이탈리아의 협박성 경고에 대해 자신의 문화재를 지키지 못한 책임은 전혀 언급하지 않고 파시스트 독재자 무솔리니가

돌아온 세계문화유산

제정한 문화재법에 따라 선의의 미국 소장자들을 희생양으로 삼으려 한다고 반발했다. 하지만 현실적으로 고대 유적지가 무진장이며 로마와 르네상스 문화재의 보고인 이탈리아의 협력이 없으면, 미국의 박물관들은 서양 문명에 대한 체계적 소개나 전시가 불가능하여 박물관 역할을 할 수 없는 실정이다. 게다가 게티박물관 큐레이터 트루의 형사기소와 저명인사 플라이시만에 대한 이탈리아 검찰의 조사에 아연 긴장한 미국 박물관들은 줄줄이 이탈리아 정부와 협상에 나섰다.

메트로폴리탄박물관이 구입한 유프로니오스 항아리

가장 발 빠르게 대응한 박물관은 뉴욕의 메트로폴리탄박물관MET이었다. 1972년 11월 메트로폴리탄박물관은 기원전 6세기 그리스 항아리를 100만 달러에 구입하여 세간을 놀라게 했다. 항아리 가격이 100만 달러를 넘은 첫 사례였다. 당시 게티의 폭풍 같은 수집활동에 자극받은 MET 박물관장 토머스 호빙Thomas Hobing은 MET가 소장한 진부한 컬렉션을 매각한 대금으로 세계 일류급 문화재를 구입하는 정책을 추진하며 왕성하게 최고급 문화재를 사들였다.

   MET가 구입한 항아리는 기원전 510년경 작품으로 포도주에 물을 섞는 용도의 손잡이 두 개가 달린 대형 항아리Krater다. 26리터 용량의 이 대작 항아리는 그리스 3대 도자기 화가 유프로니오스Uphronios가 표면에 그린 트로이전쟁의 주인공 10명이 등장하는 걸작이다. 그런데 항아리 가격보다 더욱 놀라운 것은 이 항아리의 너무도 의심스러운 출처였다. 유프로니오스의 그림이 그려진 항아리는 1840년에 마지막

MET가 구입한 유프로니오스 항아리, 높이 45cm, 지름 55cm, 기원전 6세기 작품.

으로 발굴되었기 때문에 이 항아리가 혜성과 같이 나타나자 즉각 출처를 둘러싼 커다란 논의가 일어났다. MET는 1938년부터 소장해온 레바논 수집가에게서 구입했다고 말했지만 그 말을 곧이곧대로 믿을 사람은 없었다. 이 정도 대물이라면 50년 이상 비밀리에 소장될 수 없었을 것이기 때문이다.

학자들은 고대 로마의 에트루리아 사람들이 유프로니오스 그림의 그리스 항아리를 크게 애호하여 대량 수입했으며, 이제까지 이러한 종류의 항아리가 대부분 발굴된 로마 북쪽 에트루리아지역의 세르베테리Cerveteri에서 1971년경 도굴되어 밀반출되었을 것으로 추정했다. 더욱이 복원된 항아리는 그림의 인물 10명 어느 누구도 다치지 않고 깨졌다가 복원되었음을 보여주는데, 도굴된 후 밀반출을 위해 인위적으로 파편을 만든 것으로 추정되기에 충분했다.

레바논 소장자에게서 구입했다는 MET의 발표를 곧이곧대로 보도하여[7] 독자들을 기만했다고 판단한 〈뉴욕타임스〉는 즉시 자체조사팀을 구성하여 사실 확인에 나섰다. 〈뉴욕타임스〉 조사에 따르면 1970년대 초 항아리 도굴꾼은 항아리 파편을 메디치에게 매각하였고, 메디치는 이를 스위스로 반출하여 헥트에게 팔았으며, 헥트는 이를 복원한 후 1972년 8월 메트로폴리탄박물관에 매각했다는 것이다. 헥

돌아온 세계문화유산

트가 이 항아리 소유자라고 지목한 레바논인은 1977년 부인과 함께 베이루트에서 의문의 차사고로 사망하여 항아리에 관한 추적이 더는 불가능하게 되었다. 그간 이탈리아 정부가 항아리의 정확한 도굴지점과 유출 경위를 입증할 수 없었기 때문에 메트로폴리탄박물관은 항아리 반환을 요구하는 이탈리아 정부에 대해 증거가 불충분^{inconclusive}하다고 거절해왔지만, 이탈리아 정부는 항아리 회복을 단념하지 않고 계속 문제를 제기해왔다.

이탈리아 정부는 1995년 이탈리아 예술품 특공대가 메디치 창고를 급습해 얻은 사진에서 메디치와 헥트가 이 항아리 앞에서 찍은 사진을 증거로 삼았을 뿐 아니라 문화재 특공대가 2001년 헥트의 파리 아파트를 수색하여 얻은 헥트의 일기에서 항아리가 1971년 로마 북쪽의 에트루리아 공동묘지에서 도굴되었다는 기록을 확보했다. 물론 헥트가 일기는 픽션이라며 내용을 부인했기 때문에 여전히 항아리의 출처, 즉 도굴 지점과 밀반출 정황은 정확히 밝혀지지 않았다. 그렇기 때문에 MET는 이 항아리가 정확히 언제 어느 이탈리아 유적지에서 누가 도굴했는지 불법을 입증할 '움직일 수 없는 증거^{incontrovertible evidence}'를 제시하지 않는 한 이탈리아의 소유권을 인정하거

오바마 대통령으로부터 2009년 '국립 인문학 훈장'을 받는 MET 박물관장 몬테벨로.

나 반환 요구에 응할 수 없다는 태도를 견지해왔다.

MET 관장 필립 드 몬테벨로Philippe de Montebello는 도굴지점이 밝혀지지는 않았지만 메디치 창고에서 항아리 사진이 나왔고, 이 항아리를 MET에 매각한 헥트가 이를 메디치로부터 직접 구입했다는 거래서류가 드러남에 따라 이 항아리가 도굴되어 밀반출되었다는 정황을 인정하지 않을 수 없었다. 더구나 이탈리아 검찰이 게티박물관 큐레이터 마리온 트루와 헥트를 기소했고, 이탈리아의 조치에 적극 협조하는 미국 법원의 분위기를 볼 때 MET는 사태가 불리하게 돌아가고 있다고 깨달았다. 종래 움직일 수 없는incontrovertible 증거를 요구했던 몬테벨로는 강경한 태도에서 180도 선회하여 항아리를 반환할 용의가 있다고 시사했다. 그는 항아리와 관련된 모든 것은 간접적 상황증거이지만 결국 항아리가 도굴품임을 다음과 같이 인정했다.

"이 항아리가 에트루리아 묘지에서 도난된 것이라는 주장은 개연성highly probable이 높은 것이 확실하다. 종래 내가 요구했던 움직일 수 없는 증거는 살인사건에서도 주장할 수 없는 무리한 주장이었다."[8]

2006년 메트로폴리탄 박물관은 이 항아리를 비롯하여 문화재 21점을 이탈리아에 반환하는 협약을 이탈리아 문화부와 체결했다. 이에 대해 이탈리아 정부는 반환 문화재에 상응하는 중요성과 가치가 있는 문화재를 순차적으로 수십 년간 장기대여하기로 약속했다. 이탈리아는 종래 문화재 해외전시를 1년으로 제한했지만, 이탈리아 문화재를 반환하는 외국의 박물관에 대해서만은 4년간 대여하기로 법을 바꿨다. 이탈리아는 또한 반환받은 문화재에 대해 향후 어떤 형사적·민사적 소송을 하지 않겠다고 약속했다.

이탈리아에 문화재를 반환한 10여 개 미국 박물관

박물관들의 탐욕이 자초한 재난

이탈리아는 미국 박물관들에 대해 마리온 트루 기소를 본보기로 적극 활용했다. 불법 취득한 이탈리아 문화재를 반환하지 않을 경우 박물관 관련자에 대한 형사기소와 함께 문화협력을 단절하겠다는 경고를 내리는 한편, 문화재를 반환하는 박물관에 대해서는 20~50년 갱신의 문화재 장기대여, 문화재 관련 정보 교환, 이탈리아 유적 발굴 참가, 문화재 전문 과정의 학생 교환 등 문화교류 프로그램에 관한 약정체결을 제시했다. 이탈리아가 휘두르는 채찍과 당근 앞에서 아래와 같이 미국 박물관 10여 곳이 보상 없이 이탈리아에 문화재를 반환했다.

- 2006년 메트로폴리탄박물관, 유프로니오스 항아리 등 21점
- 2006년 보스턴미술관, 1979년 헥트에게서 구입한 2세기 로마 황제 부인 사비나의 실물크기 동상 등 13점
- 2007년 게티박물관, 아프로디테 여신상을 포함해 총 43점[3점은 2002년 반환]

- 2007년 프린스턴대학박물관, 이탈리아 요구 15점 중 8점[2011년 6점 추가 반환]
- 2008년 클리브랜드박물관, 2년 협상 끝에 메디치 사진에 등장하는 42개 유물 중 아폴로 청동상을 포함하여 14점
- 2008년 버지니아대학박물관, 모리스 템펠스만의 기증품 아크롤리스 조각 2점
- 2008년 개인 소장자로서 뉴욕의 대표적 문화계 인사 셸비 화이트, 10여 점
- 2011년 미니에폴리스박물관, 기원전 5세기 그리스 항아리 1점
- 2012년 톨레도미술관, 1982년 메디치로부터 구입한 기원전 6세기 에트루리아 항아리 1점
- 2013년 펜실베이니아대학박물관, 여러 점
- 2013년 댈러스박물관, 7점

1994년 오르가니그램이 발견되고 1995년 메디치 창고를 급습하여 확고한 증거를 손에 넣은 이래 이탈리아는 10년 이상 노력한 끝에 10개 이상 미국 유수 박물관을 상대로 총 5억 달러에 달하는 100여 점 이상의 최고 문화재를 환수하는 사상 최대의 문화재 반환 드라마를 연출했다. 이들 반환은 법적 판결에 따른 것이 아니라 자발적인 것이며, 향후 이탈리아와 문화협력을 약속받은 것 외에는 반환에 어떠한 보상도 없었다. 이들 문화재 중 여러 점은 정확히 어느 지점에서 도굴 또는 도난되었는지 밝혀지지 않았다. 그 때문에 미국 변호사들과

문화계에서는 이들 사건들이 일일이 재판에 회부되었다면 다수 품목
은 반환되지 않았을 거라고 보았지만, 사회적 책임과 도덕기준을 저
버리고 명품 수집에 혈안이 된 박물관들의 탐욕이 자초한 재난이라고
평하며 어떠한 동정심도 표하지 않았다.

이 드라마의 보이지 않는 손인 미국 정부도 마찬가지 태도였다. 주
이탈리아 미국대사 존 필립스는 불법 문화재 문제에 대처하는 미국
내무부Homeland Security와 이탈리아 카라비니에리의 합동작전을 치
하하며 2007년 이래 미국은 7,600점에 달하는 외국 불법 문화재를
30여 국가와 개인에게 반환했다고 소개하면서 불법 문화재 반환을
위한 미국 정부의 의지를 강조했다.[9]

이탈리아 문화재 특공대 작전의 여파

정리해보면 이탈리아는 미국 법정에서 반환소송을 할 수 있는 문화재
법이 완비되어 있었고, 메디치 창고에서 나온 방대한 증거를 확보하
고 박물관들이 반환하지 않을 경우 향후 이탈리아와 문화협력을 금지
한다는 강력한 보복 수단이 있었기에 미국 최고 박물관들이 줄줄이
협상에 응하여 그들의 대표적 소장품을 보상 없이 반환했다. 선의의
구매자로서, 불법 문화재는 소장하지 않았다고 큰소리 치던 박물관들
은 이탈리아의 강력한 회수정책에 무릎을 꿇고 말았다.

이 일련의 문화재 반환에는 불법 문화재를 근절하려는 미국 정부의
확고한 의지 아래 미국의 세관과 검찰, 사법부의 호응과 지원이 있었
다. 박물관들은 미국 사법부의 기류로 볼 때 반환소송에서 패소가 뻔한

소송을 회피하여 명예를 지켰고, 이탈리아와 문화교류 약정을 체결하여 반환한 문화재 이상의 귀중한 이탈리아 문화재를 장기대여받을 수 있게 되어 오히려 박물관 진흥의 기회를 얻었으며, 이를 계기로 박물관들의 대대적 개혁을 앞당길 수 있었다. 미국의 최고 박물관들은 이탈리아가 기획한 한 편의 드라마에서 완패했지만 전화위복의 계기로 삼았다. 이제 박물관들은 자신들의 소장품에 대해 철저히 조사하며, 문제의 소지가 될 품목은 선제반환을 시도할 정도로 앞서 나가게 되었다.

이후 미국 박물관 사회는 점차 개혁되었다. 인류 보편 박물관 운운하며 대대적 수집과 소장에 몰두하던 권위적인 구세대 박물관장들은 사망했거나 은퇴했고, 개혁적인 젊은 신진들이 박물관을 좀 더 투명하게 운영하게 되었다. 메트로폴리탄박물관에서 유프로니오스 항아리를 구입했던 MET 관장 토머스 호빙은 이때쯤에는 MET 관장직에서 물러나 박물관들의 비리를 캐는 폭로기자로 발 빠르게 변신했다. 문화재 관련 호화잡지인 〈코노이서〉Connoisseur 편집장이 된 그는 미국 주요 박물관들의 문화재 수집 불법 관행을 앞장서 터뜨리며 불법 문화재 반환을 위한 박물관들과의 전쟁에서 제일선에 나서 활약했다. 박물관 개혁과 함께 부랑아 큐레이터들도 죽거나 일선에서 후퇴하여 좀 더 윤리적이며 학구적인 마인드를 지닌 큐레이터들의 시대가 왔다.

마피아와 비교되는 범죄조직을 운영하며 막대한 이득을 올렸던 메디치, 헥트, 심스 같은 거물 거래상들은 죽거나 재판으로 완전히 망가져 문화재 거래시장은 더욱 투명하고 법적·윤리적 의식이 있는 경영 마인드를 갖춘 신세대 딜러들이 장악하게 되어 문화재 시장에도 보이

돌아온 세계문화유산

지 않는 변혁의 바람이 불고 있다.

무엇보다 변화의 가장 큰 성격은 박물관 수집활동에 관한 것이었다. 메디치 사건 이후 박물관들은 정당한 방법으로는 고대 유물 수집이 불가능하다는 사실을 깨닫게 되었다. 이러한 상황은 박물관이 반드시 문화재를 수집하고 소유해야만 하는가 하는 근본적인 질문을 던지고 있다. 이탈리아가 반환에 성공할 수 있었던 것도 문화재 대여, 교류 같은 협력을 제시했기 때문이다. 이러한 이탈리아의 모델은 향후 문화재 반환분쟁에서 돌파구가 될 것이다.

이제 박물관이나 소장자들은 문화재를 구입하거나 소장할 때 반드시 자체조사를 충분히 할 의무를 지게 되었다. 박물관은 과거 내력이 불투명한 문화재는 소장하거나 전시할 수 없으며, 이러한 문화재는 기증받을 수도 없게 되었다. 내력이 불투명한 문화재는 아무리 오래 박물관에 소장되어 있다 해도 박물관이 소유권을 주장할 수 없으며, 언제라도 소유권 분쟁이 일어날 수 있음을 각오해야 한다. 박물관은 모든 소장품의 내력을 밝힐 의무가 요구되어 이제 문화재 분쟁에서 거증책임은 반환 요청자로부터 소장자에게로 전가되었다고 보아야 한다.

노스토이 – 용사들의 귀환

30~40년에 걸쳐 수천만 달러를 주고 구입한 게티의 보물들이 하나둘 사라졌다. 게티 문화재가 반환된 빈자리에 2009년 플로렌스 박물관이 대여한 키메라 청동상Chimera of Arezzo이 들어왔다. 이탈리아가 약속했던 장기대여의 첫 유물이다. 염소 몸통에 사자머리를 하고 뱀꼬리를 한 전

설상의 괴물 키메라는 기원전 4세기 이탈리아 에트루리아지역 제작품으로, 1553년 플로렌스 아레조에서 발굴된 이래 완벽한 내력^{provenance}을 구비했다. 박물관에는 유례없이 많은 관람객이 쇄도했다. 흠 없는 내력을 지닌 정상적인 문화재에 대한 관람자들의 자연스러운 반응이었다.

2007년 12월~2008년 3월에 걸쳐 로마의 이탈리아 대통령궁 팔라조 델 키리날레에서는 '노스토이^{Nostoi 돌아온 용사들-트로이 전쟁에서 귀환한 용사에 관한 그리스 시}'라는 제목으로 이탈리아가 미국 박물관에서 회수한 유물 중 73점을 추린 전시회가 열려 이탈리아 국민 100만 명이 참관했다. 노스토이 전시회는 이탈리아 대통령의 그리스 방문에 맞추어 9월 아테네에서 연속 개최되었다. 여기에는 게티에서 회수한 장례용 금관을 비롯하여 여러 미국 박물관이 반환한 그리스 문화재가 함께 전시되어 그리스 국민들의 환호 속에 대성황을 이루었다.

이탈리아 문화부장관 루텔리는 노스토이 전시회 개막식에서 이것은 시작일 뿐이라고 말하면서 이탈리아는 향후 영국, 프랑스, 독일 등 유럽과

1. 키메라 청동상. 기원전 4세기 이탈리아 에트루리아지역에서 제작 길이 129cm, 높이 78.5cm, 플로렌스 국립 고대유물박물관 소장.
2. 노스토이 전시회.

돌아온 세계문화유산

일본의 박물관에 대해 도굴, 도난 또는 불법 반출된 이탈리아 문화재의 적극적 회수를 구상하고 있다고 밝혔다. 미국과 유럽, 일본의 부자 박물관들을 상대로 문화재 반환을 위해 투쟁하는 세계의 많은 문화재 피약탈국가들은 이탈리아로부터 상당한 영감을 받고 현실적인 교훈을 이끌어낼 것이 확실하다. 조용한 외교를 버리고 적극적인 전방위 투쟁으로 사상 최대의 문화재 반환을 성사시킨 루텔리 장관은 인류 보편의 박물관임을 내세워 문화재 반환을 거부하며 문화재 반환을 편협한 민족주의라고 폄훼했던 탐욕스럽고 위선적인 세계 저명 박물관들에 다음과 같은 통렬한 교훈을 날리며 개막식사를 마무리했다.

"문화재 반환! 그것은 민족주의가 아니다. 인류 보편의 담론이다."

CHAPTER 11

고려의 미소
- 서산 부석사 관음불상의 귀환

서산 부석사 관음보살상.
키 50.5cm, 얼굴 길이 13.4cm, 몸 두께 17.5cm, 무릎의 폭 42.2cm, 깊이 41.5cm,
14세기 고려후기 제작, 현재 대전 문화재청 수장고에 보존

그대는 잘 들으라
관음의 높은 덕은
곳에 따라 마땅히 응하느니라
큰 서원은 바다와 같이 깊어서
헤아릴 수 없는 여러 겁 동안
여러 천억 부처님 모셔 받들며
청정한 큰 서원을 세웠느니라
내 이제 그대에게 줄여서 말하노니
그 이름 듣거나 모습을 보는 이가
지극한 마음으로 깊이 새기면
모든 세상 괴로움 소멸하리라…….

_〈묘법연화경〉 관세음보살 보문품 중에서

하나의 법원, 두 개의 판결

왜구 약탈 서산 부석사 관음상,
대마도에서 절도범이 반입, 대전 지방법원에서 심의

정유년 설을 이틀 앞둔 2017년 1월 26일 아침, 방청객들이 입추의 여지없이 들어찬 대전지방법원 법정에서는 2012년 10월 대마도에서 한국 절도범들이 훔쳐 들여온 금동관음보살좌상을 그 소유자인 서산 부석사에 인도하라는 판결이 있었다. 2012년 10월 한국인 4인조 절도범이 대마도 중서부 해안에 위치한 가이진 신사와 간논지觀音寺 절에서 훔쳐온 불상 2구 중 간논지 관음불상에 대한 판결이었다.

이 불상은 1330년 서산 부석사에서 조성되어 봉안되었다는 기록이 있지만, 어떤 연유에서인지 1526년 대마도 간논지에 봉안되었다는 기록과 함께 간논지에 있었다. 불상이 대마도로 건너간 경위는 불명이나 학계에서는 1972년 이 불상이 대마도에서 처음 발견되었을 때부터 고려 말 왜구에 약탈되었을 가능성이 큰 것으로 간주해왔다. 그렇기 때문에 도난과 약탈범죄가 겹친 이 불상 처리를 둘러싸고 그간 한일 양국 간에 법적·외교적으로 논란이 분분했다.

불상의 원소장자 서산 부석사가 신청한
불상의 일본 반환 금지 가처분 신청 인용

절도범들이 한국으로 반입한 대마도 간논지의 관음불상을 2013년 1월 한국 경찰이 몰수했다는 쇼킹한 뉴스가 언론에 보도된 즉시 관음불상의 원소유자임을 주장한 서산 부석사는 2013년 1월 31일 사건을 담당한 대전지법에 우리 정부를 상대로 불상을 일본에 반환하지 말라는 취지의 가처분 소송을 제기했다. 2013년 2월 25일 대전지법 민사부는 다음과 같이 가처분신청을 수용하는 판결을 내렸다.

"불상을 보관하고 있던 간논지가 이 불상을 정당하게 취득했다는 것이 재판에서 확인되기 전까지 우리 정부는 부석사 금동관음보살좌상에 대한 점유를 풀고 부석사에서 위임하는 집행관에게 인도해야 한다."

이 판결에 따라 불상은 부석사가 지정한 대전 국립문화재연구소 수장고에 이전되어 보관되어왔다. 이후 2013년 6월 대전지법 형사부는 절도범 4명과 배후의 자금책, 알선책, 판매책에게 1~4년의 징역형을 선고했고, 범죄 혐의가 입증되지 않은 운반책은 무죄가 선고되었다. 2013년 10월 대전고법은 이들의 항소를 기각하여 절도사건의 재판을 종결했다.

도난물이니 일본에 반환해야 한다는 주장과 약탈당한 불상이므로 돌려줄 필요가 없다는 국내 여론이 대립하는 가운데 무조건 반환하라는 일본 정부의 강한 요구와 반환불가라는 국내적 정서에 고심한 한국 정부가 도난 발생 4~5년이 지나도록 일본과 타협점을 찾지 못하면서 위안부 문제로 경색되었던 한일 외교관계는 더욱 삐걱거리게 되어 불상 소유권에 대한 판결의 귀추는 한일 양국의 비상한 주목을 받고 있었다.

대전지법, 관음상을 서산 부석사에 '인도하라'고 판결

불상을 도난당한 대마도의 가이진 신사와 간논지는 이들 불상의 취득 경위에 대해서는 아무런 소명 없이 2014년 11월 11일 각자 불상 반환 요구서를 대전지검에 제출했지만, 이에 대한 법원의 결정은 없었다. 소유권 취득 소명을 위한 일본 측의 소극적 대응으로 법정에서 재판 진행이 지지부진한 가운데 2016년 4월 부석사는 불상을 아예 원래 봉 안처였던 부석사로 이전하기 위해 불상을 몰수하여 보관하던 우리 정 부를 상대로^{법무부. 소관청은 대전고등검찰청} 불상 인도소송을 제기했다. 이후 2회 변론조정과 현장검증, 4회 증인심문, 사실조회 등 총 7회 재판과정을 거 쳐 대전지법은 2017년 1월 26일 불상을 부석사에 인도하라는 판결을 다음과 같이 내리고 불상 인도 가집행을 함께 선고했다.

> 변론 전체를 종합하여볼 때 이 사건 불상은 원고^{부석사}의 소유로 넉넉히 추정할 수 있고, 과거에 증여나 매매 등 정상적인 방법이 아닌 도난이 나 약탈 등의 방법으로 일본 대마도 소재 관음사^{觀音寺. 일본명 간논지}로 운반 되어 봉안되어 있었다고 봄이 상당하다.
> 따라서 이 사건 불상의 점유자인 피고^{한국} 정부는 그 소유자인 원고^{부석사} 에게 불상을 인도할 의무가 있으므로 원고의 청구는 이유 있어 인용

한다."[1]

판결이 공표되자 그간 재판과정에 참여하지 않고 방관자적 태도로 일관했던 일본 정부는 즉각 외교채널을 통해 항의의 뜻을 전달했다. 또 판결 당일 스가 요시히데菅義偉 일본 관방장관은 유감표명과 함께 "불상이 신속하게 일본으로 반환되도록 한국 정부에 적절한 대응을 요구할 것"이라는 성명을 발표했다.

한국 법무부 재판 결과 항소 및 불상 인도 금지 가처분신청, 대전지법에서 인용

한편, 조계종 본부와 부석사는 불상을 안전하게 모실 전각을 부석사에 새로이 건축할 때까지 불상을 예산 수덕사의 성보박물관으로 이운하는 계획을 세우고 문화재청과 필요한 수속에 관한 협의에 들어갔지만, 문화재청은 피고 측대전고검 승인이 있어야 한다며 주저했다. 그런데 이 판결이 난 당일 오전, 일본 정부의 불만스러운 의견을 배려라도 하는 듯 피고 측한국 법무부은 곧바로 항소하며 불상을 원고 측부석사에 넘기지 말라고 강제집행정지 가처분을 신청했다. 정부법무부가 내놓은 의견은 이러했다.

"최종판결이 확정되기 전 인도를 하면 불상훼손 등이 우려되며, 나중에 항소심이나 대법원에서 판결이 뒤집혔을 때 불상을 내놓지 않거나 숨기면 회수가 어렵다. 후에 일본 측의 재판 참여도 고려한 판단

이다."²

한국 법무부가 가처분을 신청한 3일 후인 설날 연휴 다음 날, 부석
사에 불상을 인도하라고 1심 판결을 한 대전지법 재판부제12부와는 또
다른 재판부제13부는 불상 인도 중지 가처분 신청을 신속히 받아들였다.
동일한 사건에 같은 법원에서 상반된 두 판결이 내려진 황당한 결과
가 나옴으로써, 4년을 끌어온 재판은 원점으로 되돌아갔다. 불상은 부
석사로 돌아가지 못하고 대법원 판결 전까지 문화재청 수장고에 계속
머물게 되었다.

불상 인도 판결을 사흘 만에 뒤집은 정부 측 가처분 신청 수용 판결
에 부석사 측은 강하게 반발했지만, 이 불상의 소유권 분쟁에 대해 같
은 법원일지라도 재판부 결정이 다를 수 있다는 황당한 결과가 현실
로 나타난 만큼 앞으로 항소심 등 상급심의 좀 더 이성적이고 합리적
인 결정을 기다리는 수밖에 현실적 대처방법이 없다.

대마도에서 한국 불상 절도사건의 전모

2012년 10월 6일 한국인 절도단 4인조는 대마도 중서부 해안 기사카
외딴 마을의 가이진 신사에서 8세기 신라 동조여래입상 1구를 절취한
후 기사카에서 남쪽으로 20킬로미터 떨어진 해안 소읍 고즈나의 간
논지에서 금동관음보살좌상을 훔쳐냈고, 이어서 대마도 남서해안 끝
에 있는 쓰쓰의 퇴락한 다구즈다마多久頭魂 신사에서 대장경을 훔쳐냈
다. 문화재를 도난당한 이들 신사와 사찰은 모두 무인사찰이었고 도

난 당시 어느 곳에서도 무인 경보기는 작동하지 않았다.

이튿날 절도단 총책은 절도품과 함께 규슈의 후쿠오카 항구를 거쳐 부산으로 귀국했다. 후쿠오카항에는 X레이 투시대가 없어서 절도품이 무사히 통관되었지만 부산 세관에서는 파견 근무 중인 문화재청 소속 감정관으로부터 불상 2구는 모두 50~60년 정도 되는 모조품

대마도 기사카 가이진 신사와 고즈나 간논지가 위치한 대마도 중서부 해안 지도.

이라는 판정을 받고 정식으로 통관되었다.

절도사건 이틀 후인 10월 8일 절도사건을 인지한 기사카 가이진 신사에서 일본 경찰에 도난사고를 신고했다. 간논지는 수사를 개시한 일본 경찰의 연락을 받고 나서야 도난사실을 뒤늦게 발견했다. 불상이 부산에 반입된 날부터 20여 일이 지난 2012년 10월 하순부터 대구지역에서 도난 불상으로 보이는 국보급 불상 2점이 150억 원, 50억 원에 구매자를 수소문한다는 정보가 나돌았고, 11월 초 경찰에 사진 2장과 함께 제보가 들어왔다.

경찰은 문화재청과 공조하여 국내에서 불상을 도난당한 피해자를 수소문하던 중 12월 17일 인터폴을 통해 수사협조를 요청하는

돌아온 세계문화유산

일본 경찰의 공문과 도
난당한 불상 2점의 사
진을 접수했다. 닷새 후
인 12월 22일 경찰은 절
도범 일당을 검거했고,
한 달 후인 2013년 1월
23일 절도단 자금책의
마산 냉동창고에서 불상

신라 동조여래입상과 금동관음보살좌상.

2점을 압수했다. 이들 불상은 한일 양측 전문가의 감정 결과 대마도에
서 도난당한 불상의 진품임이 확인되었다.*

동조여래입상의 성급한 반환

도난 불상 2구 중 절도범들이 가이진 신사에서 훔쳐온 8세기 통일신라시
대 동조여래입상의 처리와 관련하여, 이 사건을 검토한 대검찰청은 "불상
의 정확한 유출 경로를 확인할 수 없어 불법 유출 증거가 없는데다 국내에
서 소유권을 주장하는 사람도 없다"면서 "형사소송법에 따라 도난 당시 불
상을 점유하고 있던 사람에게 전달하기로 결정했다"라는 설명을 내놓았고,
이에 따라 불상을 보관 중인 문화재청 산하 국립문화재연구소는 2015년
7월 17일 통일신라시대 동조여래입상을 주한 일본대사관에 넘겼다.

---

*   절도범들은 마지막 다구즈다마 신사에서 훔친 대장경은 신사 주변 야산에 버렸다고 주
    장해 이는 회수하지 못했다. 대장경은 일본이나 한국 어디에서도 아직 발견되지 않았다.

이 불상을 소장했던 대마도 가이진 신사는 9세기 등록되어 1천 년 이상 역사를 지닌 대마도 고신도 사원인데, 이 신사에 전해오는 사전寺典에 따르면, 3세기경 북부 규슈의 카이시궁에서 삼한을 치라는 신탁을 받은 주술사 진구황후神功皇后, 일본 15대 오진천황応神天皇의 모친이라 함는 대마도에서 출병하여 신라 정벌의 증표로 8개 깃발八幡, 하치만을 가져와 가이진 신사에서 제사 지냈다 한다. 가이진 신사는 중세에 하치만궁 신사로 이름이 바뀌었고 메이지시대에 와서 가이진 신사라는 새로운 이름으로 바뀌었다. 하치만 전설은 일본 도처에 세워진 3만여 개 하치만 신사의 배경으로 일본 내 호국 신앙의 상징이 되고 있다. 일본 해적들이 하치만 깃발을 달고 다녔기 때문에 왜구 선박은 바한센八幡船이라고 불렸다.

가이진 신사는 사찰도 아니면서 우수한 8세기 신라 불상을 소장했는데, 대마도의 경제력이나 대외 위상으로 보아 이 정도 불상은 한반도에서 교역이나 기증으로 입수된 것이기보다는 왜구에 의해 한반도에서 건너왔을 가능성이 크다. 특히 한반도에서 왜구가 기승을 부리던 14세기 대마도를 통치했던 소코宗총는 대마도 전체의 신사와 불당을 조사하고 정리했다고 하는데[3], 이 시기 왜구가 운반한 수많은 불상이나 불구를 대마도 신사 전역에 고루 분배했을 가능성이 크다.

오늘날 대마도 전역의 100여 개 이상 신사나 사찰에 화상을 입은 신라와 고려시대, 조선 초 불상이 골고루 존재하는 것은 소코의 대마도 통치와 무관하지 않을 것이다. 정황이 이러한데도 확실한 증거가 없다는 이유로 대마도 신사에서 나온 8세기 신라 불상을 한 차례 본격적 조사도 없이 몇 달 만에 일본에 그대로 반환한 것은 극히 유감이 아닐 수 없다.

서산 부석사의 금동관음보살좌상과 복장물

대표적인 고려 후기 불상

도난 불상이 경찰에 몰수되고 일주일이 지난 2013년 1월 말, 이 사건은 대전지방법원에 배정되었다. 사건이 언론에 보도되자 일본 정부는 도난물인 만큼 즉각 반환을 요구했고, 이에 대해 한국 정부도 도난물의 반환이라는 원칙적 견지에서 반환을 검토하는 모양새였다. 이 무렵, 국내 여론이 분출되기 시작했다. 몰수된 불상 중 적어도 금동관음보살좌상만큼은 고려 말 서산을 침구한 왜구가 약탈했을 가능성이 농후하기 때문에 일본에 반환되어서는 안 된다는 것이었다.

결가부좌한 불상은 키 50.5센티미터, 얼굴 길이 13.4센티미터, 몸두께 17.5센티미터, 무릎의 폭 42.2센티미터, 깊이 41.5센티미터다. 몸에 비해 얼굴이 약간 크지만 전체적으로 안정된 체구다. 관세음觀世音 이름 그대로 중생의 고민을 경청하는 듯 앞으로 약간 숙인 얼굴에는 연민의 미소인 듯 가냘픈 미소가 잔잔하며 가늘게 뜬 긴 눈은 지긋이 아래를 향하고 있다. 가슴가의 오른손과 무릎 위의 왼손은 엄지와 중지를 맞대 원을 그리고 있어 얼굴과 몸 전체에서 자비스러움이 넘쳐난다.

양 어깨에 걸친 두꺼운 가사袈裟는 흘러내려 무릎을 덮으며 몇 가닥 깊은 주름을 짓고 있는데, 가사 사이로 속옷僧脚崎을 묶은 띠와 장식, 바지裙衣를 묶은 매듭이 섬세하게 조각되어 있다. 두발寶髮은 곱게 빗어 상투를 튼 것과 같이 높이 묶었으며 둥근 브로치 모양의 귀고리 아래로 머리가닥 몇 개가 원을 그리며 어깨로 흘러내려 있다. 가슴에는 귀고리와 비슷하지만 구슬 끈으로 장식된 큼직한 브로치가 달린 목걸이를 걸고 있으며, 같은 모양의 목걸이가 양쪽 무릎에 각기 늘어져 있다. 온몸에 주렁주렁 많은 장식을 걸쳤음에도 번잡한 느낌을 주지 않고 오히려 장중하면서도 우아한 분위기를 풍기고 있다.

불상 양식은 전체적으로 고려시대 전통을 반영하지만 복잡한 세부 장식에서는 라마불교를 수용했던 원나라 영향의 요소가 간취된다. 그러나 이러한 외래요소는 단순화되어 고려 불상의 전통과 어우러짐으로써 독특한 고려 후기 불상의 특징을 이루고 있다. 이러한 특징은 다소 변화를 거쳐 조선 초기 불상의 양식으로 계승되는데, 그런 점에서 제작연대가 확실한 부석사 금동관음보살좌상은 한국 불상 양식의 계승과 변천의 한 기준점으로서 중요성을 지닌다.

부석사 관음보살상은 보관과 광배, 좌대가 망실되고 온몸 곳곳에 화상 흔적이 남아 있으며, 도금 흔적이 일부 희미하게 남아 있다. 이같이 불상 상태는 전체적으로 손을 보아야 할 만큼 부실하지만, 섬세하게 조각된 이목구비와 몸차림에서 관음보살의 자비가 곧장 느껴질 만큼 정신적 기품이 잘 드러난 조형상 수작이다. 이 불상은 단순한 지방 불상 차원이 아니라 그 시대 최고 예술 기법으로 주조된 고려 후기 불상의 대표작이라 할 수 있다.

그런 면에서 부석사 불상의 은은한 미소는 고려 불상이 주는 자비스러운 인상을 대표할 수 있다. 부석사 인근의 서산 가야산 절벽에 새겨진 마애삼존불상의 활짝 편 따스한 미소가 '백제의 미소'로 불린다면, 부석사 관음보살상의 은은한 자비의 미소는 '고려의 미소'로 불려

돌아온 세계문화유산

도 손색이 없다.

불상의 복장물

이 불상은 몸속에 복장물腹藏物을 간직하고 있었다. 1951년 이 불상을 소장했던 대마도 간논지의 안도安藤 주지가 불상을 들어 올렸을 때 불상 몸 안에서 흘러나온 복장물이 발견되었다고 하는데, 안도 주지가 전하는 당시 복장물 상황을 요약하면 다음과 같다.

불상의 맨 밑바닥에는 묵서된 다라니陀羅尼. 불교의 신비한 주문가 쌓여 있었고, 복부에는 세로로 길게 접힌 결연문이 있었으며, 그 위에 다시 묵서 다라니가 쌓여 있었다고 한다. 복장물 안치 관행에 따라 불상 내부의 빈 공간을 다라니 여러 장으로 채웠던 것이다. 불상의 목 부분에는 삼베에 싸인 목합지름 12센티미터이 안치되어 있었는데, 그 안에 호박琥珀으로 된 꽃모양 장식, 유리구슬, 유리파편 각 한 개, 오방색 직물 쪼가리, 오색실, 의복 파편 16점과 함께 대마씨 등 곡물 몇 개가 있었다 한다. 이 밖에도 지름 5센티미터 정도의 후령통候鈴筒이 나왔다 하는데, 후령통이란 금, 은, 칠보 등 복장 보물을 넣는 금속제 통을 말한다.

1972년 이 불상을 처음 조사했던 일본 학자들의 기록에 따르면, 당시 불상 복장물 중 많은 다라니와 보석을 넣는 후령통의 내용물과 목합의 내용물은 거의 사라져 원상복구가 힘든 상태였다고 한다. 1951년 불상 몸속에서 복장물을 처음 발견한 안도 주지는 이 모든 복장물이 왜, 어떻게 유실되었는지 학자들에게 설명했을 테지만, 오늘날 이에 관한 어떠한 기록도 남아 있지 않다. 그간 남아 있던 일부 복장물은 대마도 간논지 금고 안에 별도로 보관되어 있다가 간논지가 위치한 도요타마조향토관으로 옮겨 유리 진열장 안에 전시되어 있었다. 그러나 불상 절도사건이 일어난 뒤 향토관은 복장 유물을 전부 치우고 지금은 빈 진열장만 남아 있다.

복장물은 불교연구뿐 아니라 서지, 직물, 복식, 염료학 등을 비롯하여 당시 민중의 정신세계를 엿볼 수 있다는 점에서 학술적·문화적 가치가 크다. 그렇기 때문에 부석사 복장물이 발견된 이래 일부가 유실된 채 60년 이상 방치되고 있음은 몹시 애석한 일이다. 복장물은 불상과 일체이므로 차후 불상을 부석사로 인도하라는 판결이 내려진다면 불상과 함께 복장물도 인도되어야 마땅하다.

부석사 불상은 조형상의 우수함과 풍부한 복장물 때문에 불교사, 미술사적으로 중요하지만, 학자들은 발원문으로 이 불상의 제작지와 제작연도가 밝혀졌다는 점에서 고려 불상의 준거로서 중요성을 강조하고 있다. 현재 일본과 한국에 남아 있는 고려 후기 불상 100여 점 중 복장물이 들어 있는 보살상으로는 한국과 일본을 통틀어 부석사 불상이 유일하다는 점에서 그 중요성은 다시없이 크다고 할 수 있다.

불상의 출생기록 – 결연문結緣文

복장물 중에는 불상의 조성내력을 기록한 문서가 들어 있었다. 가로 45.5센티미터, 세로 56센티미터의 종이에 묵서된 발원문은 일부 글

자가 흐려져 있어 해석에 약간
혼선이 있지만, 다음과 같은
내용이다.

결연문.

남섬부주 고려국 서주 부석사
당주 관세음보살을 조성하는
결연문
대저 듣건대 여러 불보살님이
큰 서원을 발원하여 모든 중생을 구제하고자 함이라. 비록 너와 내가
없이 평등심으로 그들을 보고자 하나 부처님께서도 인연이 없는 중생
은 교화하기 힘들다 말하시니 이 부처님의 설하신 바에 의지하여 제자
등이 함께 대원을 발해 관세음보살 한 분을 조성하고 부석사에 봉안하
여 길이 정성껏 봉양케 함이라. 이로써 현세의 재앙을 끄고 복을 이룰
것이며 후세에는 함께 안양국에 태어나기를 비노라.

천력 3년 2월 일 기록
선왕과 부모 앞에 엎드려 비노라 보권도인 계진
함께 발원하는同願 심혜, 혜청, 법청, 도청, 환청, 달청, 소화이, 담회, 현
일, 금동, 유석, 전보, 김성, 국응달, 난보, 만대, 반이삼, 도자, 만대, 국사,
국악삼, 석이, 인철, 서환, 방동, 내화팔, 수단, 국한, 악삼, 시수, 김용

원문

南贍部洲高麗國瑞州浮石寺堂主觀音鑄成結緣文

蓋聞諸佛菩薩發大誓願而度諸衆生也雖無彼我平等以視之然

佛言無因衆生難化依此金口所設弟子等同發大願鑄成觀音一尊安于

安于浮石寺永充奉養者也所以現世消災致福後世同生安養而願也

天曆三年二月 日 誌

伏願先主父母 普權道人 戒眞

同願 心惠 惠淸 法淸 道淸 幻淸 達淸 所火伊 淡回

玄一 金同 兪石 田甫 金成 國應達 難甫 万大 伴伊三 道者 万大 國沙 國

樂三 石伊 仁哲 徐桓 防同 乃火八 守旦 國閑 惡三 豕守 金龍

　결연문은 우선 천력天曆 3년 2월, 불상을 고려국 서주 부석사에 봉안
했음을 밝혔다. 천력은 원나라 문종文宗 때 연호로 천력 3년은 1330년
이며, 고려 제27대 충숙왕 17년 또는 충혜왕 원년에 해당한다. 남섬부
주는 불교용어로 수미산 남쪽에 있는 인간세계를 뜻하는데, 여기에서
는 고려를 일컬으며 서주瑞州는 당시 서산瑞山을 말한다. 따라서 이 불상
은 1330년 2월 서산 부석사에 봉안되었음을 명시하고 있다.

　불상은 또한 부석사 '당주堂主' 관세음보살로 봉안되었다고 하였으므
로 이 관세음보살상은 부석사의 주존불 또는 독존불로 주조된 것으로
보인다.

기층민들의 결연에 따른 불교행사

그런데 이 문서 제목이 '결연문'으로 되어 있는 것이 눈길을 끈다. 보통 불상의 조성 내역에 관한 기록은 '발원문發願文'이라고 하는데, '결연문'이라는 이름을 붙인 것으로 보아 무엇보다도 불상을 조성하여 봉안했던 여러 시주자가 그들의 굳은 연대를 강조했음을 알 수 있다.

봉안자들은 대표인 승려 보권도인 계진普權道人 戒眞을 비롯하여 이름을 올린 시주자 32명이다. 그런데 이들 봉안자 32명 전원의 신원은 확인되지 않는다. 관직에 오르지 않은 평범한 사람들이었기 때문에 이들에 관한 아무런 기록도 없는 것이다. 이들 서민들과 함께 성이 없는 천민으로 보이는 이름도 여럿 있는 것으로 보아 시주자들은 기층민이라 할 수 있다. 이 중 승려들의 법명으로 보이는 심혜心惠, 혜청惠淸, 법청法淸, 도청道淸, 환청幻淸, 달청達淸 등 비슷비슷한 이름은 같은 부석사 승려들일 것으로 짐작된다.

불상 조성은 고려 말 불교개혁의 민중운동인 신앙결사의 형식

값비싼 동불상을 조성하여 봉안하면서 발원문에 이름을 올린 사람들 전체가 전혀 알려지지 않은 기층민이었다는 아주 이례적인 경우로 보아 불상 결연문은 마을 주민들이 계층 구분 없이 한마음으로 유대를 다짐하며 관음상을 조성하고 봉안했음을 말해준다. 이같이 주민들이 평등하게 참여하여 결연을 표방한 것은 고려 말 불교개혁의 민중운동으로서 유행했던 '신앙결사'의 모습을 보여준다.[4]

흔히 왕실과 귀족, 고승들의 이름으로 행해진 불교행사는 역사책에 종종 기록되어 있지만 일반 서민들의 불사는 역사 기록에서 제외되어왔다. 부석사 불상의 봉안은 역사책이나 어느 누구의 저술에도 실리지 않은 서산 사람들의 이름 없는 행사였다. 불상의 복장물이 없었다면 이 불상이 태어난 내력을 아무도 몰랐을 것이며, 최근의 절도사건이 없었다면 대마도 외딴 절간에 안치된 이 불상에 대해 거의 아무도 관심을 갖지 않았을 것이다. 그렇지만 이제 이 불상은 부석사에 최초로 봉안된 지 680년 후 그 존재를 널리 알리게 되었다. 역사에 기록되지 못한 서산 주민들에 의한 불상 봉안과 알 수 없는 이유로 불상이 대마도로 건너간 사실을 드러냄으로써 이 불상은 700여 년 전 서산에서 일어난 사건과 서산과 대마도의 관계와 그 배경을 말해줄 수 있는 귀중한 역사적 증거로 영원히 남게 되었다.

서산 도비산島飛山의 부석사浮石寺

서산 읍내에서 남쪽으로 10여 킬로미터 떨어진 도비산島飛山 또는 都飛山, 358미터 중턱에는 신라 문무왕 때 의상대사가 창건했다는 천년 고찰 부석사가 들어서 있다. 지금은 일대가 간척지로 둘러싸여 있지만, 고려 말

서산 도비산의 부석사.

당시에는 도비산 발치까지 간월만의 바닷물이 출렁였고, 도비산을 에두르는 깊숙한 내포에는 서해로 빠지는 포구가 여럿 있었다.

신라 통일 직후 의상대사 창건설

부석사에 전하는 전설에는 화엄종의 개조이고 관음사상을 널리 전파했던 의상대사가 677년 부석사를 세웠다고 한다. 서산 부석사와 이름이 같은 경북 영주 부석사에도 역시 의상대사가 창건했다는 창건설화가 《삼국유사》에 전한다. 신라 통일 직후 왕명으로 삼국의 요충지였던 영주에 부석사浮石寺를 세운 의상대사가 서해안 삼국의 요충지였던 서산에 부석사를 세운다는 것은 충분히 일리가 있는 일이다.

그런데 영주 부석사는 유명한 고려 목조 건축물인 무량수전을 비롯하여 신라 석등 등 국보만 5점을 소장한 저명한 고사찰인 데 비해 서산 부석사에는 관음불상 외에는 신라나 고려시대를 증거할 아무런 유물이 없기 때문에 영주 부석사의 '짝퉁' 사찰로 오인될 여지가 없지 않다. 그러나 서산 부석사는 고려 말 왜구의 침구를 받아 샅샅이 파괴되었음을 감안해야 한다.

고려 말 왜구의 침구로 폐사, 조선 초 무학대사가 중건

부석사는 고려 말 서산지역이 왜구의 침입으로 폐허가 되었을 때 폐사되어 사라진 것으로 보이지만, 서산지역이 조선 태종의 명으로 복구될 때[5] 도비산 부석사도 중건된 것으로 보인다. 태조의 왕사였던 무학대사1327~1405가 간월암에서 수도했던 것[6]을 인연으로 이곳에 와서 부석사를 중건했다는 설이 전해지고 있고, 1938년 중수된 부석사 상량문에는 677년 의상대사가 창건하고 1400년 전후의 시기에 무학대사가 중건했다고 적혀 있다고 한다.[7]

1454년 편찬된 《세종실록지리지》를 토대로 1481년 편찬된 《동국여지승람》을 그대로 답습한 《신증동국여지승람》[1530년 편찬]에 '서산 도비산 부석사'가 실려 있음을 볼 때, 적어도 조선 초 무학대사의 중건설은 신빙성이 높다. 부석사는 조선 초 억불숭유 정책 아래에서도 중건될 만큼 비중이 있는 사찰이었을 것이다.

그렇다면 중건된 도비산 부석사는 고려 말 관음불이 안치되었던 서산 부석사와 같은 사찰이 틀림없을 것이다. 1330년 부석사 불상을 조성했던 주민들의 후손이나 부석사에 와서 이 불상 앞에서 직접 예배를 드렸던 주민들 중 일부가 생존해 있었을 1416년 서산이 복구되고 부석사를 중건했을 때 본래 자리가 아닌 다른 마을에 중건했을 리는 없으며 또한 다른 곳에 중건했다는 어떠한 기록도 없다. 한마음으로 관음불상을 조성하여 부석사에 봉안했던 마을 주민들이 부석사를 다른 마을에 중건하는 것을 용인하지 않았을 것임은 족히 짐작할 수 있다.

부석사는 1619년 서산군지[瑞山郡誌] 《호산록》[湖山錄]에도 등장하는데, 성종 이후 강력한 억불정책 아래에서도 건재했다는 말이다. 근현대에 이르러서는 불교계 대표적 승려 경허[鏡虛]와 만공[滿空]도 이곳에서 수행하며 선풍을 진작했다고 하는데, 그만큼 유서 깊은 사찰임을 알 수 있다. 현재 부석사는 조계종 소속으로 예산 수덕사의 말사로 되어 있다.

또 하나 전해 내려오는 부석사의 유래는 고려 말 충신이며 대학자인 유금헌柳琴軒, 본명은 유방택에 관한 것이다. 조선이 개국하자 망국의 한을 품고 이곳에 은거하여 학문에 정진했던 유방택이 죽자 그의 시종 승려 적감赤愍이 그가 거처했던 별당을 사찰로 변조하고 별당 앞바다에 떠 있는 듯 보이는 바위섬의 모습에 따라 부석사라고 하였다는 것이다.[8] 부석사 관음불상의 결연문으로 보아 부석사는 1330년 이전부터 존재했던 것이 분명하므로, 유방택은 왜구의 침구로 파괴된 부석사 폐허에 별당을 짓고 거처했을 것이며, 이후 그가 거처했던 별당에 부석사가 재건되면서 전해진 부석사 유래에 관한 이야기인 것으로 보인다.

서산 부석사 불상은 어떻게 대마도로 갔는가

대마도 간논지의 연혁에 따르면 1526년 고노씨가 봉안

1330년 서산지역의 승속僧俗 시주자 32명의 발원으로 서산 부석사에 영원히 모시기 위해 봉안되었다는 조성 내력이 기록된 결연문을 복장물로 간직하고 있던 이 불상은 어떠한 연유에서인지 1526년 대마도 고즈나의 간논지에 봉안되었다. 간논지 벽에 걸린

대마도 간논지 전경.

'당사鎧寺의 유래'라는 벽보에는 이 절이 다이에이 6년大永 6년. 1526에 창건되면서 이 관음상을 모셨다고 기록되었다고 하는데, 이것이 대마도에 이 불상이 안치된 사연을 말하는 유일한 기록이라고 한다.[9]

서산과 대마도의 유일한 교류는 14세기 후반 왜구의 수차례 서산 침구

그런데 불상이 서산에서 조성된 직후인 14세기 중엽은 한반도에 왜구가 창궐했던 시기였다. 1350~1380년까지 약 30년간 대마도와 규슈의 왜구들이 한반도 남해안과 서해안을 비롯하여 한반도 전체에 침구하여 살상, 방화, 재물 약탈을 자행했는데,《고려사》에 따르면 1375년부터 1381년까지 6년간 서산은 최소한 대여섯 차례 왜구의 침구를 받았다.

- 1352년 3월 강화에서 남하하는 왜선을 서주 방호소에서 공격이때 왜구는 상륙하지 않은 것으로 보임
- 1375년 9월 왜적이 영주寧州. 천안, 목주木州. 천안시 목천면, 서주瑞州. 서산, 결성結城. 홍성군 결성면을 침구해왔다.
- 1377년 4월 왜적이 여미현餘美縣. 서산군 해미을 침범하였다.
- 1378년 9월 왜적이 서주瑞州를 침구했다.
- 1380년 5월 왜적의 배 100여 척이 결성結城과 홍주洪州를 침구했다.
- 1381년 9월 왜적이 영주永州, 서주瑞州를 침구했다.

이 같은 왜구의 서산 침구에 관한《고려사》기록은 서산과 대마도의 교류관계를 보여주는 유일한 기록으로, 서산 부석사 불상이 대마도에

돌아온 세계문화유산

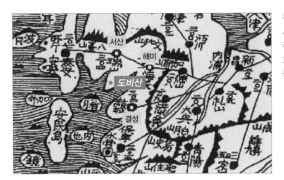

천수만과 간월만을 사이에 둔
서산, 해미, 결성. 서산 아래
주황색 점이 도비산. 《동국지
도》 중 경기·충청 부분. 지도
는 서울역사박물관 소장.

존재하는 이유를 가장 웅변적으로 설명하고 있다. 다시 말해 왜구의 침구가 아니라면, 서산과 대마도는 어떠한 교류 기록도 존재하지 않는다. 따라서 왜구의 서산 침구가 아니라면 왜 서산 부석사 불상이 대마도에 존재하는지 도저히 설명할 수 없다. 또한 서해안에서 가장 위험한 뱃길이었던 태안반도 부근 천수만을 침구한 왜구는 왜구 중에서도 고려 연안의 뱃길에 정통한 대마도 왜구였음을 시사하고 있다.

제2차 세계대전 패전 후 일본은 과거 제국주의 시대에 아시아 지역의 식민지와 정복지에서 활발하게 전개했던 발굴 활동이 더는 가능하지 않게 되자 탐사활동 지역을 대마도, 이키섬 등 일본 변방으로 돌렸다. 1972년 8월, 규슈대학 미술사학자들은 일본 문부성의 예산지원을 받아 대마도 36개 사찰과 6개 개인건물에 소장된 문화재를 조사하고 그 결과를 1974년 《불교예술》마이니치신문사 발행 격월간지 95호에 발표했다. 1978년에는 여기에 상세한 사진을 곁들인 《대마의 미술》対馬の美術, 西日本文化協會, 1978을 출판하여 대마도에 산재한 한국 불상을 일본 학계에 널리 알렸다.

일본 학자, 왜구 약탈로 추정

대마도 문화재를 처음 조사한 일본 학자들은 인구 3~4만의 대마도에
산재한 100점 이상의 한국 불상이 거의 모두 화상을 입었으며, 모든
한국 불상의 전래 경위가 불명인 점에서 이들 불상이 '평상이 아닌 상
황에서' 유출되었다고 추론했다.[10] 특별히 간논지의 관음불상에 관해
《대마의 미술》에서 〈조선의 불상〉 편을 집필한 규슈대학 기쿠다케 준
이치菊竹淳一 교수는 다음과 같이 상세히 기술했다.

"사이다마초豊玉町 간논지의 연혁에 따르면, 다이에이 6년1526 윤12월 고
노 헤이사에몽모리치카河野平左衛門盛親, 이하 고노 모리치카가 조선에 건너가 악
행을 자행하여 일가족들로부터 절연을 당한 결과 불교를 깊이 믿게 되
어 다이에이 7년1527에 귀국하여 간논지를 열었다고 한다. 왜구의 한 집
단이었다고 생각되는 고노씨河野氏가 창립한 간논지에 1330년 제작된
고려 불상이 존재한다는 것은 왜구에 의한 불상 등 일방적 청구가 있
었음을 추측하게 한다."[11]

기쿠다케 교수가 이같이 상세하게 밝힐 수 있었던 것은 그가
1972년 대마도 현지조사에서 간논지 측으로부터 상당한 정보를 입수
했기 때문이었을 것이다. 비록 기쿠다케 교수가 근거로 밝힌 '간논지
의 연혁'이 누가 작성한 문서이며, 현재 어디에 있는지 확인되지 않지

만 1972년 기쿠다케 교수는 이 연혁을 보았음이 틀림없으며, 이때 간논지 측 설명도 들었던 것이 분명하다. 이 정도 글을 추측만으로 썼다고 보기는 어려우며, 간논지 측의 양해 없이 일방적으로 '간논지 연혁'을 소개하기도 어려웠을 것이기 때문이다.

완곡하게나마 일본 학자들이 서산 부석사 불상이 왜구에 약탈된 것이라고 결론을 내린 데 이어 1980년대에 이 관음불상의 존재가 한국에 알려지면서 한국 학자들도 약탈 가능성을 제기했다.[12] 이러한 정보를 접한 서산 부석사 주지 도광스님은 1996년 대마도 간논지를 방문하여 불상 반환을 협의하기도 했다.

그러면 1526년 고즈나에서 간논지를 열고 불상을 봉헌했던 고노 모리치카는 누구인가? 1270년대 여몽군의 대마도 침공을 전후하여 일본 본토에서 대마도에 들어온 무사들은 기록에만 69명에 이르는데, 그중 하나가 고노씨다. 그는 고즈나에 자리를 잡았다고 하는데,[13] 기쿠다케 교수는 왜구 두목이었을 것으로 추정했다. 오늘날 고즈나는 인적이 끊어진 작은 포구마을이지만 과거에는 한반도와 가까운 서해안의 손꼽히는 양항良港이었다. 오늘날 대마도에는 고노씨의 후예를 칭하는 가문이 몇 집 있는데, 이들의 계보 기록은 전부 상이하지만 가문의 문장이 일치하는 것으로 보아 조상이 같은 집안일 것으로 추정된다.

고노씨 후손으로 가장 유명한 인물이 이토 히로부미伊藤博文다. 그는 세토내해 수오구니周防国. 현재의 야마구치현의 고노씨 지류支流인 하야시林氏가 본가이지만 부친이 이토 가문에 양자로 들어가서 이토 성을 가지게 되었다고 한다.

서산 부석사 불상을 보는 일본의 시각

일본 측은 기증이나 교역을 주장하지만 어떠한 증거도 제시하지 못해

불상 절도사건이 언론에 알려지자 일본의 우익 언론과 대마도 간논
지, 대마시 관계자들은 1970년대 일본 학자들과는 대조적으로 왜구
의 약탈 가능성을 맹렬히 부인했다. 그들은 한반도와 대마도의 수백
년 교류 역사를 고려할 때, 대마도에 한국 불상이 존재하는 것은 자연
스럽고 당연한 일이라고 전제했다. 일층 비약하여, 이들은 조선의 불
교탄압 와중에 교역을 하러 간 일본인이 불에 탄 불상을 구해냈거나
헐값에 구입하여 대마도에 반입했을 거라고 주장했다. 그렇지만 일본
측은 조선의 불교탄압이건 교역 또는 기증이건 불상이 건너온 경위를
설명하는 어떠한 구체적 증거도 제시하지 못했다.

한편, 일본 정부는 부석사 불상 약탈논쟁에는 가타부타 전혀 끼어
들지 않고 오로지 도난품으로 국제법^{1972년 유네스코 불법 문화재 반환협약}에 따른
불상 반환을 요구할 뿐이다. 일본의 주류 언론 역시 한국 절도단의 불
상 절도 사실에 초점을 맞출 뿐 불상의 약탈 가능성 문제는 건드리지
않고 있다.

일본의 학자들이나 전문가들 또한 불상의 대마도 전래 경위에 관해
전혀 논쟁에 개입하지 않고 있다. 한국 측에서 문명대 동국대학교 명
예교수와 작고하신 정영호 전 단국대학교 석좌교수 같은 원로학자들
을 비롯하여 전문가 다수가 이 불상이 약탈물인지와 처리방향을 둘러
싸고 적극적으로 의견을 개진한 점과는 크게 대조를 보인다. 유구무

돌아온 세계문화유산

언인가? 일찍이 관음불상의 약탈 가능성을 인정한 일본 학자들이 이제 와서 약탈 논쟁에 뛰어들기는 곤란했을 것이다.

대마도의 고려 불상은 일본인에게는 변방적·이질적 존재

일본인 학자들이 침묵하는 또 다른 이유는 부석사 불상을 포함하여 고려 후기 불상은 그들의 관심 밖이기 때문이기도 하다. 우리의 삼국시대와 통일신라기 불상이 일본 불교예술에 다대한 영향을 미친 데 비해 고려 불상은 일본 불교예술에 전혀 수용되지 못했다. 고려 불화나 범종, 대장경이 오늘날에도 일본에서 크게 평가되는 사실과는 전혀 다른 경우다. 고려 불상, 특히 후기 고려 불상이 환영받지 못했던 이유는 고려 전기에 해당하는 일본 헤이안시대平安時代, 794~1185에 들어와 일본 특유의 미의식이 형성되면서 독자적인 일본의 불교 조각예술이 확립되었기 때문이다.[14] 노송나무 목제불상이 상징하는 일본적 심미감은 일본 불상의 영혼이나 마찬가지였다. 그렇기 때문에 원나라풍이 스며든 고려 후기 불상은 비일본적이며 이질적인 존재였다. 이와 더불어 몽골군의 일본 침략이라는 역사적 사실 때문에 원나라풍 불상에 대한 반감이 있었을 것이다.

현재 확인된 고려 후기의 불상은 한국과 일본에 100여 구가 남아 있는데, 이 중 30여 구가 일본에 존재한다. 일본 중에서도 대마도, 규슈 등 서일본 지역에만 존재한다. 이러한 이유에서인지 고려 후기 불상은 일본 불교계에서는 이질적·변방적 존재이며 중요도가 낮고 미술사나 문화사적으로도 매력 있는 주제는 아니었다. 왜구의 근거지였던 서일본 지역에만 존재하는 고려 후기 불상은 필연적으로 왜구의 약탈활동을 전제로 연구되어야 하기 때문에 일본인 학자들에게는 큰 부담이 될 것이다. 1973년의 〈불교예술〉과 1978년의 《대마의 미술》에서 부석사 불상의 조형상 우수함과 복장 기록의 중요성이 환기되었지만 이후 부석사 불상에 대한 일본 학자들의 연구와 관심은 더는 찾아볼 수 없다.

나가사키현, 서산 부석사 관음불상을 문화재로 지정하며 '전래 경위는 불명'

대마도가 속한 나가사키현은 1973년 5월 대마도에 존재하는 부석사 관음불상을 나가사키현 문화재로 지정했다. 부석사 불상에 관한 나가사키현의 공식적 설명은 "고려의 부석사를 위해 조성되었음을 복장물에서 나온 결연문에서 알 수 있는데, 일본에 전래된 경위는 불명"이라는 것이다.

나가사키현이 부석사 불상을 문화재로 지정한 것은 1972년 일본 학자들의 대마도 문화재 조사가 직접적 계기가 되었다고 볼 수 있다. 조사에 참가했던 타니구치 테츠오谷口鉄雄 규슈대학 교수가 이 지역 문화재를 시급히 보존할 필요가 있음을 강조했던 것으로 보아서 그러하다.[15]

나가사키현은 부석사 불상을 문화재로 지정할 당시 전문가들의 심의를 거쳤을 텐데, 1972년 조사에 참가한 학자들의 의견을 충분히 수용하였을 것이며, 특별히 부석사 불상에 관해 해설문을 쓰고 약탈 가능성을 강하게 시사했던 기쿠다케 교수의 의견을 참고했을 것이다.

따라서 나가사키현은 "불상이 일본에 전래된 경위는 불명"이라고 설명했지만 문화재 지정 당시 이 불상의 약탈 가능성을 충분히 알고 있었다고 볼 수 있다. 그런데도 불상의 약탈 가능성을 무시하고 문화재로 지정한 것이다. 이밖에도 나가사키현 지정 금동불 20구 대부분이 한반도에서 이전되었으며, 거의 모두 '내일 경위는 불명'이라고 설명되어 있다.

나가사키현은 이들 불상의 내일 경위를 실제로 조사해보고 '불명'이라고 판정한 것은 아닐 것이다. 일반적으로 '불명'이라는 설명은 경위를 밝히기 곤란한, 즉 불법으로 건너온 한국계 문화재를 일컫는 일본의 편의적 관행이라고 보아야 한다.

이러한 일본 태도는 일본 정부가 일제강점기에 한반도에서 반출한 문화재 목록과 이들의 유출 경위, 취득 가격 등에 관해 상세한 자료를 가지고 있으면서도 한국의 반환 요구를 우려하여 장기간 은폐한 것으로 확인됐다는 최근 언론 보도와도 일맥상통한다고 볼 수 있다.[16]

일본 정부가 한반도에서 반출한 문화재에 관한 자료를 은닉해온 사실은 '한일회담 전면공개를 요구하는 모임'이라는 일본의 시민단체가 한일회담 관련 서류의 공개를 요구하며 일본 정부를 상대로 제기한 소송에서 알려졌다. 2012년 도쿄 지방법원은 시민단체의 손을 들어주어 문서를 공개하라고 판결했지만, 2014년 도쿄 고등법원은 문서를 공개할 경우 국익 손상이 예상될 수 있다는 일본 정부의 항소를 받아들여 비공개 판결을 내린 바 있다.

이 과정에서 일본 외무성은 "시민단체가 공개를 요구한 문서에는 그동안 한국 정부에 제시하지 않았던 문화재 목록과 한국이 납득하기 어려운 반출경위 등이 포함돼 있어 이를 공개할 경우 한국이 반환을 요구할 수 있다"라고 밝혔는데, 이것은 일본이 한국에서 탈취한 불법 문화재를 반환하라고 한국이 요구할 것을 충분히 예상하여 이에 관한 자료를 고의로 은닉해왔음을 스스로 인정한 것이다.

부석사 관음불상 – 금지된 과거를 가리키다

불상 반환을 둘러싼 국내 의견 대립

서산 부석사 불상 절도사건에 내려진 상반된 재판부 판결을 예고하듯 이 불상이 절도범들에 의해 반입되었을 때부터 국내에서는 그 처리를 둘러싸고 찬반 논의가 첨예하게 대립해왔다. 불상을 일본에 반환해야 한다는 여론은 불상이 도난품이라는 것이 그 이유다.

> "절도범들이 훔쳐온 명백한 도난 문화재를 돌려주지 않겠다는 발상 은 나라의 수치이다. 약탈이 입증되지도 않았고, 기증이나 구입의 가 능성도 있으므로 약탈물이라고 할 수는 없다. 이러한 장물은 국제법에 따라 즉시 돌려주는 것이 옳다."[17]

이에 대해 불상을 반환해서는 안 된다는 여론은 이 불상이 약탈당 한 문화재라는 사실에 초점을 두고 있음은 물론이다.

"일본에 적법하게 건너간 증거는 없고 약탈의 증거가 농후하여 일본인 학자들조차 이 불상을 약탈된 것으로 추정했다. 비록 절도범들이 훔쳐 온 것이긴 하지만, 과거 약탈된 문화재가 되돌아왔는데 이를 다시 약탈국에 되돌려보낼 수는 없다. 그것은 국민감정을 무시하는 처사다. 국제 관습법이나 현재 국제사회의 추세는 약탈 문화재의 원소유국 반환을 지지하고 있다."[18]

부석사 불상이 약탈된 것이라는 명백한 증거가 있다 해도 이미 600여 년 전에 일어난 약탈을 오늘날 법으로 재단할 수 있을까? 법을 떠나 일본과 대화가 필요한 시점이지만 일본 정부는 도난품이므로 즉시 반환하라는 원래의 강경한 태도만 되풀이할 뿐 약탈이 아닌 방법, 즉 기증이나 매매로 대마도로 건너간 것이라는 증거를 제시하려는 조그만 성의도 보이지 않았다. 그렇지만 현실적으로 불상은 한국에 있고 대법원의 최종판결이 날 때까지 정부는 일본에 반환할 수 없다.

단아한 모습으로 보일락 말락 은은한 자비의 미소를 머금은 관음상은 그가 수호하려는 시대는 이미 오래전에 멸망했지만 그 자신은 살아남아 예전 모습 그대로 우리 앞에 다시 나타났다. 그러나 화상으로 그을린 두 뺨과 녹아버린 손가락 끝, 때가 낀 온몸, 훼손된 가사 소매 자락에 더하여 관음보살이 당연히 써야 할 보관은 벗겨졌고, 광배와 대좌 또한 망실된 채 초라한 행색으로 나타난 불상 모습은 그간 이 불상이 겪었을 기구한 여정을 말없이 증언한다. 이제 그의 출현과 더불어 끓어오른 여론의 물의는 그의 앞으로 행로 또한 쉽지 않을 것임을 예측하게 한다.

일본, 왜구 약탈 가능성 애써 무시

우리 국내적으로 부석사 불상의 반환 여부를 둘러싸고 찬반 논의가 분분한 데 비해 일본 측은 부석사 불상의 약탈 가능성을 애써 외면하거나 묵살하고 있다. 왜 그럴까? 일본은 약탈 증거가 없다는 확신이 있어서인가? 왜구의 약탈 역사에 눈감고 싶어서인가? 그렇지 않다면 왜구 약탈은 전혀 문제될 것이 없다고 보기 때문인가? 아마도 600여 년 전에 일어났을 왜구의 약탈 가능성을 오늘날 거론하는 것이야말로 너무도 까마득히 오래된 이야기를 되살리는 것이기에 귀신 씻나락 까먹는 소리로밖에 여겨지지 않는지도 모른다.

그렇지만 간논지 불상 도난사건은 중대한 문제를 제기했음이 틀림없다. 불상의 출현은 그간 한일 양국 간에 신경전을 벌여왔던 일본의 한국 문화재 약탈 규모를 크게 늘려놓은 결과가 된 것이다. 일제강점기나 임진왜란보다도 200년 이상 거슬러 올라가서 14세기 고려 말부터 자행된 일본의 조직적인 한국 문화재 약탈 전력이 드디어 양국 외교의 영역으로 들어온 것이다.

일본 언론은 부석사 불상이 계기가 되어 일단 약탈 프레임에 걸려들면 임진왜란과 일제강점기에 끝도 없이 약탈해간 일본 내 수많은 문화재가 분쟁 대상이 될 것을 두려워하는 것이 분명하다. 〈산케이신문〉은 부지불식간에 자신들의 진정한 우려를 드러냈다.

"한국 불교계가 불교 탄압이라는 역사적 사실은 건드리지 않고 약탈당했다는 주장만 되풀이하는데, 이런 논리라면 일본 내 조선 불상이나 고미술품의 반 이상은 반환대상이 될 수밖에 없다."[19]

일본, 한일 간 청구권 소멸 합의에 기대는가

약탈 가능성에 대한 일본 언론의 민감한 반응에도 불구하고 일본 정부가 부석사 불상 재판에서 보여주는 무신경한 태도의 근저에는 한일 양국 간 청구권 소멸의 대전제가 깔려 있기 때문은 아닌가? 1965년 한일 국교정상화에 따른 청구권협정에서 1945년 8월 15일 이전에 발생한 일에 관해서는 어떠한 청구도 할 수 없다는 청구권 소멸 합의로 일본은 과거 한일 간에 일어난 모든 역사에 대한 면죄부를 받은 것으로 믿는 것은 아닌가? 더 나아가 그 이전의 역사에 대해서는 일절 물어서도 안 된다고 믿는 것은 아닌가?

그렇다면 이 자그마한 불상이 왜 그토록 우리 국민정서를 요동치게 하는지 이해할 수 있을 것이다. 그것은 이 불상이 우리 기억에서 금지된 과거를 가리키기 때문이다. 아직도 상처가 아물지 않은 혹독한 일제강점기 역사는 처참했던 임진왜란의 상흔을 희미한 역사 이야기로 흘려버렸고, 그보다도 몇백 년 앞선 고려 말 왜구의 만행은 역사와 기억에서 거의 밀려난 상태다.

여기에 1965년 한일 국교정상화와 함께 부과된 청구권 합의는 한일 양국 간에 일어난 과거사를 반추할 문을 아주 닫아버렸다. 이 부석사 불상이 바로 일본에 대해 겹겹이 닫힌 우리의 먼 과거를 돌아다보게 한 계기를 마련해준 것은 아닐까? 불상이 금지된 과거의 문을 두드리는 것은 아닌가?

한일 청구권협정과 부석사 불상 문제

1965년 체결된 한일 청구권협정*은 한일 양국은 1945년 8월 15일 이전에 발생한 양국 및 양 국민 간 모든 청구권을 주장할 수 없다고 규정했다. 문화재 반환 문제와 관련하여 일본은 이 협정을 근거로 양국 간의 모든 청구권은 최종적으로 해결되었다고 보고 어떠한 문화재도 반환할 의무가 없다는 태도를 견지하지만, 스스로 예외를 인정하고 있다.

일본 정부는 한국 병탄 100주년이 되는 2010년 한국과 체결한 '한일 도서협정'에 의거하여 일제강점기에 총독부가 반출하여 일본 정부가 보관해온 도서 150종 1,205책을 반환한 사례가 있다. 당시 마쓰모토 외상은 국회 답변에서 도서 반환은 "한일 청구권협정과는 관계없이 양국 간에 미래지향적 관계를 구축하기 위한 일본 정부의 자발적 조치"라고 답변한 바 있다. 일본 정부는 '자발적 조치'라고 말했지만 이것은 일제강점기에 통감, 총독, 총독부 관리가 근거 없이 불법 반출해간 도서를 반환한 경우로 일본이 불법으로 점유한 문화재를 반환한 것에 해당한다. 일본으로서도 불법 문화재 문제는 청구권협정과 관련이 없음을 인정한 것인데, 불법 문화

---

* 1965년 체결된 한일기본조약의 일부로 정식명칭은 '재산 및 청구권에 관한 문제의 해결 및 경제협력에 관한 협정'이다.

돌아온 세계문화유산

재 반환은 의무적이며 자발적인 조치가 아니다. 마찬가지로 부석사 불상의 불법 점유가 확인될 경우, 불법 문화재 문제가 되어 청구권협정과 상관없이 이의 반환을 요구할 수 있을 것이다.

한반도와 일본 열도 사이의 대마도

서산 부석사 불상 문제는 필연적으로 대마도의 먼 과거에 닿아 있다. 그래서 불상은 한국과 대마도의 질긴 인연으로 우리를 인도하며, 과거 한일 간의 치열한 역사에서 그간 거의 잊힌 존재였던 대마도와 왜구를 호출해내고 있다.

1223년 5월 금주金州. 김해에 왜구가 침입했다는《고려사》기록을 시작으로 왜구가 본격적으로 역사에 등장한다. 그렇지만 이때만 해도 소소한 해적에 불과했던 대마도 왜구는 1274년과 1280년 두 차례에 걸친 여몽군의 침공을 받은 후 인정사정없는 난폭한 해적으로 돌변했다. 여몽군의 일본 침략에서 전초지였던 대마도가 막심한 피해를 입은 것이 계기가 되었을 것이다.[20]

한반도를 제 집처럼 드나들어 한반도 물길에 정통했던 대마도 왜구는 1350~1390년 규슈에서 일어난 일본의 남북조내란에서 반란군 군대에 동원되어 고려 전 지역을 샅샅이 침탈하여 군량미와 전비 조달에 일익을 담당했다.《고려사》기록에만도 고려 말 왜구의 침구는 500여 회, 조선 초에는 150회를 상회했다.

왜구 약탈물, 반인도적 범죄의 증거

1950년대 초 대마도를 조사했던 일본 고고학자들은 신사나 사원에 소장된 불상 등 외래물품의 유래를 물어보았을 때 대마도 노인들이 한결같이 '바다 저편에서 떠내려와 이곳에 표착한 것'이라고 설명했다고 한다.[21] 오늘날에도 한반도 불상을 소장한 사찰은 불상의 유래에 관해 비슷한 설명을 하는데[22] 왜구질로 생계를 이어갔던 대마인들에게 약탈물은 일종의 신의 선물이었을 것이다.

왜구는 영토적·정치적 야심 없이 오로지 약탈만 목표로 했기 때문에 그 성격은 떼도둑이라 볼 수 있으며, 약탈하려고 방화와 살인을 자행하는 점에서 떼강도 개념으로 파악할 수 있다. 그런 면에서 왜구 약탈은 정부 지휘를 받는 군대의 전시 약탈과는 성격이 다르다. 어떠한 규범이나 정치적 제약도 받지 않고 수단방법을 가리지 않으며 모든 잔인한 방법으로 약탈을 일삼은 왜구의 탈취물은 살상과 방화 등 극악범죄의 결과물이다. 단순한 도난물과 다른 왜구의 약탈물에는 고려 양민을 대상으로 자행했던 극악무도한 반인도적 범죄의 흔적이 어려 있다.

왜구 약탈의 대상은 미곡과 물건, 사람 등 돈이 되는 모든 것이다. 이러한 약탈물은 자체에서 소비되거나 매각되었고, 약탈물 중 훼손이 심해서 매각되지 못한 불상이나 불구는 신사나 사찰에 기증되기도 했다. 이같이 약탈물 매각이나 기증이라는 측면에서 본다면 왜구가 상행위나 기증행위도 했음은 당연한 일이다.

대마도에는 중국과 조선에서 납치해온 주민들을 노비로 부리거나 매각하는 관행이 있었고, 관의 승인하에 조선에서 약탈해온 물품을 매각하는 조직이 있었다.[23] 대마도에 교역을 허락한 조선시대에는 흥리왜선興利倭船. 대마도 무역선이 중국에서 약탈한 물품을 조선에서 매각하거나 유구琉球에서 약탈한 물품을 조선 왕실에 진상한 일도 있으며, 흥리왜선이 방비가 허술한 곳에서는 약탈하고 병기가 있는 곳에서는 장사했다는 기사도 있다.[24]

이러한 기록을 근거로 일본 학자들은 왜구가 약탈물이나 노예를 팔았기 때문에 왜구와 상인은 표리일체였다는 주장을 하는데, 이러한 주장에는 약탈물을 일단 매매하면 상거래로 간주되고 기증하면 기증행위가 된다는 인식이 깔려 있다. 이러한 인식은 왜구 약탈물을 교역이나 기증의 결과라고 주장할 여지를 주게 된다.

불상이 왜구 약탈물이라는 증거를 모아보면

1. 불상 복장물에서 나온 결연문

결연문은 "불상을 조성하여 영원히 부석사에 모시려 한다"라고 대를 이어 불상을 모시겠다고 천명했는데, 이 기록은 기증 또는 매매로 이 불상이 대마도에 이전되었다는 주장을 부정하는 강력한 근거가 된다.

더구나 불상은 기증이나 정상적인 이운移運의 경우, 원래 복장물 기록을 빼고 새로운 이운 기록을 복장물에 첨가하는 것이 관행이므로, 부석사 불상이 대마도 간논지에서 원래 조성시의 복장물 기록을 지녔다는 것은 이 불상이 기증이나 정상적인 방법으로 이전되지 않았다는 강력한 증거가 된다.

2. 왜구의 서산 약탈을 기록한《고려사》

서산이 왜구에게 적어도 4~6회 약탈되었다는《고려사》내용은 대마도와 서산의 관계를 말해주는 유일한 기록이다. 이에 반해, 일본에 기증되었거나 교역으로 건너갔을 정황을 말해주는 어떠한 기록도 나타나지 않았다.

3. 화상을 입은 부석사 불상

부석사 불상의 손가락 끝과 가사자락 끝은 화상으로 문드러졌다. 이 화상은 불상이 기증이나 교역이 아닌 전투 중 약탈로 이전되었음을 강력히 시사한다. 1978년《대마의 미술》에서 일본 학자들은 다음과 같이 기록했다.

"대마의 조선 금동불은 온전한 작품이 극히 적은데, 대마가 조선으로 부터 받은 친절과는 별도로 불상 전래에 평상적이지 않은 일이 많았다는 사정이 상상된다."

4. 간논지가 위치하는 고즈나지역은 원래 왜구의 일족인 고노씨의 근거지이며 간논지를 열고 불상을 안치한 자는 고노씨 일족이었다.

"왜구의 한 집단이었다고 생각되는 고노씨가 창립한 간논지에 1330년 제작된 고려 불상이 존재한다는 것은 왜구에 의한 불상 등의 일방적 청구가 있었음을 추측하게 한다."

　　　　　　　　　　　　　　돌아온 세계문화유산

서산 부석사 불상, 문제는 무엇인가

도난과 약탈이 겹친 문화재 사건으로 초기부터 세간의 주목을 받아왔던 이 사건은 불상을 부석사로 인도하라는 대전지법 1심 판결에 대해 우리 정부 측^{불상을 압류한} 대전고검의 집행정지 가처분신청이 인용되어 현재 항소심을 기다리고 있다. 법정 1심판결 후 국내적으로 찬반 여론은 일층 분분해졌으며, 한일 양국 간에도 접점을 찾지 못한 채 불편한 관계는 지속되고 있다. 그렇다면 무엇이 문제인가?

불상의 대마도 이전 경위 불명, 즉 약탈 여부를 단정할 수 없다

2013년 2월 대전지법에서 "불상을 보관하고 있던 간논지가 이 불상을 정당하게 취득했다는 것이 재판에서 확인되기 전까지 불상의 반환을 금지한다"라는 가처분신청이 내려지고 나서 2014년 12월 피고 측^{대전고검} 요청으로 문화재청은 재외문화재재단과 함께 문화재 관련 학자와 전문가를 초빙하여 부석사 불상의 유출 경위를 조사했다. 최종 결론은 불상이 고려 말 왜구에 약탈되었을 가능성이 농후하지만 기증이나 매매로 대마도에 이전되었을 가능성을 완전히 배제할 수는 없기 때문에 약탈을 단정할 수는 없다는 것이다.

기증이나 매매를 시사하는 어떠한 증거나 정황도 발견되지 않은 상황에서, 그래도 기증이나 매매로 불상이 대마도에 이전되었을 '가능성'이 있다는 것이다. 이러한 가능성은 단지 이론적이고 수학적인 것이다. 이같이 희박하고 비현실적인 가능성에 근거하여 고도의 개연성이나 합리적 확실성을 지닌 불상 약탈 사실을 무시한다는 것은 대단히 비상식적이고 기만적인 발상이다. 이것은 약탈 여부를 100퍼센트 확증할 수 없기 때문에 부석사 불상 문제를 해결할 수 없다는 무책임한 결론이며, 불상의 소유권 문제를 영원히 미궁에 빠뜨리는 결과로 인도할 뿐이다.

문화재 환수 분쟁에서 분쟁 당사자 간에 합의에 이르지 못한 경우 법적 소송은 당연한 절차이며, 소송으로 소유권 분쟁이 최종 해결된다. 그렇지만 많은 경우, 소송 진행과정에서 합의를 거쳐 분쟁을 타결하기도 한다. 재판에서는 모든 증거와 정황을 참조하여 판결하지만 국제적으로 문화재 반환이나 소유권 분쟁에서 불법 입증 또는 소유권 입증을 위한 증거 수위는 현저히 낮다. 요구되는 증거의 정도는 형사 사건에서 요구되는 '합리적 의심의 여지가 없는beyond reasonable doubt' 또는 부정할 수 없는 증거incontrovertible evidence 수준이 아니다. 문화재 반환청구는 민사사건에 적용되는 '좀 더 우월한 증거preponderance of evidence'로 족하다. 이것은 문화재 문제의 난해성 때문이다.[25]

현재까지 불상이 대마도에 건너간 경위에 관해서 약탈 가능성과 기증 또는 교역의 가능성에 대한 증거를 비교해볼 때, 기증 또는 교역의 가능성을 뒷받침하는 증거나 정황은 전무한 반면, 약탈의 증거와 기록은 상당히 공고하여 약탈이 아니라는 합리적 설명을 할 수 없을 정도다. 앞서 문화재청이 주관한 조사에서도 부석사 불상을 약탈된 것으로 보아야 한다는 의견이 강력히 제기되었음에도 결론은 약탈 단정 불가였다.

기증이나 교역의 가능성을 주장하는 측은 과거 우리가 상당한 물품을 대마도에 주었다는 사실에 근거하여 부석사 불상도 그중 하나가 아니겠느냐고 추정하며 약탈 가능성을 애써 무시한다. 그러나 해당 기간_{불상이 조성된 1330년부터 불상이 대마도에 안치된 1526년까지} 중 불상을 요청했거나 주었다는 기록은 전혀 없다. 기록은 제쳐두고, 고려나 조선 정부가 서산 부석사에서 불상을 징발해 대마도에 주었거나 부석사가 자발적으로 불상을 주었을 것이라는 주장이 최소한의 개연성이나 가능성이 있는가? 또한 대마도와 교역이 왕성했던 조선 초에도 불상이 거래되거나 교역품목이었다는 기록은 존재하지 않는다. 당시 불상은 교역 품목이 아니었다. 대마도의 주요 수출품이 동_銅이었다는 사실을 감안하면 고려 동불은 동철로서 가치도 없었다. 화상을 입은 채 대마도에 있는 불상백수십 개를 보면, 궁핍한 대마도인들이 팔리지 않고 돈이 되지 않을 고려 불상을 계속 수입했다는 것이 말이 되는가?

대전지법은 1심 판결에서 "변론 전체를 종합하여볼 때, 불상은 원고_{부석사} 소유로 넉넉히 추정할 수 있고, 과거에 증여나 매매 등 정상적인 방법이 아닌 도난이나 약탈 등의 방법으로 일본 대마도 소재 관음사_{觀音寺, 일본명 간논지}로 운반되어 봉안되어 있었다고 볼 수 있다. 따라서 불상점유자인 피고_{한국 정부}는 그 소유자인 원고_{부석사}에게 불상을 인도할 의무가 있다"라고 약탈된 불상의 소유자가 서산 부석사라고 판결했다.

법적인 측면에서 문제는 없을까?

1심 판결 후 국내 여론 일각에서는 "명백한 도난물을 가지고 수백년 전 약탈된 우리 것이라며 돌려주지 않는다면 우리가 법치국가의 국민

인가? 국제규범에 따라야 할 것이다. 국제법을 무시한다면 국제사회가 우리를 어떻게 볼 것인가? 두렵고 수치스럽다"라는 반응을 보이고 있다. 여기서 국제규범이란 1970년 '유네스코 문화재의 불법적인 반출입 및 소유권 양도의 금지와 예방수단에 관한 협약'을 말한다. 이 국제협약은 1970년 성립된 성문법이자 현재 세계 192개 국가가 가입하여 보편적인 국제관습법으로 고착되었다.

한국과 일본이 모두 가입한 유네스코 협약은 소급효가 없고 1970년 이후 불법 반출된 문화재만 다룬다. 따라서 이 협약에 근거하여 한국은 14세기에 부석사에서 약탈당한 불상의 회복을 요구할 수 없지만, 일본은 이 협약에 근거하여 2012년 간논지에서 도난당한 불상의 반환을 한국에 요구하는 것이다.

협약 제7조(나)(2)는 "이 협약이 양 당사국에서 발효된 후 불법 반출되어 반입된 문화재의 회수 및 반환에 관한 적절한 조치를 취한다"라고 되어 있다. 즉, 1970년 이후 불법 반출된 문화재의 반환을 명시했다. 불법으로 반출·반입된 문화재는 도난, 도굴 문화재 및 평시, 전시의 약탈물과 같이 불법수단으로 취득한 문화재를 말하는데, 적법한 소유권을 입증하지 못한 문화재가 여기에 해당한다. 박물관 등 소장자는 이러한 불법 취득 문화재를 소장하거나 양도할 수 없으며, 원소유국에 돌려주어야 한다.

그런데 이 조항은 문화재 반환을 청구하는 측이 적법한 소유권을 가지고 있어야 함을 전제로 한다. 적법한 소유자가 아닌 측이 문화재를 넘겨받을 수 없는 것은 당연한 이치다. 따라서 일본이 적법한 소유권을 입증하지 못한다면, 이 협약 제7조는 적용될 수 없다.

부석사 관음상, 문제의 핵심은?
─누가 소유권을 입증했는가?

서산 부석사 불상 약탈사건은 지금부터 600여 년 전에 일어났다. 일본 측은 불상 약탈을 입증할 단정적인 증거가 없다는 이유로, 또한 대마도 간논지가 수백 년간 계속하여 불상을 무사히 점유해왔다는 이유로 불상의 소유권을 주장한다. 게다가 일본 정부는 재판과정에서 소극적이고 무성의한 태도로 일관하면서 오로지 1970년 유네스코 국제협약에 따라 불상을 반환하라고 요구한다. 위안부 문제로 극히 경색된 한일 외교관계의 와중에서 마음껏 고답적이고 강경한 자세를 보이고 있다.

일본은 불상을 자국 문화재라는 물건으로만 볼 뿐이다. 그 불상이 어떻게 조성되었는지, 고려 말 험난한 환경에서 불상을 조성했던 서산의 이름 없는 주민들에 대해, 또한 그들이 감내했던 참혹한 왜구 침탈에 대해서는 일고의 배려나 반성이 없다. 이것은 외국의 문화재를 대하는 윤리적 태도가 아니다. 마찬가지로 서산 부석사 측도 불상을 수백 년 보존해온 대마도 간논지와 그 지역 주민에 대해 불상의 도난이 초래한 상실감에 충분히 배려해야 한다.

말할 것도 없이 부석사 불상 사건의 핵심은 불상 소유권에 대한 분쟁이다. 왜구 약탈의 입증 문제나 수백 년간 무사히 소장해왔다는 차원보다는 대마도 간논지가 불상의 진정한 소유권을 취득했는가 하는 측면에서 접근해야 한다. 간논지가 수백 년 소장했다 해도 소유권을 입증하지 못하는 경우, 간논지는 이 불상을 적법하게 소유할 수 없으며 소유권이 확실한 서산 부석사를 상대로 반환을 요구할 수 없다. 2013년 2월 대전지법에서 대마도 간논지가 서산 부석사 불상을 정당하게 취득한 것을 입증할 때까지 불상을 일본으로 반환하는 것을 금지한 가처분 판결은 오늘날 국제사회의 원칙과 기준의 핵심을 짚은 판결이라고 할 수 있다.

1970년대만 해도 불법 문화재 입증책임은 청구자에게 있었으며, 현소장자는 불법이라고 입증될 때까지 무죄추정의 원칙을 주장할 수 있었고 선의의 구매자는 일정 기간이 지나면_{일본은 2년} 공소시효 완료로 인한 소유권을 인정받게 되어 있었다. 그러나 이러한 시대는 20세기와 더불어 끝났다. 오늘날 국제사회의 관행과 다수의 문화재 반환을 위한 국제재판의 결론은 피청구자, 즉 현소장자는 모든 기록과 증거를 제시하여 적법한 소유권을 입증할 책임이 있다는 것이다. 아무리 시간이 흘러도 소유권을 확립하지 못하면 그 문화재는 전시·이전·상속할 수 없다.

한 가지 사례를 들면, 1712년 스위스의 종교전쟁 와중에 취리히는 장크트갈렌주 문화재를 다수 약탈하여 취리히 국립박물관과 도서관에 소장해왔다. 1996년 이 사실이 뒤늦게 장크트갈렌 언론에 보도됨으로써 장크트갈렌주 여론을 환기했다. 이후 취리히와 장크트갈렌주는 협상을 개시했으나 취리히는 시효만료를 이유로 약탈물의 반환을 거절했다. 오랜 협상 과정에서 스위스 연방정부가 개입하여 2006년

돌아온 세계문화유산

협상이 타결되었다. 취리히가 소유권을 입증하지 못한 일부 문화재는 장크트갈렌주에 반환되었다.

1970년 유네스코 국제협약의 규정에 의거하여 서산 부석사 불상의 무조건 반환을 요구하는 일본 정부의 태도는 아직도 1970년대에 머물러 있는 듯하다. 약탈 정황이 농후한 부석사 불상을 나가사키현 지정 문화재로 등록해놓고, 기증이나 매매 등을 통해 합법적으로 취득했다고 강변하지만 이를 입증할 아무런 근거도 제시하지 못한 채 한국 정부에 대해서는 도난물이니 반환하라고 요청하고 있다. 이러한 요구는 흘러간 녹음을 틀어놓은 듯 공허하기만 하다. 앞으로 항소심에서 한국 법정은 이러한 일본의 시대착오적인 요구에 좀 더 강력한 응징 판결을 내려야 할 것이다.

서산 부석사 불상 사건과 유사한 문화재 분쟁의 예 – 멕시코 고문서, 아스텍 달력

서산 부석사 불상 사건과 상당히 유사한 국제적 사례를 소개하며 문제 해결의 지혜를 구하고자 한다. 14~15세기의 아스텍 달력, 일명 '오뱅 토날라마틀Aubin Tonalamatl' 도난사건이다. 이 멕시코 고문서는 1521년 스페인의 아메리카대륙 정복 이전 약 1세기 동안 멕시코지역에서 사용된 달력인데, 사라진 아스텍 문명 연구에 귀중한 자료이자 그 희소성으로 막대한 가치를 지닌 문화재다. 1982년 6월 멕시코 변호사 호세 루이스 카스타냐José Luis Castañeda del Valle는 프랑스 국립도서관에 소장되어 있던 이 고문서를 열람하는 척하면서 몰래 가지고 나와

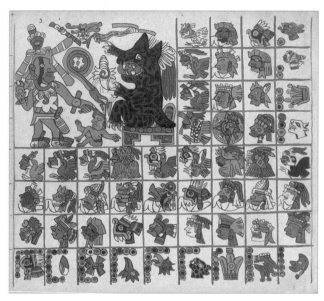

멕시코 고문서 아즈텍 달력, 일명 오벵 토날라마트(부분).

멕시코 국립인류역사학연구소에 기증했다.

프랑스 측은 명백한 절도행위를 통한 문화재 회복은 인정할 수 없다며 문서의 즉각적 반환을 요구했지만 멕시코 측은 이 문서가 19세기 멕시코에서 약탈되어 유럽으로 건너갔으며, 멕시코는 약탈 문화재를 당연히 회복한 것이라고 맞섰다.

고문서의 내력을 보면, 이 달력은 처음에 멕시코에 체류했던 유럽인의 개인 소장품이었지만, 1743년 스페인 총독부 소유가 되었고 이후 멕시코의 몇몇 대학과 공공도서관을 전전한 끝에 1802년 프랑스인이 구입하여 1840년 유럽으로 반출했다. 그 후 프랑스 소장자 서너 명을 거

돌아온 세계문화유산

치면서 조금씩 복원되었고 1898년 프랑스 국립도서관에 기증되었다.

프랑스 측은 내력이 확실한 이 문서가 1841년 이래 프랑스 소유였고, 1898년 이래 프랑스 국립도서관 소장품이었음을 근거로 이의 반환을 강력히 요구했다. 이에 대해 멕시코 측은 이 문서가 19세기 멕시코에서 약탈되었다는 주장을 굽히지 않았다. 사실상 이 문서는 1740년대 이후 소유자들에 관한 정확한 기록은 있지만, 이 문서가 멕시코대학과 공공도서관에서 유럽인에게 넘어간 경위와 유럽인이 이를 멕시코에서 반출한 경위가 밝혀지지 않은 점에서 멕시코 측은 약탈을 주장할 여지가 있었다.

국립도서관에서 백주에 일어난 도난사건에 경악한 프랑스는 문화재 절도사건의 피해국으로서 초반에는 기세등등하게 문서의 반환을 요구했다. 명백히 도난당한 이 문서의 회복을 포기할 경우, 이것이 위험한 전례가 될 수 있다는 우려가 컸던 것이다. 멕시코로서는 스페인의 정복과 식민지배하에서 완전히 파괴되고 사라진 고대문명을 증명할 귀중한 유물들조차 모조리 유럽에 빼앗긴 터에 이 아스텍 고문서의 귀환이 민족감정을 폭발했기 때문에 프랑스와 관계가 악화되는데도 이 문서를 프랑스 측에 되돌려줄 수 없었다.

이후 프랑스와 멕시코는 조용히 협상에 들어가 10여 년 비밀협상을 한 끝에 프랑스가 소유권을 보유하는 대신 멕시코에 3년마다 협정을 갱신하는 조건으로 단기대여에 합의했다. 2009년 단기대여는 영구대여로 바뀌었고, 이후 소유권을 멕시코에 완전히 넘겼다. 이로써 사건은 무사히 최종 타결을 보았지만 협상 과정이나 내용은 밝혀지지 않았다.

도난당한 이 고문서가 멕시코에 반환된 가장 큰 이유는 우선, 이 문서가 현실적으로 멕시코 수중에 있고 이 문서가 촉발한 멕시코의 국민감정을 고려할 때 문서 회수가 어려울 것으로 본 프랑스가 현실적이고 발 빠르게 수습에 나선 것이다.

둘째, 비록 프랑스 국립도서관이 자국민에게서 적법하게 이 문서를 기증받았지만, 이 문서가 멕시코에서 유럽으로 불법 유출되었을 가능성을 불식할 수 없었기 때문에 프랑스로서도 이 사건을 단순한 문화재 절도사건으로 몰고 갈 수만은 없었다. 사실상 문서가 원주민으로부터 유럽인에게 건너간 경위는 밝히지 못했다. 기증이나 매매로 넘어갔는지 탈취당했는지, 즉 불법으로 이전되었는지 적법하게 이전되었는지 어느 쪽도 입증할 수 없었지만, 멕시코는 이 문화재가 총독부와 대학교, 도서관 등 공공기관의 소장품이었는데 유럽인에게 넘어갔다면, 이는 불법으로 유출된 것이며 원천적으로 프랑스 점유가 불법임을 효과적으로 주장했다.

그러나 무엇보다도 외국 문화재를 다량 보유한 프랑스로서는 사건을 오래 끌어 약탈 문화재 문제를 국제적으로 이슈화하기보다는 문서를 깨끗이 반환함으로써 멕시코와 우호관계라도 건지는 편이 실속이 있다고 판단했을 것이다.

절도사건으로 시작되었지만 결과적으로는 약탈 문화재 회복이라는 대의가 여론을 주도하게 되자 프랑스는 고문서를 반환하여 문화국으로서 성숙한 모습과 아량을 보였고, 멕시코와 우호관계를 잃지 않았으며, 멕시코는 말뿐이 아닌 실질적인 문화유산 보호에 성과를 거둔 것으로 평가될 것이다. 무엇보다도 난문제를 협상으로 원만히 해결했다는 점에서 프랑스와 멕시코 모두 명분과 실리를 챙긴 것으로 평가할 수 있다.

이 책의 원고를 시작할 무렵은 한국인 절도단에 의한 대마도 관음상 도난사건^{서산 부석사 관음상 문제}의 재판이 진행 초기였으며, 원고가 마무리될 무렵은 대통령 탄핵에 이어 새 정부가 출범한 때였다. 그간 온 나라를 요동치게 했던 혼란의 주범으로서 우리사회 모든 구석에서 적폐청산의 요구가 거세게 휘몰아치고 있는 것이 작금의 현실이다.

적폐는 말 그대로 오랫동안 쌓여온 폐습이며 악습이다. 이것은 오랜 기간에 걸쳐, 조직적으로 이루어진 관행이며, 적폐의 현장에는 반드시 최소한의 염치와 책임을 모르는 사람들이 조직의 상층부에 진을 치고 있기 마련이다. 그 때문에 적폐현상은 어느 틈엔가 조직과 사회의 정론으로 둔갑하여 모범적 사례로 군림하게 된다. 필자는 금번 부석사 불상사건 하나를 통해 우리사회에 만연한 적폐현실을 통감했으며, 적폐청산 없이는 우리의 미래도 없다는 당연한 결론을 절감했다.

서산 부석사 불상은 주지하다시피 1심 판결에서 과거 대마도가 이 불상을 적법한 방법으로 취득했음을 인정할 수 없기 때문에 원소유자인 서산 부석사에 인도하라는 판결이 나왔다. 일본 측이 부석사 불상의 적법한 소유권 취득을 전혀 증명하지 못하고 있는 상황에서 당연한 판결이었다. 그렇지만, 판결 다음날, 불상을 몰수하여 보관하고 있는 피고 측^{우리, 법무부, 검찰}이 곧바로 제기한 항소와 인도중지 가처분신청이 즉각

인용되어 불상은 부석사에 반환되지 못하고 우리 검찰에 잡혀있다.

이같은 사법부의 판결에 대한 항소와 가처분 결정은 우리 문화재에 대한 국민적 판단을 혼란에 빠트렸다. 관음상을 부석사에 반환해야 한다는 1심 판결에 대해 '애국판결'이라고 폄훼하며 불상을 다시금 대마도로 돌려줘야 한다는 여론이 있는가 하면, 이 정부는 누구를 위한 정부인가, 문화재 문제에 대한 정부의 정책과 의지는 도대체 있기나 한 것인가 분개하고 당혹해하는 여론도 크다.

과거 불법적으로 사라진 우리 문화재를 회고하고, 조사하며, 그 환수를 위해 고민하고 노력해야 함은 당연한 국민적 의무이며, 국가적 의무이다. 그런데 언젠가부터 문화재 환수에 대한 회의감과 패배의식이 우리사회에 만연하다. 문화재 환수가 국익에 과연 도움이 되겠는가? 그것이 가능한 일인가? 우방, 특히 일본과의 외교적 불화를 초래하지는 않을까? 이런저런 우려 속에서 문화재 환수의 열기와 운동은 위축되고 있다. 그러나 어느 국가에서나 잃어버린 문화재의 환수운동은 국민적 로망이다. 우리는 문화재 환수문제에 대한 젊은 세대와 시민단체의 점증하는 관심과 열광을 억누를 수는 없다. 오히려 국가의 지원은 필수다.

약탈 문화재 반환은 오늘날 국제사회의 대세이다. 그것은 과거 피약탈국에 대한 정당한 배상일 뿐 아니라 불의한 인류역사에 대한 정의실현의 차원으로 간주되고 있다. 이러한 경향은 유네스코의 적극지원과 함께 미국이 선도하고 있다. 미국은 1990년대부터 국가나 개인에 의해 불법 반입된 문화재를 가차 없이 반환시키고 있는데, 최근 미국정부는 한국전쟁 시 미군 개인이 반출해간 문정왕후와 현종의 어보를 미국 내에서 몰수하여 한국에 반환키로 우리 정부와 긴밀히 공조 중에 있음은 잘 알려진 사실이다.

물론 우리 정부에도 문화재 반환을 담당하는 부서가 존재한다. 해외문화재 환수를 염원하는 국민적 열망에 의해 2012년 문화부 산하에 설치된 국외소재 문화재재단이 그것이다. 이 재단이 천명한 해외 우리문화재 환수원칙은 다음과 같다.

1. 불법적 반출이 확실한 문화재는 환수한다.
2. 반출경위가 확실치 않은 문화재는 반출경위를 조사한다.
3. 합법적으로 반출된 문화재는 현지 활용한다.

한 마디로 되는 것만 하겠다는 안이하고 원칙적인 목표 하에 고통스런 환수업무는 제쳐두고 조용한 연구와 생색나는 홍보업무에 안주하겠다는 발상이다.

불법적 반출이 확실한 문화재는 환수대상이라고 공언해온 이 재단은 부석사 불상의 약탈을 단정할 수 없다는 이유와 함께 국제법의 준수라는 입장에서 불상의 부석사 인도판결을 공공연히 비판하며 일본으로 돌려줄 것을 요구하고 나섰다. 부석사 불상만큼 합법적 반출 가능성이 전무하고, 따라서 약탈의 경위가 뚜렷한 문화재가 어디 또 있겠는가? 비록 도난으로 들어왔지만 현재 한국에 존재하는 문화재를 기어이 일본에 되돌려주겠다면, 이 재단은 어떠한 문화재를 환수대상으로

삼고 있는 것인가? 일본이 주는 것만 받아오겠다는 속내인가? 재단은
본연의 문화재 환수업무를 투철하게 수행하기보다는 전적으로 일본의
자비심에 의존하여 문화재 환수문제를 해결하려 하는 것은 아닌가?

이 재단이 금과옥조처럼 받드는 국제법은 1970년도 유네스코 국제
협약이다. 재단은 유네스코 협약의 '1970년 이후에 도난된 문화재는
반환해야 한다'라는 규정제7조에 집착하여 부석사 관음상을 일본에 되
돌려주어야 한다고 호소하고 있다. 협약이 반세기 가까이 국제사회에
정착시켜온 '불법 문화재의 원소유국 반환'이라는 확고한 원칙과 정
신에는 눈을 감고 있는데, 달을 보기보다는 손가락만 보는 셈이다.

일본소재 한국문화재는 많은 부분이 일본의 침략전쟁과 일제강점
기에 약탈된 것이다. 그렇기 때문에 해방 후 한일 국교정상화 회담에
서 학계와 정부는 일본 측에 불법적으로 탈취된 우리 문화재의 반환
을 강력히 요구한 것이다. 이에 대해 일본은 일본소재 한국문화재는
"정당한 수단으로 취득했고, 문화재 원소유국 반환을 다룬 국제법이
없지만, 정치적 화해 무드를 위해 약간을 인도할 용의가 있다"는 궤변
으로 일관하며1961년 제2차 문화재 소위원회 1965년 우리가 요청한 문화재 3천여
건에 대해 1,432점을 반환하는 데 그쳤다. 이로써 일본은 1965년 청
구권 협약 발효와 더불어 문화재 반환문제는 해결되었다는 입장이다.

이 결과 우리는 울분을 삼키며 한일국교정상화라는 큰 틀 속에서
협상결과를 수용할 수밖에 없었지만, 이 결과는 오랫동안 우리를 길
들여왔던 것이 아닐까? 그러나 협상결과는 일본 측이 의도한 바와 같

이 그것으로 종결된 것이 아니다. 나머지 문화재의 반환은 후일로 미루어진 것이 국민적인 생각이자 여망이고 이를 위해 뒤늦게나마 이 재단이 설립된 것이다.

재단은 또한 위안부 문제로 경색된 오늘날 한일관계가 더 틀어질지도 모른다고 걱정하기도 한다. 불상을 일본에 반환함으로써 한일관계의 개선에 기여할 수 있다는 발상이야말로 '애국판결'보다 훨씬 더 위험한 애국정신이 아닌가?

Chapter 1. 정의의 이름으로 – 나치 약탈 문화재 반환의 원칙 성립

1. Greg Bradsher, 〈Turning history into justice : Holocaust era assets records, research and restitution, 1996.3–2001.3〉 War and Civilization Lecture University of North Carolina–Wilmington, North Carolina, 2001.4.19.

2. J. Bazyler, 《Holocaust Justice : The Battle for Restitution in America's Courts》, 2003, NY University, xvii

3. Michael J. Bazyler, 《Holocaust Justice : The Battle for Restitution in America's Courts》, 2003, NY University, xvii

4. Emily Blize, 〈Continued Discussion on Museum Guidelines for the Provenance of Nazi–Looted Art〉, ARCA(Association for Research into Crimes against Art), 2012.3.12.

5. E. Einzenstat, 《Imperfect Justice : Looted Assets, Slave labor and the unfinished business of World War II.》, Public Affairs, 2003/2004, 199쪽

6. Stuart E. Einzenstat, 《Imperfect Justice : Looted Assets, Slave labor and the unfinished business of World War II.》, Public Affairs, 2003/2004, 199쪽

7. Lee Rosenbaum, 〈Truth in Booty Coming–and staying–clean〉, Elginism 2006.2.28.

〈추가 참고논문 및 서적〉

· Donna Urschel, 〈Imperfect Justice–Unfinished Business of World WarII Examined〉, the Library of Congress Information Bulletin, 2003.9.

· 〈Restitution Issues and Activism of American Jews – an Interview with Stuart E. Einzenstat〉, Jerusalem Center forPublic Affairs, No18, 2004.3.1.

· 〈Washington Conference Principles on Nazi–Confiscated Art〉, U.S. Department of State, 1998.12.3.

· Henry Rousso, 〈Reflections on the Cold War and the Memory of the Holocaust〉, Institut d'histoire du temps present, CNRS, Paris

· Britt Peterson, 〈Tales from the Vitrine: Battles Over Stolen Antiquities〉, The Nation, 2009.1.7.

· Greg Bradsher, 〈Turning history into justice : Holocaust era assets records, research and restitution, 1996.3-2001.3〉 War and Civilization Lecture University of North Carolina-Wilmington, North Carolina, 2001.4.19.

· Thérèse O'Donnell, 〈The Restitution of Holocaust Looted Art and Transitional Justice: The Perfect Storm or the Raft of the Medusa?〉, 《European Journal of International Law》, Volume 22, Issue 1,

· Kwame Opoku, 《Comments on James Cuno's "Whose culture〉, Part 2, Elginism, 2009.4.21.

· Kelvin D. Collado, 〈A Step Back for Turkey, two Steps forward in the Reparation efforts of its Cultural Property〉, 《Journal of Law, Technology & the Internet》 Vol. 5, 2014

· Emily Blize, 〈Continued Discussion on Museum Guidelines for the Provenance of Nazi-Looted Art〉, ARCA(Association for Research into Crimes against Art, 2012.3.12.

· Stuart E. Einzenstat, 《Imperfect Justice : Looted Assets, Slave labor and the unfinished business of World War II.》, Public Affairs, 2003/2004,

· Michael J. Bazyler, 《Holocaust Justice : The Battle for Restitution in America's Courts》, 2003, NY University

· Stuart E. Einzenstat, 《Imperfect Justice : Looted Assets, Slave labor and the unfinished business of World War II.》, Public Affairs, 2003/2004

· Chris Tilley, Webb Keane, Susanne Kuechler, Mike Rowlands, Patricia Spyer, 《Handbook of Material Culture》

Chapter 2. 발리의 초상 – 나치 약탈 예술품 반환의 대표적 사례

1. Kimberly Bradley, 〈Wally Neuzil : the secret life of Schiele's muse, BBC, 2015.2.27.

2. Judith H. Dobrzynski, 〈A jealous Collector〉, NY Times, 1997.12.24.

3. 〈Portrait of Wally – US and Estate of Lea Bondi and Leopold Museum〉, Arthemis – Artlaw center, University of Geneva

4. US v. Portrait of Wally, 105 F. Supp. 2d 288 (S.D.N.Y. 2000)

〈추가 참고논문 및 서적〉

· 〈Portrait of Wally – US and Estate of Lea Bondi and Leopold Museum〉, Arthemis – Art-Law center, University of Geneva,

· Martha Lufkin, 〈US lawsuit to confiscate Schiele's Portrait of Wally suspended: 〈Judgement has been postponed to allow the government to review new evidence〉, The Art Newspaper, 2010.7.5.

· Judith H. Dobrzynski, 〈A jealous Collector〉, NY Times, 1997.12.24.

· Esther Selsdon, Jeanette Zwingerberger, 《Egon Schiele》, Prestel, 2010.

· Michael J. Bayzler, Roger P. Alford, 《Holocaust restitution: perspectives on the litigation and its legacy》, NYU Press, 2006.

· Patty Gerstenblith, 《Art, Cultural Heritage, and the Law, Cases and Materials》, Carolina Academic Press, 2004.

· Nout van Woudenberg, 《State Immunity and Cultural Objects on Loan》

· Patty Gerstenblith, 《Art, Cultural Heritage, and the Law, Cases and Materials》, Carolina Academic Press, 2004.

Chapter 3. 아델 블로흐바우어 I – 사상 최고 가격의 나치 약탈 그림 환수

1. Getty/Klimt's Muse : Adele Bloch-Bauer
2. Burris, Schoenberg & Walden, LLP, 〈The Art of Memory〉
3. 〈Six Klimt paintings – Maria Altmann and Austria〉, Artlaw Center, University of Geneva, https://plone.unige.ch/art-adr/logo.png
4. 28 U.S.C. § 1605(a)(2)
5. Republic of Austria v. Maria Altmann. 142 F. Supp. 2d 1187 (CD Cal. 2001).
6. Maria Altmann v. Republic of Austria, et al., 142F. Supp.2nd 1187(CD Cal.2001)
7. Republic of Austria v, Maria Altmann 317 F. 3d 954 (9th Circle, 2002), as amended, 327 F. 3d 1246 (2003)
8. Republic of Austria v. Altmann, 541 U.S. 677 (2004)
9. Michael J. Bazyler and Kearston G., 〈Holocaust Restitution Litigation in the US, Everitt International Civil Liberties Report〉, 11쪽

〈추가 참고논문 및 서적〉

· 〈Six Klimt Paintings – Maria Altmann and Austria〉, Arthemis – Art-Law center, University of Geneva,

· Ken Johnson, 〈Review: 'Gustav Klimt and Adele Bloch-Bauer' Focuses on Portrait Rich in History〉 NY Times, 2015.4.2.

· 〈Gustav Klimt and Adele Bloch-Bauer: The Woman in Gold〉, Neue Galerie. 2015.6.23.

· 〈Ruling of the Austrian arbitration court〉. Austrian arbitration court, Vienna, 2006. 2015.4.23.

· Kimberly Bradley, 〈the misterious muse of Gustav Klimt〉, BBC, 2016.9.20.
· Michael J. Bazyler and Kearston G., 〈Holocaust Restitution Litigation in the US, Everitt International Civil Liberties Report〉
· Patty Gerstenblith, 《Art, Cultural Heritage, and the Law, Cases and Materials》, Carolina Academic Press, 2004.
· Sophie Lillie, Georg Gaugusch,, 《Portrait of Adele Bloch-Bauer》, Neue Galerie New York, 2009.
· Anne-Marie O'Connor, 《The Lady in Gold: The Extraordinary Tale of Gustav Klimt's Masterpiece》, Knopf Doubleday Publishing Group, 2012.

Chapter 4. 고스트 댄스 셔츠 Ghost Dance Shirts – 원주민 성물의 반환

1. James Mooney, 《The ghost-dance religion and the Sioux outbreak of 1890》, University of Chicago Press, 1970. p. 833, 원문인용은 위키피디아 〈Wounded Knee Massacre〉 주16.
2. Brands, H.W., 《The Reckless Decade: America in the 1890s.》 University of Chicago Press, 2002, 18쪽
3. House of Commons, Select Committee on Culture, Media and Sport Minutes of Evidence, 〈Memorandum submitted by Glasgow City Council〉, 2000.6.16.

〈추가 참고논문 및 서적〉

· Sam Maddra, 〈The Wounded Knee Ghost Dance Shirt〉, Journal of Museum Ethnography, No. 8 (1996.5.)
· 〈Hopi Masks – Hopi tribe v. Neret-Minet and Estimations & Ventes aux Encheres〉, Arthemis, Art-Law Center, University of Geneva
· 〈Memorandum submitted by Glasgow City Council〉, House of Commons, Select Committee on Culture, Media and Sport Minutes of Evidence, 2000.6.16.
· Cole Moreton, 〈The Sioux who lost his shirt〉, the Independent
· Pierre Ciric, 〈Opinion: Hopi and Navajo Masks Auction Precedent in France Is Dangerous〉, Artnet News, 2014.7.25.
· Brands, H.W., 《The Reckless Decade: America in the 1890s.》 University of Chicago Press
· Dee Brown, 《Bury My Heart at Wounded Knee: An Indian History of the American West》, New York: Holt Paperbacks, 2001
· Stannard, David E., 《American Holocaust: The Conquest of the New World》, Oxford University Press, 1993.

Chapter 5. 시바의 청동상 나타라자 – 불법 반출된 문화재의 반환

1. 〈Of God and Stars〉 the Hindu, 2013. 7. 18.) (Sharada Srinivasan, The Nataraja bronze and Coomaraswamy's legacy, Asian Art and Culture: A Research Volume in Honour of Ananda Coomaraswamy, Kelaniya: Centre for Asian Studies, pp. 245-256
2. Karl Sagan, 《Cosmos》, 214-215쪽
3. NY Times, 1973.5.12.
4. Menzel v. List(1969), United States v. Hollinshead(1974) United States v. Mc-Clain(1987), Kunstsammlungen zu Weimar v. Elicofon(1982)
5. the Hindu Times, 2014.9.7., 〈Special team to take possession of antique idols〉

〈추가 참고논문 및 서적〉

- · 〈Case Nataraja Idol – India and the Norton Simon Foundation〉, Arthemis – Art-Law center, University of Geneva,
- · Sharada Srinivasan, The Nataraja bronze and Coomaraswamy's legacy, Asian Art and Culture: A Research Volume in Honour of Ananda Coomaraswamy, Kelaniya: Centre for Asian Studies
- · Grace Gluechdec, 〈Simon and India: Battle on Idol Widens〉, the NY Times, 1974.12.30.
- · Bruce M. Sullivan, 《Sacred Objects in Secular Spaces: Exhibiting Asian Religions in Museums》, Bloomsbury Publishing, 2015.
- · Phyllis Mauch Messenger, 《The Ethics of Collecting Cultural Property: Whose Culture? Whose Property?》, University of New Mexico, 1999
- · Karl Sagan, 《Cosmos》, Random House, 2011.

Chapter 6. 터키 땅의 리디아 Lydia 보물 – 불법 수집된 문화재 반환

1. 10 charged in missing brooch case Friday, July 14, 2006 ANKARA – Turkish Daily News
2. Kwame Opoku, 〈What shall we learn from Zahi Hawass on how to recover stolen/looted cultural objects?〉, Afrikanet, 2008.10.17.

〈추가 참고논문 및 서적〉

- · 〈Republic of Turkey v. The Metropolitan Museum of Art〉, 762 F. Supp. 44,

1990 U.S. Dist. LEXIS 18771 (S.D.N.Y. 1990).

· 〈Case Nataraja Idol − India and the Norton Simon Foundation〉, Arthemis − Art-Law center, University of Geneva,

· Özgen Acar, 〈Croesus: The poverty of treasure〉, Cumhuriyet. 2003.7.21.

· Jason Farago, 〈Turkey's restitution dispute with the Met challenges the Universal Museum〉, the Guardian, 2012.10.7.

· Kelvin D. Collado, 〈A Step Back for Turkey, two Steps forward in the Reparation efforts of its Cultural Property〉, 《Journal of Law, Technology & the Internet》Vol. 5, 2014

· 〈Wealth of Croesus, Returned by the Met, Stolen From Turkish Museum〉, NY Times, 2006.5.30.

· 〈Charged in Missing Brooch Case.〉 Turkish Daily News, 2006.7.14.

· Gamze Gül, 〈Curse of Croesus Treasure Continues〉 Today's Zaman, 2011.9.25,

· 〈Gold hippocampus from Lydian Hoard found〉, The History Blog, 2012.11.28.

· Patty Gerstenblith, 〈the licit and illicit trade in antiquities〉, 《It's Legal but It Ain't Right》, University of Michigan Press, 2007.

· Boylan, Patrick J. 〈Illicit Trafficking in Antiquities and Museum Ethics〉, 《In Antiquities, Trade or Betrayed. Legal, Ethical and Conservation Issues》, edited by Kathryn W. Tubb, London, Archetype, 1995, 94-104쪽

· Lawrence M. Kaye, Carla T. Main. 〈The Saga of the Lydian Hoard Antiquities: From Uşak to New York and Back Again〉, 《In Antiquities, Trade or Betrayed. Legal, Ethical and Conservation Issues》, edited by Kathryn W. Tubb, London, Archetype, 1995, 150-162쪽

· Mara Wantuch-Thole, 《Cultural Property in Cross-Border Litigation: Turning Rights into Claims》, CPI books Gmbh, Seck, 2015

Chapter 7. 신비의 짐바브웨 새 − 절단된 국가의 상징, 그 귀환과 복구

1. Innocent Pikirayi, 〈The Demise of Great Zimbabwe〉, 《Post-Med Archaeology》, 2016.6.16., 원문인용은 Wikipedia, 〈Great Zimbabwe〉

2. 〈Vast Ruins in South Africa− The Ruined Cities of Mashonaland〉. The New York Times. 1892.12.18., p.19.

3. Edward Matenga, 《The Soapstone Birds of Great Zimbabwe: Symbols of a Nation》African Publishing Group of Harare, 1998

〈추가 참고논문 및 서적〉

· 〈Case Great Zimbabwe Bird – Zimbabwe and Prussia Cultural Heritage Foundation, Germany〉, Arthemis – Art-Law center, University of Geneva
· Roderick J. Mcintosh, 〈Riddle of Great Zimbabwe〉 History & Archeology, Forumbiodiversity.Com, 2012.5.25.
· William J. Dewey, 〈Repatriation of a Great Zimbabwe Bird〉 Presentation to the Society of Africanist Archaeologists (SAFA), 2006.
· Dawson Munjeri, 〈The Reunification of a National Symbol〉 Museum International 61 No. 1-2 (2009),
· William Joseph Dewey, 〈Legacies of Stone - Zimbabwe Past and Present〉, Royal Museum for Central Africa, 1997.
· Edward Matenga, 《The Soapstone Birds of Great Zimbabwe》, Department of Archeology and Ancient History, Uppsala University, 2011
· Robin Brown-Lowe, 《The Lost City of Solomon and Sheba - An African Mystery》, Sutton Publishing, 2003.

Chapter 8. 마추픽추 잉카유물 – 국가 정체성을 상징하는 유물의 반환

1. Christopher Heaney, 《Craddle of Gold》, Palgrave Macmillan, 2011, 125쪽
2. "Lost City in the clouds found after centuries", NY Times, 1913.6.15.
3. Ernst Che Guevara, 《마츄픽츄, 돌의 수수께끼(Machu Picchu, enigma de Piedra en America)》, 1953.12. 파나마 Siete 출판사, 원문 인용은 《Cradle of Gold》 219쪽
4. UNESCO World Heritage 웹사이트, "Historic Sanctuary of Machu Picchu"

〈추가 참고논문 및 서적〉

· 〈Machu Picchu Collection – Peru and Yale University 〉, Arthemis – Art-Law center, University of Geneva
· Stephanie Swanson, 〈Repatriating Cultural Property: The Dispute between Yale and Peru over the Treasures of Machu Picchu〉 San Diego International Law Journal 10 (2008-2009)
· Rosemary Listing, 〈The Treasure Quest: Peru, Machu Picchu and the Yale Peruvian Expedition of 1911-1916〉 Art Antiquity and Law, 2011
· Daniel Hernandez, 〈Yale agrees to return Machu Picchu artifacts to Peru, ending dispute〉 Los Angeles Times, 2010.11.22
· John Christoffersen, 〈Senator Christopher Dodd Says Artifacts Held by Yale

Belong to Peru〉Artdaily.org, 2010.6.10.

· 〈Republic of Peru v. Yale University, 3:09-cv-01332〉 (Connecticut District Court, 2009.11.8.
· 〈Memorandum of Understanding between the Government of Peru and Yale University〉, 2007.9.14.
· 〈Memorandum of Understanding Regarding the UNSAAC-Yale University
· International Center for the Study of Machu Picchu and Inca Culture〉, 2011.2.11.
· Christopher Heaney, 《Craddle of Gold》, Palgrave Macmillan, 2011,

Chapter 9. 경매에 나온 아편전쟁의 약탈물 – 우호 차원에서 자발적 반환

1. The Glories of China's Summer Palace Live On at Fontainebleau, culturelocker.com/story/2013/France-Fontainebleau

2. The Glories of China's Summer Palace Live On at Fontainebleau, culturelocker.com/story/2013/France-Fontainebleau

3. Catherine Pagani, 《Eastern Magnificence & European Ingenuity : Clocks of Late Imperial China》

4. Statutes of the United Kingdom of Great Britain and Ireland, 54 George III (1814): vol. 54, 328-351; 1&2 George IV (1821): vol. 61, 210-211; 2&3 William IV (1832): vol. 72, 236-259.

5. (James Hevia, 《English Lessons: The Pedagogy of Imperialism in Nineteenth-Century China》, Duke University Press, Durham & London, 2003. 74-83쪽. (Beijing 1860: Loot, Prize, and a Solemn Act of Retribution)

6. Catherine Pagani, 《Eastern Magnificence & European Ingenuity: Clocks of Late Imperial China》, the University of Michigan, 2001. Audrey Wang, 《Chinese Antiquities: An Introduction to the Art Market》, Lund Humphries, 2012.

7. The Things Yves Loved, Vanity Fair, 2008.12. 10.

8. Britt Peterson, 〈Tales from the Vitrine: Battles Over Stolen Antiquities〉, The Nation, 2009.1.26.

〈추가 참고논문 및 서적〉

· 〈Case Two Bronze Animal Heads – China and Pierre Bergé〉, Arthemis – Art-Law center, University of Geneva
· Hugh Eakin, 〈The Affair of the Chinese Bronze Heads〉, The New York Re-

view of Books, 2009.5.14.

· Peter Ford, 〈China Protests Christie's Auction in Paris of Relics〉, The Christian Science Monitor, 2009.2.20.

· 〈French Court Throws Out Appeal over Yves St Laurent Chinese Bronzes as Christie's Sale Begins〉, The Telegraph, 2009.2.23.

· Barbara Demick, 〈Bronze Heads Gnaw at China〉 Los Angeles Times, 2009.2.24. http://articles.latimes.com/2009/feb/24/world/fg-zodiac24.

· Edward Wong, Steven Erlanger, 〈Frenchman Will Return to China Prized Bronze Artifacts Looted in 19th Century〉 New York Times, 2013.4.26.

· Graham Bowley, 〈Christie's Leader Returns Ancient Bronzes to China〉 The New York Times Arts Beat, 2013.6.28.

· Eric. Ringmar, 《Liberal Barbarism: The European Destruction of the Palace of the Chinese Emperor》, PallGrave Macmillan, 2013.

· James Hevia, 《English Lessons: The Pedagogy of Imperialism in Nineteenth-Century China》, Duke University Press, Durham & London, 2003. Beijing 1860: Loot, Prize, and a Solemn Act of Retribution

· Catherine Pagani, 《Eastern Magnificence & European Ingenuity: Clocks of Late Imperial China》, the University of Michigan, 2001.

· Audrey Wang, 《Chinese Antiquities: An Introduction to the Art Market》, Lund Humphries, 2012.

· Patty Gerstenblith, 《Art, Cultural Heritage, and the Law》 Carolina Academic Press, 2004.

Chapter 10. 사상 최대의 문화재 환수 – 이탈리아 문화재 특공대의 활약

1. Peter Watson & Cecilia Todeschini, 《the Medici Conspiracy》, Public Affairs, 2006. 32쪽

2. Law No. 1089, 1939.6.1., 2004년 〈문화유산과 자연경관에 관한 법령 42로 교체)〉

3. 〈Kouros To Go On View at Getty〉, LA Times, 1986. 11.3.

4. Michael Kimmelman, 〈Absolutely Real? Absolutely Fake?〉, NYT, 1991.8.4.

5. Tribunal of Pesaro, Order of 10 February 2010, No. 2042/07 RGNR

6. Court of Cassation, 18 January 2011, No. 6558

7. 〈Metropolitan Gets A Prize Greek Vase〉, NY Times, 1972.11.12.

8. NY Times, 2006.2.3.

9. The Associated Press, Arts & Culture, Rome, 2015.5.26.

〈추가 참고논문 및 서적〉

- ·〈Victorious Youth - Italy v. J. Paul Getty Museum〉, Arthemis - Art-Law center, University of Geneva
- ·〈15 Archaeological Objects - Italy and Princeton University Art Museum〉, Art-Law center, University of Geneva
- ·〈Case 13 Antiquities - Boston Museum of Fine Arts〉, Art-Law Centre, University of Geneva.
- ·〈Case 15 Archaeological Objects - Italy and Princeton University Art Museum〉, Art-Law Centre, University of Geneva.
- ·〈Princeton University Art Museum, Italy Reach New Antiquities Agreement〉, Princeton University News Releases. 2012.1.25.
- ·〈Case Euphronios Krater and Other Archaeological Objects - Italy and Metropolitan Museum of Art〉, Art-Law Centre, University of Geneva.
- ·〈How the Metropolitan Acquired The Finest Greek Vase There is〉, NY Times, 1973.2.19.
- · Fabio Isman, Harris Gareth, 〈Smuggler's Final Appeal Fails〉, The Art Newspaper, March 2012.
- ·〈Robert Hecht Jr. Dies at 92〉 Los Angeles Times, February 9, 2012.
- ·〈How the Metropolitan Acquired 'The Finest Greek Vase There Is〉, The New York Times, 1973.2.19.
- · William Langley, Sarah-Jane Checkland, 〈The curse of Aphrodite〉, Daily Telegraph, 2005.12.18.
- · Elisabetta Povoledo, 〈Boston Museum Returns 13 Ancient Works to Italy〉, The New York Times, 2006.9.26.
- · Steven Litt, 〈Cleveland Museum of Art Strikes Deal with Italy to Return 14 Ancient Artworks〉 Cleveland.com, 2008.11.19.
- · Peter Watson & Cecilia Todeschini, 《the Medici Conspiracy》, Public Affairs, 2006
- · Jaso Felch, Ralph Flammolino, 《Chasing Aphrodite》, Hughton Mifflin Harcourt Publishing Company, 2011
- ·〈Italian Court Upholds Claim on Getty Bronze〉, Los Angeles Times, May 4, 2012.

Chapter 11. 고려의 미소 – 서산 부석사 관음불상의 귀환

1. 2017.1.26. 대전지방법원 제12 민사부 판결, 사건 2016가합102119 유체동산인도
2. 2017.2.1. 연합뉴스 등 국내언론보도

3. 《대마국지》 II, 41쪽

4. 김경임, 《서산 부석사 관음상의 눈물》, 곰시, 2015, 62쪽

5. 〈신증동국여지승람 제19권〉

6. 간월암에 세워진 "간월암의 유래"

7. 윤용혁, 〈고려말의 왜구와 서산 부석사〉, 《역사와 담론》 제69집(2014.1.) 271쪽 각주 12 참조

8. 《사찰 문화재 총람》, 한국 학술정보 발행, 2008 93쪽

9. 정은우, 《서일본지역의 고려불상과 부석사 동조관음보살좌상》, 문예출판사, 2004년, 83쪽

10. 《대마의 미술(対馬の美術), 西日本文化協會, 1978》, 208쪽

11. 《대마의 미술》, 229쪽

12. 문명대, 〈대마도의 한국불상 고찰〉, 《불교미술》8, 동국대박물관, 1985

13. 宮本常一, 《対馬漁業史》, 未来社, 1983, 38-39쪽

14. 《대마의 미술》 200-201쪽

15. 《불교예술》 95호, 〈대마, 잇키(壹岐)의 미술조사에 관하여〉, 1974

16. 2014.7.28. 연합뉴스, "일본정부, 한일회담 때 문화재목록 총체적 은폐 정황"

17. 중앙일보, 2013.10.12. 논쟁- 절도범이 반입한 불상, 돌려줘야 하나

18. 중앙일보, 2013.10.12. 논쟁- 절도범이 반입한 불상, 돌려줘야 하나

19. 2013.2.25. 산케이 신문

20. 오래(吳萊), 《교린징서(交隣徵書)》, 제2편, 권1, 논왜(論倭)

21. 永留久惠, 《대마국지(大馬國志)》 II, 15쪽

22. 2014.11.28. 한겨레 일본판, 기자수첩

23. 關周一, 『對馬と倭寇』, 高志書院, 2012. 30-31쪽, 71-72쪽

24. 《태종실록》 태종17년(1417) 윤5.9

25. Emanuel-Marin Lonz, 《Determining Provenance and Eventual Return of "Stolen" Cultural Artifacts》, epubli GmbH, Berlin, 2014 .58쪽 James A. R. Nafziger, Robert Kirkwood Paterson, Alison Dundes Renteln, 《Cultural Law: International, Comparative, and Indigenous》, Cambridge University Press, 2010, 225쪽

〈추가 참고논문 및 서적〉

· 《서산 부석사 관음상의 눈물》, 김경임, 곰시, 2015

· 문명대, 〈대마도의 한국불상 고찰〉, 《불교미술》8, 동국대박물관, 1985

· 윤용혁, 〈고려말의 왜구와 서산 부석사〉, 《역사와 담론》 제69집, 2014.1.

· 정은우, 〈서일본지역의 고려불상과 부석사 동조관음보살좌상〉, 《동악미술사학》 제14호, 2013.6.

· Steven A. Bibas, 〈The Case Against Statutes of Limitations for Stolen Art.〉, University of Pennsylvania Law School, Penn Law: Legal Scholarship Repository, 1993.12.29.
· 〈Washington Conference Principles on Nazi-Confiscated Art〉, U.S. Department of State, 1998.12.3.
· Meghan A. Sherlock, 〈A Combined Discovery Rule and Demand and Refusal Rule for New York〉, 2000 Tulane Journal of International and ComPtive Law
· Stephanos Bibas, 〈The Case Against Statutes of Limitations for Stolen Art〉, University of Pennsylvania Law School, Penn Law: Legal Scholarship Repository, 1994
· Kevin P. Ray , 〈The Restitution, Repatriation, and Return of Cultural Objects: Von Saher: Court Says Statute of Limitations for Recovery of Stolen Art Runs Anew Against Subsequent Purchasers/Transferees〉, 《Art Recovery, Stolen Art》, 2015.5.1.
· 김경임, 《서산 부석사 관음상의 눈물》, 곰시, 2015, 62쪽
· 西日本文化協會, 《対馬の美術》, 1978
· 《불교예술》 95호, 〈대마, 잇키(壹岐)의 미술조사에 관하여〉, 1974
· 永留久惠, 《大馬國志》 I, II., 交隣舍出版企劃, 2009
· 宮本常一, 《対馬漁業史》, 未来社, 1983
· 關周一, 『對馬と 倭寇』, 高志書院, 2012.
· 한국고전번역원, 《조선왕조실록》, 《고려사절요》, 《신증동국여지승람》
· 네이버 지식백과, 《국역고려사》
· 서산문화원, "서산의 문화" e-book 자료관
· 정은우, 《서일본지역의 고려불상과 부석사 동조관음보살좌상》, 문예출판사, 2004년
· 이영, 《팍스 몽골리카의 동요와 고려말 왜구》, 혜안, 2008
· Barbara T. Hoffman, 《Art and Cultural Heritage Law, Policy and Practice》, Cambridge University Press, 2006.

사진출처

Chapter 7. 신비의 짐바브웨 새 – 절단된 국가의 상징, 그 귀환과 복구

Chapter 8. 마추픽추 잉카유물 – 국가 정체성을 상징하는 유물의 반환

Chapter 9. 경매에 나온 아편전쟁의 약탈물 – 우호 차원에서 자발적 반환

2. Wikimedia Commons

227p newsshinwhanet.com, 2015.5.5.

229p Creative Commons

231p Creative Commons

235p cbc news, 2013.6.28.

Chapter 10. 사상 최대의 문화재 환수 - 이탈리아 문화재 특공대의 활약

241p Getty Images

244p Sayo Ferro, 〈criminal network〉, thing theory (2007), columbia university,

245p 1. Sayo Ferro, 〈criminal network〉, thing theory (2007), columbia university,
   2. Trafficking Culture, Encyclopedia, 2012.8.21.

246p 1. SAFE(Saving Antiquities for Everyone) 2012.1.21.
   2. LA Times, 2009.7.15.

249p Cultural Heritage Resource, 2009.7.27.

256p Wikimedia Commons

258p Wikimedia Commons

260p Wikimedia Commons

262p Daily Mail, 2016.2.3.

263p NY Times, 2006년 12.11. 〈Getty Museum Is Expected to Return Gold
   Wreath to Greece〉

265p Washington Post, 2015.8.22.

278p Wikimedia Commons

279p 2010.2.26. artjournal blog

286p 1. Wikimedia Commons
   2. Daringtodo, 2008.1.24.

Chapter 11. 고려의 미소 - 서산 부석사 관음불상의 귀환

289p 서산부석사 관음상 제자리봉환위원회

297p 서산부석사 관음상 제자리봉환위원회

303p 《대마의 미술》

306p https://www.flickr.com/photos/sunxez/4651728246

334p Wikimedia Commons

돌아온 세계문화유산

약탈 문화재의 세계사 1
돌아온 세계문화유산

초판 1쇄 인쇄일 2017년 06월 19일
초판 1쇄 발행일 2017년 06월 26일

지은이 김경임
발행인 이승용
주간 이미숙
편집기획부 송혜선 **디자인팀** 황아영 송혜주
마케팅부 김동현 송영우 박치은 **경영지원팀** 이지현 김지희

발행처 |주|홍익출판사
출판등록번호 제1-568호
출판등록 1987년 12월 1일
주소 [04043]서울 마포구 양화로 78-20(서교동 395-163)
대표전화 02-323-0421 **팩스** 02-337-0569
메일 editor@hongikbooks.com
홈페이지 www.hongikbooks.com

파본은 본사나 구입하신 서점에서 교환하여 드립니다.
이 책의 내용은 저작권법의 보호를 받는 저작물이므로 무단 전재와 무단 복제를 금합니다.

ISBN 978-89-7065-571-0 (04900)

이 도서의 국립중앙도서관 출판예정도서목록(CIP)은 서지정보유통지원시스템 홈페이지(http://seoji.nl.go.kr)와
국가자료공동목록시스템(http://www.nl.go.kr/kolisnet)에서 이용하실 수 있습니다.
(CIP제어번호: CIP2017013591)